广东省农产品的
地理标志指南

主　编　刘雪梅
副主编　钟继军

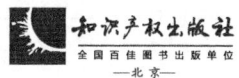

图书在版编目（CIP）数据

广东省农产品的地理标志指南／刘雪梅主编． —北京：知识产权出版社，2022.11
ISBN 978－7－5130－8380－5

Ⅰ.①广… Ⅱ.①刘… Ⅲ.①农产品—地理—标识—广东—指南
Ⅳ.①F762.05－62

中国版本图书馆 CIP 数据核字（2022）第 173747 号

责任编辑：彭小华　　　　　　　　　责任校对：潘凤越
封面设计：张国仓　　　　　　　　　责任印制：孙婷婷

广东省农产品的地理标志指南

主　编　刘雪梅
副主编　钟继军

出版发行	知识产权出版社 有限责任公司	网　址	http://www.ipph.cn
社　址	北京市海淀区气象路 50 号院	邮　编	100081
责编电话	010－82000860 转 8115	责编邮箱	huapxh@sina.com
发行电话	010－82000860 转 8101/8102	发行传真	010－82000893/82005070/82000270
印　刷	北京九州迅驰传媒文化有限公司	经　销	新华书店、各大网上书店及相关专业书店
开　本	720mm×1000mm　1/16	印　张	16
版　次	2022 年 11 月第 1 版	印　次	2022 年 11 月第 1 次印刷
字　数	300 千字	定　价	98.00 元
ISBN 978－7－5130－8380－5			

出版权专有　　侵权必究
如有印装质量问题，本社负责调换。

前　言

2021年9月，中共中央、国务院印发《知识产权强国建设纲要（2021-2035年）》，要求推进知识产权强国建设，全面提升知识产权创造、运用、保护、管理和服务水平，打造优质地理标志。2021年10月，国务院《"十四五"国家知识产权保护和运用规划》提出，建设地理标志保护工程，推进地理标志兴农。广东省地理标志资源丰富，《广东省地理标志条例》的制定颁布也提上日程，近年来更是不断加大地理标志的保护力度和应用水平，打造引领现代农业高质量发展的动力源。2021年是"十四五"开局、全面建设社会主义现代化国家新征程开启之年，地理标志保护工作也面临新的形势与要求。本指南以乡村振兴的新形势、新规范为背景，以广东省为地域范围，以广东省农产品的地理标志共性和个性为对象，介绍和探讨广东省农产品的地理标志高质量发展问题。

本指南由华南农业大学知识产权研究中心的校内外研究人员共同编写，具体编写分工如下：

陈　莉：修订（第一章）；

刘雪梅：修订（第二章、第三章）、统稿；

钟继军：修订（第四章至第六章）；

蔺欣雨：初稿（第一章）；

周润祺：初稿（第二章）；

曾嘉欢：初稿（第三章、第六章）；

王红波：初稿（第四章）；

卓晓娜：初稿（第五章、附录）；

梁嘉鸣：初稿（附录）。

对于本书编写，尽管我们尽力做到更新、更完整，但由于能力、资料有限，不足之处在所难免，尚祈广大读者不吝指正。

编　者

2021年11月

编委简介

刘雪梅 华南农业大学人文与法学学院副教授，四川大学博士，律师。华南农业大学知识产权研究中心主任，广东省法学会法学教育研究会理事，广东省城镇化法治研究会理事。

钟继军 华南农业大学人文与法学学院副教授，武汉大学博士，律师，仲裁员。华南农业大学知识产权研究中心副主任，中国法学会法治文化研究会理事，广东省知识产权研究会农业知识产权与品牌建设专委会副主任。

陈　莉 华南农业大学人文与法学学院副教授，西南政法大学硕士，仲裁员。华南农业大学知识产权研究中心高级研究员，华南农业大学地方法制研究中心副主任。

蔺欣雨 广东省南方名牌农产品推进中心专题分析师，华南农业大学硕士，华南农业大学知识产权研究中心研究员。

王红波 广东珠江投资股份有限公司教育医疗集团总裁助理，华南农业大学硕士，华南农业大学知识产权研究中心研究员。

曾嘉欢 华南农业大学知识产权研究中心研究助理。

卓晓娜 华南农业大学知识产权研究中心研究助理。

周润祺 华南农业大学知识产权研究中心研究助理。

梁嘉鸣 华南农业大学知识产权研究中心研究助理。

目 录
CONTENTS

第一章 农产品的地理标志概述 …………………………………………… 1
  第一节 农产品的地理标志定义 ………………………………………… 1
    一、农产品的地理标志的概念和特征 ………………………………… 1
    二、近似概念比较 ……………………………………………………… 3
  第二节 农产品的地理标志规范体系 …………………………………… 5
    一、农产品的地理标志国际规范体系 ………………………………… 5
    二、农产品的地理标志国内规范体系 ………………………………… 9
    三、我国农产品的地理标志规范体系 ………………………………… 11
  第三节 进一步规范农产品的地理标志的意义 ………………………… 17
    一、有利于实现农业高质量发展 ……………………………………… 18
    二、有利于促进中国特色农业的发展 ………………………………… 19
    三、有利于继承发扬传统农业文明 …………………………………… 20
    四、有利于提高农产品国际竞争力 …………………………………… 21

第二章 广东省农产品的地理标志概况 …………………………………… 23
  第一节 广东省农产品的地理标志现状 ………………………………… 23
    一、广东省的基本情况 ………………………………………………… 23
    二、广东省农产品的地理标志保护效果 ……………………………… 24
  第二节 广东省农产品的地理标志保护存在的主要问题 ……………… 25
    一、制度上存在的主要问题 …………………………………………… 26
    二、实践中存在的主要问题 …………………………………………… 27
    三、完善农产品的地理标志管理制度的基本建议 …………………… 29
  第三节 广东省与欧盟农产品的地理标志制度比较 …………………… 30
    一、整体制度体系的比较 ……………………………………………… 30
    二、具体条款规范的比较 ……………………………………………… 31

第三章　广东省农产品的地理标志申请和授权 … 33
第一节　广东省农产品的地理标志申请和授权概况 … 33
第二节　广东省农产品的地理标志申请和授权详情 … 44
　　一、地理标志商标 … 44
　　二、地理标志产品 … 52
　　三、农产品地理标志 … 60
第三节　广东省农产品的地理标志申请和授权存在的问题和建议 … 74
　　一、广东省农产品的地理标志申请和授权存在的问题 … 74
　　二、广东省农产品的地理标志申请和授权的建议 … 76

第四章　广东省农产品的地理标志运用 … 78
第一节　广东省农产品的地理标志运用概况 … 78
　　一、生产 … 78
　　二、加工 … 79
　　三、销售 … 80
　　四、品牌建设 … 81
　　五、监督管理 … 83
第二节　广东省农产品的地理标志运用过程中存在的问题 … 85
　　一、重申请登记、轻使用授权 … 85
　　二、盲目扩大生产区域 … 85
　　三、没有很好落实特定的生产技术规范操作 … 86
　　四、产品销量小 … 87
　　五、对公共品牌宣传的支持需加强 … 87
第三节　广东省农产品的地理标志运用建议 … 88
　　一、加强支持引领 … 88
　　二、树立做特做精做优的理念 … 88
　　三、树立品种"特异性、一致性、稳定性"意识 … 89
　　四、建立农产品的地理标志产业集群 … 90
　　五、提高产品质量保效益 … 90
　　六、"绿色"起步、适当有机 … 92
　　七、创新营销模式 … 92
　　八、建立产品追溯和淘汰机制 … 93
　　九、强化行政和司法保护 … 93

第五章　广东省农产品的地理标志的维权保护 …… 95
第一节　广东省农产品的地理标志侵权概况 …… 95
　一、农产品的地理标志侵权行为表现 …… 95
　二、广东省农产品的地理标志维权现状 …… 99
第二节　农产品的地理标志侵权典型案例分析 …… 103
　一、农产品的地理标志侵权典型案例 …… 103
　二、涉及上述案例的主要法律规定 …… 110
第三节　广东省农产品的地理标志维权保护的重点难点问题 …… 111
　一、法律术语不统一 …… 111
　二、法律适用冲突 …… 112
　三、提起维权诉讼的主体不确定 …… 113
　四、地理标志侵权认定困难 …… 113
　五、侵权损害赔偿的计算不明确 …… 114
　六、侵权行为的举证困难 …… 115
　七、维权意识不强 …… 115
　八、违法成本太低 …… 115

第六章　广东省农产品的地理标志分类研究 …… 117
第一节　广东省粮食类地理标志 …… 117
　一、广东省粮食类地理标志发展状况 …… 117
　二、广东省粮食类地理标志存在的问题 …… 123
　三、广东省粮食类地理标志发展建议 …… 124
第二节　广东省水果类地理标志 …… 125
　一、广东省水果类地理标志发展状况 …… 125
　二、广东省水果类地理标志存在的问题 …… 132
　三、广东省水果类地理标志发展建议 …… 134
第三节　广东省蔬菜类地理标志 …… 137
　一、广东省蔬菜类地理标志发展状况 …… 137
　二、广东省蔬菜类地理标志的优势 …… 143
　三、广东省蔬菜类地理标志存在的问题 …… 144
　四、广东省蔬菜类地理标志发展建议 …… 145
第四节　广东省畜禽类地理标志 …… 147
　一、广东省畜禽类地理标志发展状况 …… 147
　二、广东省畜禽类地理标志存在的问题 …… 152

三、广东省畜禽类地理标志发展建议 152
第五节　广东省水产类地理标志 154
一、广东省水产类地理标志发展状况 154
二、广东省水产类地理标志的优势 160
三、广东省水产类地理标志存在的问题 161
四、广东省水产类地理标志发展建议 162

附　录 164

Ⅰ　农产品的地理标志相关国际条约节选 164
　1.《与贸易有关的知识产权协定》 164
　2.中华人民共和国政府与欧洲联盟地理标志保护与合作协定 165
　3.区域全面经济伙伴关系协定 178

Ⅱ　农产品的地理标志相关法律法规节选 181
　1.中华人民共和国商标法 181
　2.中华人民共和国商标法实施条例 183
　3.农产品地理标志管理办法 183

Ⅲ　农产品的地理标志相关部门规范性文件节选 187
　1.集体商标、证明商标注册和管理办法 187
　2.原产地标记管理规定 189
　3.原产地标记管理规定实施办法 192
　4.地理标志产品保护规定 195
　5.地理标志专用标志使用管理办法（试行） 198

Ⅳ　农产品地理标志登记、使用规范节选 201
　1.农产品地理标志登记程序 201
　2.农产品地理标志登记产品名称规范 203
　3.农产品地理标志登记申请人资格确定规范 204
　4.农产品地理标志登记生产地域范围确定规范 205
　5.农产品地理标志登记产品外在感官特征鉴评规范 206
　6.农产品地理标志登记产品抽样检测技术规范 208
　7.农产品地理标志登记现场核查规范 209
　8.农产品地理标志登记证书变更规范 210
　9.农产品地理标志登记审查准则 212
　10.农产品地理标志使用规范 219

V 广东省地理标志规范节选 …… 222
1. 广东省岭南中药材保护条例 …… 222
2. 广东省荔枝产业保护条例 …… 231
3. 江门市新会陈皮保护条例 …… 236
4. 中山脆肉鲩地理标志产品专用标志使用管理办法 …… 241

参考文献 …… 244

第一章　农产品的地理标志概述

第一节　农产品的地理标志定义

一、农产品的地理标志的概念和特征

（一）概念

地理标志（Geographical Indication）法律保护制度已为国际公约及多数国家立法所确认，但在国际公约和各国的立法上，关于地理标志并无统一定义。《与贸易有关的知识产权协定》（以下简称 TRIPS 协定）第 22 条规定："'地理标识'指识别一货物来源于一成员领土或该领土内一地区或地方的标识，该货物的特定质量、声誉或其他特性主要归因于其地理来源。"2001 年修正的《中华人民共和国商标法》（以下简称《商标法》）第 16 条第 2 款将其定义为"是指标示某商品来源于某地区，该商品的特定质量、信誉或者其他特征主要由该地区的自然环境因素或者人文因素所决定的标志"。2005 年 7 月 15 日起施行的我国《地理标志产品保护规定》第 2 条将地理标志产品具体定义为："地理标志产品，是指产自特定地域，所具有的质量、声誉或其他特性本质上取决于该产地的自然因素和人文因素，经审核批准以地理名称进行命名的产品。地理标志产品包括：（一）来自本地区的种植、养殖产品。（二）原材料全部来自本地区或部分来自其他地区，并在本地区按照特定工艺生产和加工的产品。"2007 年公布、2019 年修正的《农产品地理标志管理办法》第 2 条规定，农产品是指来源于农业的初级产品，即在农业活动中获得的植物、动物、微生物及其产品；农产品地理标志，是指标示农产品来源于特定地域，产品品质和相关特征主要取决于自然生态环境和历史人文因素，并以地域名称冠名的特有农产品标志。

从上述定义来看，除未强调信誉外，农业农村部门设定的农产品地理标志符合地理标志概念，是一种标记，用在农产品上表示该产品的品质和相关特征主要由该产品特定来源地域的自然环境因素或者人文因素所决定。农产品地理标志是反映该农产品特点的重要因素，为消费者提供农产品来源信息，便于消

费者选购。因此，农产品的地理标志和商标、商号一样，都是区别性商业标记，都具有识别商品来源的功能。不过，鉴于很多农业生产经营主体向非农业农村部门申请获得了地理标志权益，本指南将不限于狭义的农业农村部门授予的农产品地理标志，还包括在农业活动中获得的植物、动物、微生物及其后续加工品的地理标志。因此，本指南所指农产品的地理标志是指由相关行政管理部门授予的、标示某农产品来源于某地区，该农产品及其加工品的特定质量、信誉或者其他特征主要由该地区的自然环境因素或者人文因素所决定的标志，既包括市场监督管理部门核准的农产品的地理标志商标和地理标志产品，又包括农业农村部门核准的农产品地理标志。

（二）特征

农产品的地理标志有以下基本特征。

1. 农产品的地理标志是表明农产品产出地的区别性标志

地理标志用于标示商品的产出地，表明商品来源于何地，从而与来源于其他地区的同种商品区别开来，以便消费者识别和选择。

农产品的地理标志可以是一个国家的名称，以标志由该国特定的自然条件或人为因素确定的质量特点的产品，如"中国丝绸"。农产品的地理标志也可以是一个特定的地区、地方，包括省、市、县、镇（乡）、村的名称，如"梅县金柚""新会陈皮"等。但农产品的地理标志只能表明商品来源于"何地"，而不能表明商品来源于"何人"，后者需要靠商标或商号加以辨别。

2. 农产品的地理标志是一种质量标志

农产品的地理标志除了表明商品的产地来源外，其另一项重要功能在于将农产品的内在品质与原产地联系起来，它使消费者了解农产品来自特定的地区，而该地区因为独特的地理环境或人文因素而赋予农产品以优良品质、特色等特征。独特的内、外在特征是农产品地理标志之魂，外观特征表现在形态学和感官品质等，内在品质特征表现在营养品质、保健品质、贮藏品质、加工品质、卫生品质（生物体内天然有毒物质、农药残留、微生物污染）等。因此地理标志还代表了农产品的质量或特征，成为一种质量证明标志。如增城迟菜心，由于增城独特的自然条件和地理位置，加之该地区独特的种植经验，使增城迟菜心具有清甜少渣、清香爽脆的特别品质。

3. 农产品的地理标志依附于特定自然环境因素或者人文因素

并不是每一个地名都能用于农产品的地理标志，构成农产品的地理标志的地名必须拥有某种迥异于其他地区的特产，农产品的地理标志是地理名称与该地区特色农产品的质量、信誉以及其他特征的有机结合。决定农产品的地理标志产品特色的因素包括自然和人文两个方面。自然因素主要指气候、环境、土质、水源以及天然原料等，人文因素主要指特有的产品制造工艺、传统配方、生产技术等。人文因素决定了产品拥有独特的原料配方与制作工艺，如凤凰单丛、英德红茶；自然环境决定了农产品原材料的优质与否，决定其独有的品质，如廉江红橙、西胪乌酥杨梅等。独特的自然条件（日照时数、有效积温、降雨量、土壤类型、土壤肥力、海拔高度、地貌类型、空气湿度、昼夜温差、风频风速）与独特的种植、养护、加工方法（动植物品种是基础、与产品独特品质相关的方式方法是保障）是农产品的地理标志之根。

二、近似概念比较

（一）货源标记

货源标记又称产地标记，是指表示一种产品来源于某个国家，地区或地方的说明标记，通常由名称、标记或符号组成。如"上海制造""Made in China"等都属于产品的货源标记。

货源标记旨在向消费者表明商品是由哪个国家，地区或特定地方所生产的，是表明商品来源的标记，其实质在于保证商品来源的真实性。货源标记可以用于标示任何性质和种类的产品，包括制造、加工、挑选的工业产品和农业产品。而任何地理名称都可作为源自该地的商品的货源标记。

货源标记表明产品的来源，在一定程度上代表着产地的整体信誉，由于人们对不同产地的商品的印象存在着差异，如"中国丝绸""巴黎时装"等在消费者心中有较好的评价，代表一定的质量和品位，因此货源标记在市场竞争中具有广告促销作用。此外，货源标记在国际贸易中起着特殊作用，如在国际贸易中，各国常基于协定对一些国家的进口货物给予关税上的差别待遇，因此正确确定进口货物的原产国是适用不同关税税率的依据。在国际贸易的反倾销、反补贴等贸易限制、贸易制裁中，都涉及产地的认定。对进口产品的卫生检疫工作也涉及产地的认定。

（二）原产地名称

原产地名称系指某个国家、地区或地方的地理名称，用于指示某项产品来源于该地，其质量或特征完全或主要取决于地理环境，包括自然和人为因素。原产地名称的含义包括两方面内容：（1）标有原产地名称的产品来源于某地区、特定地点或国家；（2）该产品的质量或特性完全或基本取决于该地特殊的人文地理环境。

原产地名称的构成有两种方式：一是完全由地理名称构成，即地理名称同时也是原产地名称。如香槟，既是法国的一个地名，又是法国产的一种葡萄酒的原产地名称；二是地理名称和产品通用名称构成原产地名称，如景德镇瓷器，其中"景德镇"是一个地名，"瓷器"是一种产品的通称，二者的组合即成为一个原产地名称。

（三）货源标记与原产地名称的关系

货源标记与原产地名称都是知识产权的保护对象，都是用来表示商品的来源地。但二者是有区别的。从作用上看，货源标记的功能主要侧重于商品来源地的叙述，反映商品的真实来源，并不直接表示商品的特定品质。而原产地名称不仅表明商品的来源地，而且还是商品质量的标志，使商品的特定品质与原产地相联系，提供了商品特定品质的信息。从构成要素上，货源标记所涉及的区域范围比较大，往往泛指一个国家或地区，而原产地名称所指的区域范围比较小而具体，可以是一个县、一个村或一段流域。并且任何地理名称都可作为源自该地商品的货源标记，而作为原产地名称的地理名称必须是该地的地理环境或特殊传统工艺与商品的特定品质相联系，造就了该商品的特定品质，并不是任何地理名称都可以作为原产地名称。

（四）地理标志与货源标记、原产地名称的关系

地理标志保护制度从货源标记和原产地名称保护制度中发展而来。最早把地名作为知识产权保护对象的是《保护工业产权巴黎公约》（以下简称《巴黎公约》），该公约将地名分为产地标记和原产地名称作为工业产权的保护对象，但《巴黎公约》并未界定和区分产地标记和原产地名称的定义。1958年的《保护原产地名称及其国际注册里斯本协定》（以下简称《里斯本协定》）首次将货源标记和原产地名称这两个概念分开，并界定了原产地名称的概念。其后，1966年世界知识产权组织国际局为发展中国家起草的《发展中国家商标、商号和不正当行为示范法》同时概括了产地标记和原产地名称的概念："产地标记是用来表示源于一定的某个国家，一批国家、地区或地方的商品或服务的说明标志"，"原产地名称是指一个国家、地区或地方的地理名称，用来指明来源于该地的商品、产业的质量和特点纯粹或主要取决于地理环境，其中包括自然和人为的因素"。

自TRIPS协定公布以后，国际社会逐渐转向使用"地理标志"一词。从TRIPS协定对地理标志所下的定义来看，其更接近原产地名称，均要求有关产品和原产地之间有质的联系，都告诉消费者产品的产地以及产品与产地有关的质量或特征。二者的根本区别是，原产地名称与产地的关联更强。受原产地名称保护的产品，其质量或特征必须完全或主要取决于地理来源。这一般是指原材料应取自产地，产品的加工也应在当地进行。对于地理标志，只需一项归因于地理来源的标准即可，不论是质量还是产品的其他特征。此外，地理标志产品原材料的生产和产品的开发或加工，不一定要完全在限定的地区内进行。

综上所述，原产地名称、货源标记、地理标志，这三个不同的概念出自不同的国际条约，用在不同的语境下，其含义和范围因而有所差异。只有将这些概念置于特定的话语环境下，才能准确理解其含义并正确处理各概念之间的法

律逻辑关系。

（五）地理标志产品与农产品的地理标志

地理标志产品的特定品质主要由该特定地区的自然环境和人文技术以及历史文化决定，独特的土壤、地形地貌、气候、植被、山川河流、原材料，特殊的生产、加工方法等塑造了地理标志产品特有的品质。其中，农产品是受自然环境和手工技艺影响最明显的产品，地理标志产品保护适用范围大部分是农产品，对特色农产品实施地理标志保护，是国际通行的做法。

第二节 农产品的地理标志规范体系

一、农产品的地理标志国际规范体系

农产品的地理标志和原产地名称制度在国外已经有 100 多年的历史。法国是这一制度的发源地之一，其中最有代表性的原产地域产品是法国葡萄酒的著名类型——香槟和干邑酒。数百年来法国香槟酒、干邑酒之所以长盛不衰，主要得益于原产地保护制度。法国人发明的原产地保护制度，主要有三个要素构成，这就是独特的自然地理条件，独特的加工制作方法和独特的法律制度安排[①]。法国原产地保护的法律体系大致有三个层次：第一个层次是国家法律，规定原产地域保护的基本原则。如法国原产地名称的规则是由《法国消费法典》L.115-1 条所确定的；第二个层次是主管部门发布的法规，具体规定原产地域范围，传统工艺方法，产品质量特性要求以及市场监督等；第三个层次是由政府授权的行业或协会发布，经国家认可的实施细则和操作规范。如种植要求、加工日期、工具使用、采摘方法、窖藏要求等。这种规范也是强制性的，必须实行。这三个层次的规定，几乎囊括了葡萄种植、采摘、运输加工、窖存、调制、质量、销售等每一个环节。100 多年来，法国的原产地域保护制度，在保护产品质量、信誉，维护果农、酒商的合法权益，维护国家形象，促进国际贸易等方面发挥了积极作用，并得到了广泛的国际公认。

（一）《保护工业产权巴黎公约》

随着国家间经济贸易往来的不断加强，农产品的地理标志在国外被滥用的现象不断加剧，越来越多的国家意识到只有加强国际合作才能更好地保护地理标志，国际合作中关于地理标志的内容适用于农产品的地理标志。在这样的形

---

① 国家质量监督检验检疫总局："地理标志和原产地命名制度的起源"，载《大众科技报》2003年4月1日。

势下,《巴黎公约》于 1883 年签订,这是地理标志作为一项知识产权出现的第一部国际公约。

《巴黎公约》在国际上第一次明确提出"货源标记"和"原产地名称"属于工业产权范畴,应当给予保护。这是首次把"货源标记"和"原产地名称"与其他知识产权并列,并明文规定各成员国对非法标有虚假地理标记的商品应采取制裁措施,如禁止进口非法标有地理标记的商品,或者扣押这种商品,体现了地理标志作为独立知识产权的法律地位。总体上,《巴黎公约》对地理标志权利的规定较为笼统,未对"货源标志或原产地名称"给出定义,而且把原产地名称和货源标志使用"或"来连接,作为地理标志的同一概念来使用,也未对地理标志权利保护的执行措施进行具体规定。但公约将地理标志和商标作为不同的保护对象而区别对待,赋予了地理标志独立的法律地位,首次以国际公约的形式将地理标志相关权利纳入保护范围,使地理标志法律问题开始受到国际社会的关注,为后来地理标志的国际保护发展奠定了基础。

(二)《制止商品产地虚假或欺骗性标记马德里协定》

1891 年,《制止商品产地虚假或欺骗性标记马德里协定》(以下简称《马德里协定》)签订,《马德里协定》是继《巴黎公约》之后的又一个保护地理标志的国际公约,也是关于地理标志的第一个专门性国际条约,标志着地理标志的初步"成长"。《马德里协定》扩大了地理标志的保护范围,将侵犯地理标志的标识范围从"虚假性"标识扩展到"虚假或欺骗性"标识,严格禁止在商品上张贴欺骗性产地名称,同时还明令禁止在商品销售及广告宣传中使用欺骗性产地名称。同时,该协定加强了对地理标志的保护措施,规定成员方均应依据国内法律对在商品标示虚假或欺骗性产地标记的行为采取禁止该商品进口或在进口时扣押等制裁措施。《马德里协定》也开创了在公约中给予葡萄酒特别保护的先河。协定第 4 条规定,"各国法院应确定,出于其通用性质考量而不适用本协定条款的各种名称。葡萄产品的地区性产地名称不在本条款特别保留之限。"根据此条,已成为通用名称的地理标志不受保护,但对葡萄酒产品地理标志的淡化进行了豁免。《马德里协定》对地理标志的保护力度较《巴黎公约》明显加大,但其较为激进的一些规定也导致一些国家未在协定上签字,如美国、澳大利亚就拒绝加入该协定。由于缔约国有限,该协定的作用受到限制。

(三)《保护原产地名称及其国际注册里斯本协定》

1958 年签订的《里斯本协定》是《巴黎公约》框架内第一个对地理标志中的原产地名称进行专门规范的国际协定。该协定第 2 条第 1 项指出,"在本协定中,原产地名称系指一个国家,地区或地方的地理名称,用于指示一项产品来源于该地,其质量或特征完全或主要取决于地理环境,包括自然和人为因素。"该协定对有关原产地名称的关键词语作了较为明确的界定,使地理标志的保护更具备可操作性。

《里斯本协定》建立了原产地名称国际注册制度，原产地名称可以由有关缔约国的主管部门向世界知识产权组织国际局申请注册，并说明产地的地理名称、使用该原产地的商品项目以及该原产地产品的使用人，可冠以地理标志的产品必须与地域之间存在某种必然的联系。经过注册的原产地名称，所有缔约国都必须加以保护。这是一个有效的实施机制，注册是所有原产地名称得到《里斯本协定》保护的必要条件，注册制度也是使得原产地名称得到严格保护的有效保证，国际注册使得所有原产地名称在协定的缔约国都能得到承认和保护。

《里斯本协定》赋予了原产地名称所有权人充分的独占使用权，严格禁止对原产地名称的仿冒和冒用行为，不仅不允许使用与真实产地不一致的原产地名称来标示产品，其第3条还明文规定即使产品标明了产品的真实来源或者以翻译形式使用了产地名称，但是只要这种行为可能侵犯或淡化原产地名称，也属于禁止使用范围。《里斯本协定》对原产地名称转化为通用名称设立了严格的条件，即只有该原产地名称在其原属国都已经失去了指示产品来源、标志产品特定质量和特征的功能，才能在其他国家被视为已经转化为通用名称。

当原产地名称与商标、商号等在先权利发生冲突时，《里斯本协定》赋予原产地名称优先权，不保护在先申请但与原产地名称发生冲突的商标和商号。依据《里斯本协定》第5条第6款的规定，如果某项原产地名称在国际注册前已经在原属国之外的其他国家，被该国自然人或法人使用，那么这个国家的主管部门有权给予该自然人或法人在不超过两年的期限内结束这种使用。这一规定使原产地名称优先于其他在先权利得到保护，这是《里斯本协定》对原产地名称高水平保护的重要体现。《里斯本协定》对原产地严格的保护措施在国际社会产生了较大分歧，目前加入该协定的缔约国数量有限，但《里斯本协定》对原产地名称的保护措施反映了国际社会对建立原产地名称高标准保护的要求，原产地名称的国际保护发展到了更为高级的阶段，这意味着"地理标志"的进一步成长。

（四）《与贸易有关的知识产权协定》（TRIPS协定）

1994年签订的TRIPS协定是目前涉及地理标志的最有影响力的国际公约，TRIPS协定对地理标志作出了正式界定，并对地理标志保护作了最低标准的规定，以专节的篇幅规定了地理标志法律保护，在知识产权实施一节对地理标志保护措施进行了全面规定，包括边境措施、临时措施、刑事救济、行政救济、民事救济等。

综上所述，协定将地理标志定义为："识别一货物来源于一成员领土或该领土内一地区或地方的标识，该货物的特定质量、声誉或其他特性主要归因于其地理来源。"该定义与欧盟《关于保护农产品和食品地理标记和原产地名称条例》的表述基本一致，继承了《里斯本协定》定义"原产地名称"时的地理环境因素和产品质量特征的联系要素，但范围更加宽泛，其认可归因于地理来源的除了产品质量和特征外还可能是产品的声誉；表达地理名称的不限于文字，还包括具有地理象征意义的其他标识。协定对地理标志所下定义较之"原产地名称"更加全面，有利于对地理标志权利的实际保护。至此，"地理标志"的概念以国际协定的形式确立下来，而"原产地名称"则逐渐淡出国际视线。

TRIPS协定作为世界上适用性最广的多边协定，对地理标志保护的规定是所有成员都必须遵守的最低标准。该协定要求各成员国提供法律手段以制止以下不利于地理标志保护的行为：（1）在一个商品的名称或介绍中，使用任何手段指明或暗示该商品来源于一个非真实原产地的地域，其方式导致公众对该商品的地域来源产生误解。（2）任何使用地理标志构成不正当竞争的行为，各成员国应向权利人提供法律救济手段。（3）商品商标标识包含了地理标志或是由地理标志所组成，但地理标志所指向的产地并非该商品的真实原产地，存在欺骗公众的意图。若发生这种情形，成员国应拒绝或撤销该项商标的注册。（4）某一标志虽真实指明商品的来源，但仍误导公众，使公众以为该商品来源于另一区域。

TRIPS协定第23条规定了对葡萄酒和烈酒的特殊保护。禁止在葡萄酒和烈酒上使用非其真实来源地的地理标志，即使同时标以真实来源地或以翻译方式使用或伴以"类""型""式""仿"等类似表达方式，无论其是否对公众产生误导，也无论其是否构成不正当竞争。与《里斯本协定》相比，对间接表达方式所列举的"式"与"制"虽只有一字之差，却表明了TRIPS协定对该类产品地理标志保护的决绝态度。含有上述地理标志内容的商标注册应被驳回或宣告无效，而无论其是否会对公众进行误导。另外，第3款和第4款还对葡萄酒地理标志作出额外保护的规定，基于确保对所涉制造者的平等待遇，对葡萄酒采用同音异义或同形异义的地理标志均应提供保护，但为避免误导消费者，同音异义或同形异义的地理标志之间应明确相互区别的具体条件。为了便于对葡萄酒地理标志提供保护，应在TRIPS协定理事会进行旨在建立有关葡萄酒地理标记通告和注册多边制度的谈判，以使加入该体系的成员方可以利用该体系来保护自己的地理标志。

TRIPS协定第24条第4—9款规定了地理标志保护的限制：一是对地理标志的在先使用或善意使用，即在1994年4月15日（部长级会议结束乌拉圭回合谈判之日）之前，如果某成员方域内之国民或居民已连续使用至少10年或在此日期前善意使用了与另一成员方所保护的地理标志相同的标志，则可以继续保持原来的使用方式，不构成侵权；二是合理使用名称权，即人们在贸易过程中使用其姓名或营业名称，即便与某一成员方所保护的地理标志相同或者近似，但不会使公众产生误解的，不构成侵权；三是在其原属方不受保护（包括不保护、已停用或已废止）的地理标志；四是已淡化为惯用名称的地理标志，如"汉堡包"泛指一种夹肉的面包，并不意味该产品来自德国的城市汉堡；五是在原属国对地理标志进行保护之前已实际申请或注册了含有该地理标志内容的商标。

TRIPS协定对地理标志的保护力度是国际公约中最大的，其对地理标志的保护措施具有普遍适用性，确保各成员方切实履行条约义务。协定规定各成员方要在其立法制度框架下为地理标志权利人提供法律救济措施，这使得协定规定的保护标准得以在成员方"强制实施"，加强了对地理标志保护的约束力，但是使用何种法律救济措施要根据本国国情以及本国立法制度来决定。协定对商标在先注册与善意注册以及通用名称的规定，不仅平衡了地理标志与通用名称、商标之间的冲突，而且照顾了各成员方当前现状和利益，正是由于TRIPS协定的宽松政策，使得大多数成员方都能接受，使之成为当前地理标志保护方面影响最大的多边协定，在地理标志国际保护进程中具有里程碑意义，其影响深远。

除上述国际公约外，一些区域性的工业产权保护协定或国家之间的双边协定也对地理标志的法律保护起着重要作用。尽管多个国际条约使用的术语不同，其内涵与外延也不完全一致，但是加强地理标志保护的趋势显而易见。

二、农产品的地理标志国内规范体系

TRIPS协定规定了成员方必须遵守的知识产权最低保护标准，但是并不禁止各方对知识产权有更为严格的保护。各方地理标志资源千差万别，对地理标志的保护要求和保护水平各不相同，导致保护地理标志的立法模式各不相同，形式多样。归纳起来，主要有以下三种模式。

（一）专门法

法国被称为国际地理标志和原产地名称制度最主要的发源地，法国最早采用单独立法保护原产地名称。为了加强对葡萄酒、奶酪等特色产品的法律保护，早在1919年，法国就制定了《法国原产地名称保护法》（1990年和1996年两次对该法进行了修改），确立了原产地命名制度，该法明确规定了原产地名称的注册登记制度以及保护原产地名称的行政和司法程序，设立专门机构管理地理标志的注册、维护等工作。原产地名称由生产者组建行业协会作为申请人申请注册，获得注册之后，主管部门要确定该原产地名称所在区域以及适用范围，获得注册的原产地名称的协会的生产者拥有使用该原产地名称的排他权利。并且，一旦地理名称被注册为原产地名称，就不能被视为通用词语，以避免减弱原产地名称的声誉。主管行政部门要对地理标志的生产过程进行严格的监督和管理。盗用原产地名称属不法行为，当生产者的合法权利受到侵犯时，可以提起民事诉讼或是刑事诉讼来弥补损失或是制止侵权行为。法国的原产地名称保护制度对欧洲国家产生了深远的影响，如意大利、西班牙、葡萄牙等国家的专门法保护制度均是在借鉴法国原产地名称制度基础上建立并发展起来的。

专门立法模式赋予了产地范围内特定经营者对地理标志的专属使用权和禁止权，在相关法律中对地理标志的申请方式、保护范围、产品的生产流程和限定的区域以及救济途径、侵权的认定等有着明确的规定，对地理标志予以全面的保护，以便权利人和执法机关有效地保护地理标志。与法国采取类似模式的除了欧盟外，采用专门法保护地理标志的还有捷克、匈牙利、以色列、意大利、墨西哥、葡萄牙等国，这些国家较早专门立法来保护其国内比较丰富的地理标志资源。在这种立法模式下，地理标志能够得到更加全面的保护。但专门立法较之于其他立法模式，具有较高的立法成本和繁杂的执法要求，因此，此种保护模式仅为少数国家和地区所采用，适用于地理标志资源丰富，需要进行地理标志强保护的国家和地区，并未得到普遍的认可。

专门立法保护有优于商标保护之处，最主要的优点就是地理标志由政府依职权进行保护，这是一种强有力的直接行政保护，减轻了地理标志权利人或使用人的维权成本。除此之外，专门立法模式下的地理标志的注册和授权使用收费较低或者不收费。但是，较之于其他立法模式，专门保护模式具有较高的立法成本和繁杂的执法要求，采用严格的审批制度，获得审批的地理标志由政府严格管理或者由经授权的协会管理，因此此种保护模式仅为少数国家和地区所采用，适用于地理标志资源丰富，需要进行地理标志强保护的国家和地区，并未得到普遍认可。此外，该模式需要普通民众熟悉地理标志符号，这对我国消费者并非易事。因此地理标志使用在我国市场效果不明显，企业也缺乏使用地理标志的积极性[①]。

（二）商标法

此种模式就是将地理标志纳入商标法保护体系，规定社团或机关机构申请将地理标志注册为证明商标或集体商标，取得商标权。商标权人再依据地理标志的使用规定，授权符合使用条件的企业或个人使用地理标志，商标权人可以依商标权对假冒地理标志等行为追究侵权责任。

商标保护模式有以下几方面的优势：（1）降低立法成本。这种立法模式将地理标志理解成商标的一种，可以利用现有的商标法成熟体系对其进行保护，无须建立新制度，立法成本低。地理标志的概念能为商标概念所容纳。证明商标、集体商标姑且不论，即便是普通商标也可以容纳地理标志的概念。以商标法保护地理标志可以大大降低立法成本。（2）减少法律冲突。采用商标立法能大大

---

① 王笑冰：《地理标志法律保护新论——以中欧比较为视角》，中国政法大学出版社2013年版。

减少法律冲突和权利冲突，使地理标志和商标的冲突简化为商标之间的冲突，这种冲突可以在商标法律制度内解决。（3）便于主动维权。商标专用权的排他性使得权利人对相关的地理标志有支配控制的权利，符合地理标志权的私权性质。权利主体在遇到侵权行为时也可利用商标法进行维权，执法部门对查处商标侵权有丰富经验，能够采取有效措施制止侵权行为，有利于节约司法资源。（4）更符合消费者的习惯。我国消费者习惯于认牌购物，对地理标志缺乏了解，因此以商标保护地理标志更符合我国消费者的习惯，也更有利于地理标志效用的发挥。目前，世界上大部分国家和地区都采用商标法保护模式，如比利时、荷兰、英国、美国、瑞士等国家采用商标法模式来保护地理标志。

然而，此立法模式对地理标志的保护比较粗糙和概括，没有专门立法保护得清晰和详细，此外，证明商标或集体商标与普通商标之间也可能存在相互冲突的情况。此种模式与专门立法保护相比较，最大的问题是保护力度不足，因为商标权作为纯粹的私权由商标权人掌握和行使，由于商标权人缺乏必要强制手段，在某些情况下因维权成本过高不能有效制止侵权行为。另外，商标的注册和授权使用一般需支付较高的费用。

（三）反不正当竞争法

此种保护模式是指利用反不正当竞争法，对市场使用地理标志行为进行规范的一种保护方式。日本、瑞典等国家的反不正当竞争法规定了对原产地名称、货源标记的保护，将伪造、冒用产地的行为规定为不正当竞争行为，予以禁止。这种立法模式强调了假冒产地名称的不正当竞争行为的性质，侧重于从维护市场秩序和保护消费者利益的角度保护地理标志，除了地理标志所有人外，其他权益受到侵害的主体，如消费者和正当竞争的经营者都可以采取相关的法律行动。

相对于专门立法和用商标法对地理标志予以保护的模式，用反不正当竞争法保护地理标志所提供的是一种兜底的较低程度的保护。采用该种模式的国家通常地理标志资源较少，无须采用单独立法或商标法保护，以便更好地节约司法资源。这种立法模式对地理标志的知识产权保护淡化了许多。

总体上，由于农产品的地理标志保护涉及面较广，大多数国家并未单一采用专门法或商标法模式，而是多种方式并用，但以其中一种为主。

三、我国农产品的地理标志规范体系

中国是世界上三大农业起源地之一，中华文明史实质上就是一个农业文明史。加之民族众多，地域辽阔，资源丰富，有丰富的土特产品、传统手工艺制品及民族手工制品，我国是一个地理标志资源丰富的国家。截至2021年6月底，中国累计以集体商标、证明商标注册地理标志6 339件，地理标志产品2 478个，

核准专用标志使用市场主体超过 12 000 家①，累计批准超过 3 000 件农产品地理标志②。

中华人民共和国成立之初的法律对"地理标志"缺乏相关规定。我国于 1985 年 3 月加入《巴黎公约》，开始承担保护原产地名称的义务。最初是以行政保护的方式进行的。1987 年 10 月，原国家工商行政管理局商标局在给北京市工商行政管理局《关于保护原产地名称的函》中指出："我国是《保护工业产权巴黎公约》成员国，有义务遵守该公约的规定。若外国委托人反映的情况属实，你局应责令北京京港食品有限公司立即停止使用'丹麦牛油曲奇'这一名称，以保护《巴黎公约》缔约国的原产地名称在我国的合法权益。"1988 年 5 月，商标局在给山东省工商行政管理局《关于"龙口"名称的意见》中指出："'龙口'是地方长期使用在粉丝商品上的带有产地名称性的称谓，不宜由某一企业作商标注册专用……建议你局请山东省政府主持，同有关部门进行协调，统一对龙口名称的认识，并制定相应的保护产地名称或原产地名称的地方性的暂行规定及相应的保护措施。"1989 年 8 月，商标局在给各省、自治区、直辖市、计划单列市工商行政管理局《关于整顿酒类商标工作中几个问题的通知》中指出："'香槟'是法国原产地名称，不能作为商品通用名称使用。"同年 10 月，原国家工商行政管理总局向各省、自治区、直辖市、计划单列市工商行政管理局发出《关于停止在酒类商品上使用香槟或 Champagne 字样的通知》，指出："香槟是法文'Champagne'的译音，指产于法国 Champagne 省的一种起泡白葡萄酒。它不是酒的通用名称，是原产地名称。近年来，我国一些企业将香槟或 Champagne 作为酒名使用，这不仅是误用，而且侵犯了他人的原产地名称权。我国是巴黎公约的成员国，有保护原产地名称的义务。为此，特通知如下：我国企业、事业单位和个体工商户以及在中国的外国（法国除外）企业不得在酒类商品上使用'Champagne'或'香槟'（包括大香槟、小香槟、女士香槟等）字样。"

由于部门条块分割的原因，我国农产品的地理标志保护长期由多个部门实施。我国在农产品的地理标志保护领域逐渐形成现今"两种法律并行、三套保护制度同在"的基本面貌。其中，所谓"两种法律并行"，是指我国农产品的地理标志保护存在商标法、反不正当竞争法等一般法律与专门的部门规章并行的法律模式；"三套保护制度同在"，是指我国农产品的地理标志保护具体存在以《商标法》等为依据的集体商标和证明商标制度，以《地理标志产品保护

---

① 张志成："中国加强地理标志保护 护航经济高质量发展"，载《紫荆》2021 年第 8 期。
② 农业农村部新闻办公室："第六届全国农产品地理标志品牌推介会在重庆举办"，载中华人民共和国农业农村部网站 http：//www.moa.gov.cn/xw/zwdt/202011/t20201128_6357208.htm，访问日期：2021 年 9 月 7 日。

规定》等为依据的地理标志产品保护制度，以及以《农产品地理标志管理办法》等为依据的农产品地理标志保护制度[①]。

（一）法律

1.《商标法》

在商标领域，随着经济发展和立法环境的成熟，1993年2月，我国对1983年通过的《商标法》进行了第一次修正，同年7月，对《商标法实施细则》进行了第二次修订。修订后的实施细则首次将集体商标和证明商标纳入商标法范围进行保护，为原产地名称的保护提供了行政法规层级的依据。根据该实施细则，原国家工商行政管理总局于1994年12月30日颁布了《集体商标、证明商标注册和管理办法》，细化了对集体商标和证明商标的申请、注册程序及其保护等内容。该办法于1995年3月1日起施行，商标局正式受理国内外地理标志证明商标的注册申请，依法行使地理标志证明商标的注册、保护职能。当年就受理了哈密瓜、佛罗里达柑橘等地理标志申请14件，其中3件来自美国。在加入世贸组织的谈判中，我国承诺对商标法进行修改，将地理标志保护上升到法律的层级。且经过几年实践，对集体商标和证明商标的注册和保护均积累了不少经验，于是，在修改后的2001年《商标法》中正式将集体商标、证明商标以及地理标志纳入。在此基础上，《商标法实施条例》也进行了相应规定。原国家工商行政管理总局也在2003年颁布了新的《集体商标、证明商标注册和管理办法》。该办法于2003年6月1日起实施，对地理标志注册程序与管理作出了具体规定。中国此次修改商标法，对地理标志的保护作出专门规定，不仅是履行"入世"承诺，而且也是对已经实行6年的以证明商标形式保护地理标志做法的确认和法律位阶的提升。2019年11月1日起施行的现行《商标法》并未对地理标志和集体商标、证明商标的条款进行改动，仍沿用之前的规定。《商标法》是目前我国唯一一部与地理标志直接有关的法律。

《商标法》认可将地理标志由社团或机构申请注册为证明商标或集体商标，取得商标权。该法第3条第2款和第3款规定："本法所称集体商标，是指以团体、协会或者其他组织名义注册，供该组织成员在商事活动中使用，以表明使用者在该组织中的成员资格的标志。本法所称证明商标，是指由对某种商品或者服务具有监督能力的组织所控制，而由该组织以外的单位或者个人使用于其商品或者服务，用以证明该商品或者服务的原产地、原料、制造方法、质量或者其他特定品质的标志。"2014年修订的《商标法实施条例》第4条规定："商标法第十六条规定的地理标志，可以依照商标法和本条例的规定，作为证明商

---

① 林秀芹、孙智："我国地理标志法律保护的困境及出路"，载《云南师范大学学报》（哲学社会科学版）2020年第1期。

标或者集体商标申请注册。以地理标志作为证明商标注册的，其商品符合使用该地理标志条件的自然人、法人或者其他组织可以要求使用该证明商标，控制该证明商标的组织应当允许。以地理标志作为集体商标注册的，其商品符合使用该地理标志条件的自然人、法人或者其他组织，可以要求参加以该地理标志作为集体商标注册的团体、协会或者其他组织，该团体、协会或者其他组织应当依据其章程接纳为会员；不要求参加以该地理标志作为集体商标注册的团体、协会或者其他组织的，也可以正当使用该地理标志，该团体、协会或者其他组织无权禁止"。

《商标法》也对地理标志的商标注册作了进一步的限制。《商标法》第10条第2款规定："县级以上行政区划的地名或者公众知晓的外国地名，不得作为商标。但是，地名具有其他含义或者作为集体商标、证明商标组成部分的除外；已经注册的使用地名的商标继续有效。"该法第16条第1款规定："商标中有商品的地理标志，而该商品并非来源于该标志的地区，误导公众的，不予注册并禁止使用；但是，已经善意取得注册的继续有效。"

2. 其他市场规制法对地理标志的保护

《中华人民共和国反不正当竞争法》（以下简称《反不正当竞争法》）、《中华人民共和国产品质量法》（以下简称《产品质量法》）、《中华人民共和国消费者权益保护法》（以下简称《消费者权益保护法》）等也对地理标志进行保护，禁止并制裁生产者、经营者伪造商品产地、冒用名优标志、认证标志等质量标志的行为，其"产地"的立法解释较地理标志更为广泛，侧重点在于禁止在市场上制造混淆，是从规范市场管理秩序、保护消费者权益的角度去予以规制。例如，《反不正当竞争法》第6条第4款禁止经营者实施混淆行为，引人误认为是他人商品或者与他人存在特定联系；第8条禁止经营者利用广告或者其他方法，对产地做引人误解的虚假宣传。违反上述规定的行为构成不正当竞争行为，应承担相应的法律责任；《消费者权益保护法》第56条第4款禁止经营者"伪造商品的产地，伪造或者冒用他人的厂名、厂址，篡改生产日期，伪造或者冒用认证标志等质量标志"。

（二）部门规章

1. 《地理标志产品保护规定》

原国家质检部门对地理标志的管理制度是从加强监管、保证产品质量的角度介入对独立标志进行保护和管理。1999年，原国家质量技术监督局颁布实施了《原产地域产品保护规定》，由于地理标志的前身为原产地，因而可看作是我国第一部专门规定地理标志名称保护制度的部门规章。2005年，原国家质量监督检验检疫总局发布了新的《地理标志产品保护规定》用以替换《原产地域产品保护规定》。

2.《集体商标和证明商标注册管理办法》

原国家工商行政管理总局通过集体商标或证明商标的形式对地理标志进行保护和管理。2003年，原国家工商行政管理总局颁布了新的《集体商标和证明商标注册管理办法》。2007年原国家工商行政管理总局进一步颁布了《地理标志产品专用标志管理办法》。

3.《农产品地理标志管理办法》

2007年原农业部颁布《农产品地理标志管理办法》，主要对来源于特定地域、产品品质和相关特征主要取决于自然生态环境和历史人文因素的特色初级农产品开展行政登记保护。2019年，农业农村部为减证便民，进一步推进简政放权、放管结合、优化服务改革，对《农产品地理标志管理办法》进行了修订，删去原《农产品地理标志管理办法》中第9条第2项的符合农产品地理标志登记条件的申请人提交材料之一"产品典型特征特性描述和相应产品品质鉴定报告"。

由地理标志产品、地理标志商标、农产品地理标志共同组成的保护体系，分别由原国家质量监督检验检疫总局、原国家工商行政管理总局和原农业部三部门根据各自职责开展。2018年新一轮机构改革后，原国家工商行政管理总局的注册证明商标、集体商标职能和原国家质量监督检验检疫总局的地理标志产品保护职能统一划入国家知识产权局，原农业部的农产品地理标志登记保护由农业农村部承担，形成了国家知识产权局和农业农村部两部门依据各自职责开展农产品的地理标志保护管理新体系。

（三）小结

1.保护成效

原农产品的地理标志三大系统（质检、工商、农业）的实际注册已有年头，其保护效应、增值效应、溢价效应已初见端倪，三大效应所带来的经济效益和社会效益已初见成效。

（1）三驾马车格局，数量难分伯仲，近年发展加速。我国政府对农产品的地理标志实施保护从1999年开始，发展至今，已经实现了原三大部门转变为市场监督管理部门、农业农村部门的双系统格局，原三个系统各均为1 000件左右，数量相当，农业农村部虽起步较晚，但发展较快。

（2）申报系统的选择往往根据主管部门所属系统决定。对于选择申报和注册的部门，多数农产品负责部门都会根据自己的所处领域、所属主管部门系统选择申报，这样做的基本出发点在于：首先，因信息不对称而产生的信息优先共享有利于选择申报，申请之初各系统会优先通告其直属地方机构有关申报范畴、申报时间、申报流程、提交材料等要求，有利于直属机构优先选择申报。其次，负责部门对于所处领域较为熟悉，对于领域内农产品申报过程中的资源环境、农业技术、流通监管等要求相对熟悉。最后，由于是所属系统内申报，对于申报流程、业务交流等相对了解，对申报过程中具体要求便于系统内沟通与联系。

（3）农业大省是农产品的地理标志数量大省。例如，从农产品地理标志省区市数量分布来看，截至2021年8月，我国农产品地理标志登记数量达3 454件，山东省排名第一，数量达351件，四川省以199件位列第二，湖北省以195件排名第三，河南省以160件位列第六，显示了多数农业产值较高的省份农产品地理标志登记数量也相对较多。无独有偶，农产品数量排名最后六位的省区市（海南省除外）西藏、上海、北京、青海、天津，其农业总产值排名也位列最后六位。由于农产品的地理标志注册的行政单位多以县一级行政单位为主，县域农产品的地理标志数量的多少不仅体现了县域品牌农业、特色农业的实力，一定程度上也反映了县域农业综合实力的强弱。

（4）品种注册系统选择也有所不同。从品种注册情况来看，蔬菜（含食用菌）、粮食、鹿、蜂、虫、蛇、蛙类较多选择原农业部，水果（含杂果）、观赏园艺、猪、猪肉、家禽、茶叶（含咖啡）、海水产品类则较多选择原工商行政管理总局商标局，中草药材、淡水产品等注重品质特征、产地因素的农产品则较多选择原国家质量监督检验检疫总局。

（5）农产品的地理标志唱响特色农业县域称号。2020年，有42个以上的县（市）因其地理标志而获得"中国××之乡"称号，农产品的地理标志不仅作为地方农业、特色农业的响亮名片，也成为发展县域农业、县域经济的一张金字招牌。①

2. 未来趋势

尽管现今质检与工商部门实现了合并，我国现行的农产品的地理标志保护制度仍存在着无专门法律、多头管理、标志重叠、地理产品标志与地理标志注册商标发生冲突等问题，农产品的地理标志立法尚需进一步完善。

2020年11月30日，习近平总书记在主持中央政治局第二十五次集体学习时发表重要讲话，明确要求全面加强知识产权保护工作，激发创新活力，推动构建新发展格局，加强地理标志、商业秘密等领域立法。习近平总书记关于加强地理标志立法的重要论述和部署为加强地理标志保护工作提供了根本遵循和行动指南。

新时期，市场主体对实行立体化、全方位地理标志协同保护，改变管理现状的呼声更加强烈。根据国家知识产权局发布的《地理标志专用标志使用管理办法（试行）》，自2021年1月1日起从事地理标志生产的企业已逐渐统一使用地理标志专用标志官方标志。

伴随《中华人民共和国政府与欧洲联盟地理标志保护与合作协定》（以下

---

① 尚旭东、李秉龙："我国农产品地理标志的发展现状、趋势与对策"，载搜狐网 https://www.sohu.com/a/255953696_813950，访问日期：2021年3月2日。

简称《中欧地理标志协定》）于 2021 年 3 月 1 日签署生效，在立足国内发展的基础上统筹兼顾地理标志保护国际合作也已成为现实需要。《中欧地理标志协定》包括十四条和七个附录，主要规定了地理标志保护规则和地理标志互认清单等内容。协定纳入双方共 550 个地理标志（各 275 个），涉及酒类、茶叶、农产品、食品等。《中欧地理标志协定》对地理标志的保护分两批进行，第一批双方互认的各约 100 个地理标志于协定生效之日起开始在对方市场上提供高水平的保护，其中酒类方面，中国地理标志 11 个、欧盟地理标志 74 个，并将防止出现翻译、转写或音译等问题。第二批各 175 个地理标志将于 4 年内完成保护程序。与此同时，我国也承诺对欧盟相关地理标志提供法律保护，这将让欧盟地理标志持有人放心将相关产品出口至我国，我国消费者可以吃到、用上更多欧盟的优质产品。条约的实施对于拥有已纳入中欧地理标志协定产品的企业来说，好处多多：一是节约成本，地理标志持有人（企业）不需要自己去欧盟申请，节省了大笔国际差旅、聘请律师以及人工成本等费用；二是待遇更高，中欧双方纳入协定保护的地理标志不仅可在对方获得法律保护，还可使用对方的地理标志官方标志，有利于相关产品有效开拓海外市场；三是条约保障，协定涉及的地理标志，不仅受到法律保护，遇到问题还可以通过条约建立的双边机制来解决，使相关地理标志持有人的合法权利受到双重保障。[①]

第三节　进一步规范农产品的地理标志的意义

党的十九大以来，国家对"三农"工作作出了重大决策部署，大力实施乡村振兴，在《乡村振兴战略规划（2018—2022 年）》中指出，加强农产品品牌建设、农产品流通体系建设。2019 年国务院政府工作报告首次提出实施地理标志农产品保护工程、大力扶持贫困地区特色优势产业发展等决策部署，明确指出要加快农业科技改革创新，实施地理标志农产品保护工程。地理标志农产品是"农业科技改革创新"的重要内容，是对具有区域特色农产品进行认证、保护、品牌建设、规模经营、可持续发展、社会化服务的重要手段。近年来，中央一号文件均有提到对农产品的地理标志保护，2019 年中央一号文件中提出"健全特色农产品质量标准体系，强化农产品地理标志和商标保护，创响一批'土字号''乡字号'特色产品品牌。"2020 年中央一号文件中提出："继续调整优化农业结构，加强绿色食品、有机农产品、地理标志农产品认证和管理，打造地方知名农产品品牌，增加优质绿色农产品供给。"2021 年中央一号文件提出："加

[①] 南方农村报："凤凰单丛等四种广东产品入选首批保护名录"，载《南方农村报》2021 年 3 月 2 日，第 1 版。

强农产品质量和食品安全监管,发展绿色农产品、有机农产品和地理标志农产品,试行食用农产品达标合格证制度,推进国家农产品质量安全县创建。"2021年7月,国家知识产权局印发《关于组织开展地理标志助力乡村振兴行动的通知》,要求继续深入实施地理标志运用促进工程,组织开展地理标志助力乡村振兴行动。

一、有利于实现农业高质量发展

地理标志所承载的商品品质、声誉及消费价值的满足感使地理标志本身即成为商品的附加价值,地理标志背后蕴含着巨大的产业价值和经济效益,具有强大的市场竞争力。当前,我国农产品供应充足,农业正在从增产向提质导向转变。消费者对农产品的关注重点已经由"有没有""够不够"向"好不好""优不优"转变,地理标志农产品符合人民群众多样化、特色化、品质化消费需求,日益受到市场普遍欢迎。实施农产品的地理标志保护,打造独具特色品质的优质农产品,有利于扩大优质绿色农产品供给,促进农产品经济效益提高,推进质量兴农、绿色兴农、品牌强农。

在国外,意大利的"托斯卡纳"橄榄油在获得地理标志保护后利润额比原先高出20%;在法国,获得地理标志注册的特色奶酪的价格比普通奶酪高2欧元;欧盟出口到各个国家的烈性酒超过80%属于地理标志产品;法国出口的葡萄酒则超过85%使用地理标志,地理标志产品的销售成为138 000个法国农场和30万名意大利员工的经济来源[1]。

在国内,山东省章丘市的大葱在注册并使用"章丘大葱"地理标志证明商标后,其经济价值明显提高,由注册保护前的每kg 0.2—0.6元上升到1.2—5元,注册保护后的价格是注册前的2—5倍,每亩纯收入在2 000元以上,主产区乡镇户均收入达到万元。山东胶州大白菜历史悠久,早在1 000多年前就在胶州出现。注册地理标志商标成功后的胶州大白菜,身价由原来的几角钱一公斤,迅速上涨到平均每棵48元[2]。

在广东省,2019年,"新会陈皮"和"新会柑"产值约85亿元,行业从业人员约5万人,"新会陈皮"企业有4 870家,"新会柑"种植户有847户,种植规模增至约10万亩;"台山鳗鱼"养殖户有36户,产量49 440吨,养殖面积47 642亩。在广东省外围,2019年凤凰单丛(枞)茶地理标志产品专用标志申请使用企业25家,多于前6年总和。"象窝茶"由200元/公斤提

---

[1] 林铁军:"论我国地理标志保护体系的重新构建",载《法制与经济》2016年第1期。
[2] 大众网:"地理标志商标真值钱 我省已拥有此类商标12件",载大众网http://www.dzwww.com/shandong/sdnews/200609/t20060904_1735659.html,访问日期:2021年3月10日。

升到300元/公斤,带动了产业产值增长;"泗纶蒸笼"获得地理标志产品保护后,年总产值达4亿元,较保护前增长90.5%;"新兴排米粉"在获得保护后,由年产量5 000多吨增长到7 000多吨,价格由4 500元/吨提升至5 500元/吨,年产值提高到约1亿元。"郁南无核黄皮"获得地理标志产品保护后,当地政府通过开展宣传和专用标志的推广应用,使该县的无核黄皮产业得以快速发展,经济效益不断提高,无核黄皮年总产值已达10亿多元,从业人员达2万多人。[①]

二、有利于促进中国特色农业的发展

家庭承包责任制决定了我国的农业生产呈现出分散的小规模特征,多数农民处于分散经营状态,组织化程度不高,不具备规模化生产和产业化经营的条件。而农产品包括地理标志产品在市场经济条件下发展,就必须实现生产经营的产业化和规模化,这样才能把资源优势转化为市场优势[②]。农产品的地理标志本身具有集体品牌的功能,它既是产地标志,又代表了产品品质,其市场信誉是固有的、历史形成的。因此,地理标志为个体农民提供了可以无须自创品牌而分享品牌利益,并形成规模经营而提高品牌附加值的可能。并且,农产品的地理标志具有很强的组织功能,地理标志产品执行国家统一的标准,能将分散经营的某种农产品按统一的标准、标识组织起来,形成规模经营的效果,从而实现一定区域内优质特色农产品的规模化生产。因此,地理标志为农产品的产业化、规模化经营,提供了一个良好的价值平台。根据法律规定,地理标志的申请人只能是具有特定资格的机构、协会和企业,而地理标志农产品的生产者是农民,所以在其运行方式上,它摆脱了传统的以户为单位的分散经营,形成了"农产品地理标志+地域性农业专业合作组织(行业协会)+农户"的经营模式,将某种农产品的生产、加工、销售等环节在一个决策实体里联系起来,使分散的农户形成集体优势,实现了规模化、产业化经营,适应了开放市场的要求。所以说地理标志对推动农产品规模化生产、产业化经营和组织化运作具有十分重要的意义。

我国地理环境和气候环境的多样性,决定了特色品质农产品的丰富性。但由于农村家庭生产、分散经营的模式,区域特色经济的作用难以显现,在生产和经营上也无法做到规模化、专业化和品牌化。而地理标志作为知识产权在

---

① 南方新闻网:"广东各级市场监管部门创新开展地理标志培育 取得良好成效",载南方新闻网 https://baijiahao.baidu.com/s?id=1667710757563519550&wfr=spider&for=pc,访问日期:2021年3月10日。

② 邵伟杰:"农产品地理标志保护的意义及其路径",载《齐鲁学刊》2009年第1期。

发展农业特色经济的过程中起到了积极的作用,地理标志所标示的农产品在市场竞争中具有特殊的品牌效应,通过注册农产品的地理标志,有利于提高特色农产品的附加值,培育地方主导产业,形成地域品牌,从而促进中国特色农业的发展。通过使用、宣传地理标志,积极开拓国内和国际市场,也促进了特色产品的产业化、国际化。如山东烟台苹果实施地理标志保护后,出口量不断攀升,市场由原来的东南亚扩大到中东和欧洲,出口至多个国家和地区[1]。

三、有利于继承发扬传统农业文明

地理标志是国家自然文化遗产与历史文化遗产的结合体,通过地理标志产品保护制度的有效运作,将对农业综合能力的开发和拓展起到积极作用。我国地理标志农产品,基本都是国家认定和广大消费者心目中的名优特产品,并且不少关联到民族、民俗及饮食文化,是观光农业富有内涵的素材,也是我国旅游业开发空间广阔的新型资源[2]。地理标志农产品的生产和发展,将会带动和促进生态旅游、人文旅游的发展,传播和保护优秀的传统民俗和民间艺术,同时还可以带动餐饮、住宿、娱乐等第三产业的发展,转化农业剩余劳动力。也有助于扩大地区声誉,成为地方经济新的利益增长点。在为当地农民带来可观经济利益的同时也促进了农业综合能力的开发,提高了农业综合效益。

同时,农产品的地理标志对于记载和发扬传统农业文明具有历史意义。农产品的地理标志具有一个共同特点,即都是以特定的地域为基础,反映了地域与产品之间历史的、地理的和其他独有的内在联系。农产品的地理标志是国家和区域的重要农业资源,同时也是农业文明的历史遗产,具有产业和人文双重价值。因为地理标志的形成及其在市场中的地位都是以大量的人文和经济投入以及长期的历史传统作为基础的,所以地理标志不仅具有经济价值,而且也代表了一个地区、一个民族甚至一个国家的文化形象,具有文化价值,它们共同构成地理标志的信誉,并最终表现为商业上的经济利益。法国人就自豪地把香槟酒、干邑酒当作珍贵的国家经济文化遗产来看待。而我国在历史上以农立国,曾经创造了辉煌的农业文明,全国各地农业土特产数量众多,其中不乏质量上乘、

---

[1] 中国新闻网:"烟台苹果今年增产增收",载中国新闻网 http://www.chinanews.com.cn/other/news/2006/10-14/804237.shtml,访问日期:2021年10月26日。

[2] 王志本:"地理标志将成为我国农产品贸易的比较优势",载《中国知识产权报》2008年4月29日。

享誉国内外的精品,因此其地理标志保护对于保存和发扬中国传统农业文明的意义尤为重要。特别是随着农业现代化进程的加快,在满足农业综合生产能力提高的同时,防止传统农业文明丢失责任尤其重大[①]。

四、有利于提高农产品国际竞争力

一方面,对农产品的地理标志保护意义在于促进逐步建立起与国际接轨的农产品的地理标志保护法规标准体系,对每个产品制定专门的质量技术要求,配套相应的技术管理规范或标准,并实施备案审查,逐步使农产品的地理标志保护各项工作步入科学化、制度化、规范化的发展轨道。各地通过采用国际标准和国外先进标准,实施标准化生产,使农产品的地理标志的质量、包装、标签、检验检疫等方面符合国际要求或国外标准,这必将有利于实施标准化生产,提高产品质量[②]。

另一方面,随着全球经济一体化的加深和不同国家、地区间经贸往来的频繁,地理标志作为巨大的无形资产,在经济上的重要性日益增强。我国是农业大国,但相对于许多发达国家而言,农业整体竞争力不强,特别是加入世贸组织以后,对中国农业带来了巨大的冲击,利用地理标志来提高我国农产品的国际竞争力已成当务之急。"地理标志所标示的产品在市场竞争中具有广告促销的作用和特殊的品牌效益,可以将特色农产品独特的地理环境、气候条件、独一无二的耕作或养殖方法、与众不同的品质和人文底蕴同商品一起推向市场"。[③]因此,地理标志农产品在国际市场上具有明显的"比较优势"。另外,农产品获得地理标志注册,有利于扩大出口,进入国际市场。地理标志是各国都予以法律保护的知识产权。TRIPS协定要求地理标志首先必须在其原属国获得保护,才能在其他成员国获得保护。地理标志在商标局注册以后,就为该地理标志在国外的注册和保护提供了法律基础,有利于扩大该地理标志农产品出口。如新疆"库尔勒香梨"获准地理标志商标注册以后,迅速进入国际市场,销往香港地区、澳门地区、新加坡、泰国、马来西亚、菲律宾、法国、加拿大等国家和地区。

---

① 冯忠泽、盛松华、张梦飞:"中国农产品地理标志管理制度发展方略思考",载《世界农业》2007年第2期。

② 郑良泽:"做大做强地理标志保护产品的意义及对策",载《中国农村小康科技》2010年第11期。

③ 许欣、邱实:"经营运作地理标志 提升农产品出口竞争力",载《农业经济》2006年第7期。

充分利用地理标志在国际贸易中的作用，有利于最大限度地实现我国知识产权的潜在价值，提高农产品国际竞争力和价格水平。并且，实施地理标志产品保护，可以影响国际贸易商业活动的很多方面，如产品出口、关税优惠、反倾销和反补贴贸易措施的实施等。农产品的地理标志保护产品在进出口贸易中易获得关税、通关等方面的优惠，有利于提高农产品出口的国际市场竞争力，冲破"绿色壁垒"。扩大农产品出口，促进国际贸易的发展，从而起到提高我国农产品国际竞争力，最大限度地实现提高社会经济利益的作用。

近年来，世界各国日益重视地理标志的保护，利用知识产权制度发展本国的特色农业，保持和增强本国农产品在国际市场上的竞争优势。加强地理标志保护，用好地理标志，是新时期促进农业发展、扩大农产品出口、增加农民收入的有效手段。对促进我国农业经济的发展，保持地理标志产品的国际竞争优势，传承传统工艺、历史文化有极为重要的作用，地理标志农产品成为促进农村发展的绿色动力。

第二章　广东省农产品的地理标志概况

第一节　广东省农产品的地理标志现状

作为中国的"南大门",广东省光、热、水资源丰富,四季常青,优越的地理位置,适宜的亚热带气候,充足的自然资源造就了广东省丰富的物产资源,丰富的物产资源促进了广东省地理标志的发展。作为国内地理标志产品的重点市场和交易活跃地区,广东省是连接国际国内市场的地理标志贸易通道和枢纽。

一、广东省的基本情况

近年来,广东省农产品的地理标志保有量增加较快。截至2021年11月,广东省已登记地理标志数量303个,其中涉农地理标志商标86个,涉农地理标志产品155个,农产品地理标志62个(蔬菜9个、果品15个、粮食10个、茶叶8个、药材3个、花卉2个、畜产品7个、水产品8个)。近2年,广东省紫金春甜桔、顺德伦教糕、顺德红米酒等4个产品获国家地理标志产品保护,是同期获准保护地理标志产品最多的地区之一。2018年以来,广东省新增以证明商标、集体商标注册的地理标志45件。截至2020年年底,已有530家地理标志产品生产企业获准使用地理标志产品专用标志。①

原国家质量监督检验检疫总局于2015年、2017年批准筹建广东(新会)、广东(罗定)2个国家地理标志产品保护示范区。广东(新会)国家地理标志产品保护示范区已通过原国家质量监督检验检疫总局验收,成为广东省第一个国家批准的地理标志产品保护示范区。罗定市人民政府已向国家知识产权局提交验收申请。2021年,国家知识产权局批准化州市人民政府申请,筹建化橘红国家地理标志产品保护示范区。此外,"镇隆荔枝"被列为国家级农产品地理标志示范样板。

在国际化方面,一是凤凰单丛、英德红茶、大埔蜜柚、新会陈皮、化橘红、

---

① 数据来源于笔者调研时广东省农业农村部门提供的统计资料。

高州桂圆肉、增城荔枝、梅州金柚等 10 个地理标志入选《中欧地理标志协定》目录，凤凰单丛（枞）茶入选"中－泰'3+3'地理标志互认互保试点产品清单"。二是积极搭建地理标志产品国际展示和交易平台。2020 广东省知识产权交易会特别开设"地理标志展馆"，展示广东乃至全国地理标志产品。共有全国各地的 159 家地理标志展商参展，展示地理标志产品 334 个，实现全方位展示、一键式交易。2021 年"粤港澳大湾区知识产权交易博览会平台"升级为"2021 粤港澳大湾区知识产权交易博览会暨国际地理标志产品交易博览会平台"正式上线，在更高规格平台展示广东地理标志产品，发挥国际贸易功能。①

二、广东省农产品的地理标志保护效果

从实施效果来看，广东省农产品的地理标志的保护作用初步显现，总体显示为保护效应、增值效应、溢价效应，三大效应所带来的经济效益和社会效益已初见成效。

（一）推进农业标准化建设

地理标志的申报和保护过程，促进了标准化示范区的建设，规范了生产过程，夯实了申报成功的基础，提供了坚实的技术保障。例如，在广东省，为促进农产品的地理标志产业持续健康发展，《江门市新会陈皮保护条例》于 2020 年 3 月 31 日获广东省第十三届人民代表大会常务委员会第十九次会议批准，为新会陈皮保护工作提供了强有力的法治保障。江门市制定并颁布《地理标志产品新会陈皮》《地理标志产品新会柑》《新会柑皮含茶制品》三个广东省地方标准；同时，制定《新会陈皮预包装标签》《新会陈皮普洱茶》《新会柑皮普洱茶》《新会柑皮普洱茶加工技术条件》《新会青柑代用茶》等多个联盟标准。潮州市通过梳理凤凰单丛（枞）茶地理标志保护产品相关信息，积极申报凤凰单丛（枞）茶地理标志中泰地理标志互认互保试点和中欧地理标志合作保护项目，提升凤凰单丛（枞）茶品牌影响力。潮州市市场监管部门修订《潮州市凤凰单丛（枞）茶地理标志产品保护管理办法》，加大力度指导权利人规范使用和有效管理茶叶地理标志商标，引导茶叶地理标志行业协会及相关组织加强行业自律，督促专用标志使用人严格执行技术标准，保证地理标志产品特定品质。

（二）促进产业集群培育

一方面，地理标志产品对其他经济资源具有聚集效应，从而会引导和发展地理标志农产品的产业集群；另一方面，农业产业集群的形成和发展又将会保障、提升地理标志农产品的质量、信誉与品牌，进一步强化了农产品的地理标志保

---

① 粤港澳大湾区知识产权交易博览会暨国际地理标志产品交易博览会网：https://www.gdipexpo.com/，访问日期：2021 年 11 月 21 日。

护制度。作为广东省重要的农业生产基地，湛江市遂溪县素有"鱼米之乡""生态林业县"的美誉。通过商标注册，如今广藿香、海红米、下六沙虫、草潭瑶柱、岭北甜薯、下六番薯、沙古萝卜、遂溪火龙果这些"土特产"，成了"明星产品"。通过地理标志打造品牌，品牌带动形成产业，产业集聚形成规模效应，进一步提高了地理标志产品的知名度和影响力。目前，遂溪形成了一个良性循环，实现了当地群众收入的大幅增加，也给扶贫脱贫事业注入了新活力，让当地贫困户找到了脱贫致富的新出路。据统计，受保护产品的经济效益平均提高20%以上，有的甚至成倍增长。[①]

（三）推动区域经济发展

地理标志产品获得了巨大的品牌价值和经济收益，本土产品的知名度和影响力得到提升，促进了农业产业化，推动了区域经济发展。例如，近年来，广东省江门市采用"政府搭台，企业唱戏"的模式推广区域品牌，借助农产品博览、展销、推介活动和新媒体包装宣传，积极对外推广地理标志品牌产品，提升品牌价值。自2011年起每两年举办一次中国（新会）陈皮文化节，提升新会陈皮知名度。自2013年起，江门市举办多届杜阮凉瓜节，通过举办以凉瓜为主题的厨艺、文艺表演及推出旅游地图等形式，深挖杜阮凉瓜的品牌价值。在广东"一村一品，一镇一业"精品推介活动中，以厨艺展示的形式，向现场嘉宾推介"台山大米"和"台山鳗鱼"，大米和鳗鱼搭配制作成的美食深受欢迎。还通过"公司+农户+商标（地理标志）"的产业化经营模式，将农产品的商标或地理标志作为联系企业与农户的纽带，大大提升地理标志产品的品牌价值。[②]

第二节 广东省农产品的地理标志保护存在的主要问题

广东省较发达，是中国开放程度最高、经济活力最强的省份之一。广东知识产权综合发展指数连续8年位居全国第一，区域创新综合能力连续4年位居全国第一。然而，广东省取得的成绩主要来自于工商业，农产品的地理标志尚欠发达，存在与全国其他地区类似的问题。

---

① 中国供销合作网："农民日报：国家地理标志产品经济效益平均提高20%"，载中国供销合作社网http://www.chinacoop.gov.cn/HTML/2011/01/13/61352.html，访问日期：2021年9月2日。

② 广东省市场监督管理局（知识产权局）："广东各地运用地理标志发展地方经济"，载广东省市场监督管理局官方网站http://amr.gd.gov.cn/zwdt/xwfbt/content/post_2998365.html，访问日期：2021年9月3日。

一、制度上存在的主要问题

当前我国存在着《商标法》《农产品地理标志管理办法》和《地理标志产品保护规定》三套地理标志法律规范，一个管牌子，一个管生产，一个管产品，但这三套体系在保护标准、保护条件和保护效力方面存在着重叠甚至矛盾，易导致权利的相互冲突与责任的相互推诿，从而诱发市场混乱，亟须制度的协调。

（一）法律位阶不平等

相较于商标法保护体系，我国农产品的地理标志专门法保护体系主要由部门规章构成，对农产品的地理标志保护制度设计偏重行政管理而非权利保护，在程序上缺乏必要的法律救济手段，司法复审程序缺位。相较于法律，部门规章的位阶较低，因此在解决权利冲突等问题上，存在局限性。[1]

（二）不同程度忽视地理标志的声誉或知名度

首先，《农产品地理标志管理办法》完全缺乏对地理标志声誉或知名度的规定，这可以说是该套制度在保护条件方面的最大缺陷。其次，《地理标志产品保护规定》虽然在保护条件上明文规定地理标志产品的知名度要求，但从实践层面的操作来看，同样缺乏对地理标志知名度问题的应有关注。最后，从《集体商标、证明商标注册和管理办法》与国家商标局和商标评审委员会共同发布的《商标审查及审理标准》等的相关规定来看，地理标志商标（包括集体商标和证明商标）的保护条件，同样缺乏对声誉或知名度方面的实质性规定和要求。

（三）授权确权制度不完善

由于现行三套地理标志授权确权制度的各行其是、独立运行，特别是相互之间缺乏有效的沟通和协作，也导致实践中对地理标志的注册和保护的一些混乱和不协调。主要体现在：首先，农产品的地理标志存在重叠保护、注册和登记主体不一致等乱象。其次，农产品的地理标志商标确权存在程序缺陷。我国农产品的地理标志商标注册缺乏相关领域的技术专家对农产品的地理标志真实性和可靠性进行严格把关。仅有相关人员进行"书面审查"，审查结果是否科学、客观，相关农产品的地理标志是否具备相应的保护条件，特别是商品是否真正具有可归因于地理来源的独特品质特性，产区范围划定是否符合实际等，是值得怀疑的。同时，农产品的地理标志商标获得注册以后，怎样去科学、合理地维系相关地理标志商品的独特品质特色，相关制度也还缺乏实操性规范和指引。

（四）侵权救济制度不完善

在地理标志侵权救济方面，我国现行地理标志产品保护制度和农产品地理

---

[1] 朱涛、张玉玺："农产品地理标志保护与发展路径探究——从集群化管理的角度"，载《学理论》2015年第4期。

标志保护制度，均存在立法位阶较低，保护方式严重不足的问题，为农产品的地理标志提供侵权救济力度十分有限。比如，根据《地理标志产品保护规定》的规定，针对侵权行为，国内地理标志产品申请人和专用标识使用权人只能通过举报请求相关行政执法机构查处，实施侵权行为的人唯一可能面临的制裁措施是行政处罚。国内地理标志产品申请人和专用标识使用权人无法直接与侵权人进行交涉，或者提起诉讼以请求损害赔偿，同时更缺乏相应的刑事补救手段，等等。农产品的地理标志保护同样存在类似问题。由于地理标志产品保护制度和农产品地理标志保护制度存在的制度缺陷或不足，现阶段要实现对我国地理标志的充分保护，商标法律制度是不可或缺的。但同时，我国现行商标法为地理标志商标提供的侵权救济，也还存在诸多问题和不足，尤其在地理标志侵权行为判定和损害赔偿认定等领域，仍然面临不少困境，亟待研究完善。[1]

二、实践中存在的主要问题[2]

（一）农产品的地理标志保护意识淡薄

当前广东省农产品的地理标志保护制度仍处在初级阶段，集约化不足。对农产品的地理标志价值来源认识不清导致生产者和经营者只注重对农产品的产地和属性的宣传，而忽略了向消费者传递农产品的体验利益和象征利益，忽略了培养消费偏好，结果是多数农产品的地理标志停留在品牌发展初期，"地区品牌"的尴尬局面难以打破。[3]究其原因，可能在于：第一，简单粗放的发展方式在实践中导致许多企业缺乏创新意愿和长远眼光，农户等主体追逐纯粹经济利益，忽略地理标志的文化内涵、历史底蕴和品质价值，使得地理标志保护和发展长期建立在生产要素比较优势上，从而难以向更高级别的层次突破；第二，农户、企业等各市场主体没有全局意识和合作精神，组织体系松散，缺乏信息交流畅通渠道，生产效率低，交易成本高；第三，产品科技附加值有限，企业自主创新能力缺乏，社会中间层机构也不能发挥其有效作用；第四，龙头企业数量不足、规模有限、经济效益水平低、研发水平低下，不能起到领头作用。[4]

（二）多种地理标志导致选择困难

多个行政机关所依据法律规范不同，其保护标准、保护对象及授予权利的

---

[1] 林秀芹、孙智："我国地理标志法律保护的困境及出路"，载《云南师范大学学报》（哲学社会科学版）2020年第1期。

[2] 陈敏："浅析我国农产品地理标志保护的现状"，载《长春理工大学学报》2011年第1期。

[3] 邓保国、梁天宝、俞湘珍："农产品地理标志发展研究：现状、困境和路径选择"，载《南方农村》2013年第7期。

[4] 朱涛、张玉玺："农产品地理标志保护与发展路径探究——从集群化管理的角度"，载《学理论》2015年第4期。

性质等存在交叉和矛盾，这样对同一类行为分别行使权力，必然造成权力的冲突和管理的混乱，违反经济性原理，导致企业、拟申请地理标志的登记注册政府部门或组织无所适从。① 地理标志的管辖权存在冲突，不同的地理标志行政管理部门依据不同的标准，遵照不同的法律法规，组织不同的专家学者及政府官员，对同一农产品、食品或传统特产的质量（品质）和地域（原产地）进行实质审查和确认，其结论可能大相径庭乃至截然相反，各部门分别注册的地理标志专用标志、农产品地理标志的权威性、公信力及其影响力也备受争议，容易造成国家行政管理资源的浪费，使农产品的地理标志相关司法审判陷入两难境地。②

（三）农产品的地理标志管理不到位

农产品的地理标志管理缺位主要表现为：第一，对已经申报的农产品地理标志闲置不用表现无奈。第二，对市场上出现的各类假冒或以次充好现象视而不见。管理缺位的原因主要有四：一是农产品的地理标志管理主体界定不明，管理主体在相关部门规章的规定并不直接和明确，未把农产品的地理标志权利人规定为地理标志管理主体。二是申报主体资格缺乏代表性造成管理主体缺乏权威性，而注册的地理名称与当地群众习惯使用的名称不一致使注册的农产品地理标志难以推广，农产品的地理标志管理体制不协调造成管理主体底气不足。三是缺乏必要的管理经费和人员导致农产品的地理标志管理主体有心无力。③ 四是农产品的地理标志产品质量控制和技术指导还十分薄弱，靠协会等申请人完成农产品的地理标志质量监管工作是不现实的。④ 农业农村部门在管理制度上和方法上也无法对地理标志农产品的原材料、生产技术、产品质量、产品数量和市场等进行监控。⑤

（四）地理标志滥用现象严重

目前，我国各地对于农产品的地理标志维护、发展等相关工作大多数是政府行为，保护工作还仅仅局限于在注册、登记和审批等形式上的行政行为而并未加以赋予行政强制力的强势保护，并且农产品的地理标志在整个区域产业发展

---

① 邓保国、梁天宝、俞湘珍："农产品地理标志发展研究：现状、困境和路径选择"，载《南方农村》2013 年第 7 期。
② 曹利莎、李明星、丁江涛："知识产权战略视角下我国农产品地理标志管理模式演进及其制度创新"，载《理论与改革》2012 年第 2 期。
③ 李秀丽、刘世义、徐威源："地理标志管理缺位的现实考辨及解决方略"，载《青岛农业大学学报》（社会科学版）2014 年第 1 期。
④ 张梦飞："中国地理标志制度构建取向研究"，载《中国农学通报》2007 年第 1 期。
⑤ 曹利莎、李明星、丁江涛："知识产权战略视角下我国农产品地理标志管理模式演进及其制度创新"，载《理论与改革》2012 年第 2 期。

中所起作用也远没有得到农产品生产经营者的充分运用，具有主导地位的市场主体不愿意花费时间、精力、财力对地理标志进行推广之后与他人分享劳动成果；其他中小经营主体寄希望于"搭顺风车"不劳而获，取得额外的品牌收益。[1]

当前农产品的地理标志存在"公地悲剧"现象，农产品的地理标志使用权是准公共产权或俱乐部产品，是一种区域品牌，不具有排斥性和竞争性；政府强调对农产品的地理标志监管，但对农产品的地理标志使用监管力度不够，地理标志使用门槛较低。众多准入企业共用一个品牌，收益归个人所有，代价由大家分担，企业没有维护商标声誉的积极性，相反有浑水摸鱼的现象，企业间的博弈必然引发行业信用危机，使经营者陷入困境。[2]

（五）农产品的地理标志地区保护不平衡

农产品的地理标志产区范围划定存在一定缺陷。虽然现行三套保护立法均概括性规定有农产品的地理标志产区划定要求，但相关规定并不完善，实践中的具体做法也还存在一些需要改进之处。比如，一方面，我国现行三套保护立法对于农产品的地理标志保护区域划定规定，都只是抽象地规定地域边界，均存在忽视相关产品的生产、加工、装配等流程的产地限制等问题。另一方面，尽管现行商标法律制度有明确规定，在划定农产品的地理标志保护区域时，农产品的地理标志产区范围不需要跟现行行政区划的名称、范围完全一致，但从实践层面的操作来看，无论是地理标志商标注册，还是农产品的地理标志登记，以及地理标志产品保护审批，几乎都是完全采用一定级别的行政区划范围作为划分地域边界的标准。[3]

三、完善农产品的地理标志管理制度的基本建议

在近期，建议构建主管部门协同监管，政府部门、协会协同配合，监管信息协同分享，地理标志政策、法规协同制定与实施，不同部门协同行政执法的农产品的地理标志管理协调机制。

在远期，建议整合现存管理模式，创新农产品的地理标志管理体制。从长远来看，我国应采用专门法保护模式，明确地理标志保护的权属分配问题，建立起专门的地理标志管理机构，制定专门的地理标志保护法。创建中国地理标

---

[1] 朱涛、张玉玺：“农产品地理标志保护与发展路径探究——从集群化管理的角度”，载《学理论》2015年第4期。

[2] 邓保国、梁天宝、俞湘珍：“农产品地理标志发展研究：现状、困境和路径选择”，载《南方农村》2013年第7期。

[3] 林秀芹、孙智：“我国地理标志法律保护的困境及出路”，载《云南师范大学学报》（哲学社会科学版）2020年第1期。

志注册簿,并且地理标志注册簿应当公开可得,免费查询。[1]

第三节　广东省与欧盟农产品的地理标志制度比较

根据《中欧地理标志协定》,广东省有10种地理标志产品入选中欧互认互保地理标志名录。了解双方农产品的地理标志保护制度差异,有利于相关主体、商品更好地融入欧洲市场。同时,欧盟农产品的地理标志制度发达,将广东省所采用的制度与欧盟相比较,有利于找出差距,弥补不足。

一、整体制度体系的比较[2]

（一）立法宗旨和保护模式

欧洲共同农业政策是欧盟地理标志立法的重要政策导向,其地理标志保护的总体目标是建立共同农业市场,同时通过促进特色产品的发展支持农业生产的多样化,提高农民收入和控制本地区农业人口的外迁,促进农村经济。我国各项地理标志制度的立法宗旨表述不完全相同：《商标法》着眼于商标管理、商标信誉和消费者、生产经营者利益的保护；《地理标志产品保护规定》着眼于对产品质量的规范；《农产品地理标志管理办法》着眼于农产品质量和农业市场的管理。

就保护模式而言,欧盟采用了专门立法保护模式,不论农产品、食品还是酒类地理标志都是如此,其制度设计具有高度一致性,是地理标志专门立法保护的典范。我国则并存两种保护模式,即《商标法》保护和《地理标志产品保护规定》《农产品地理标志管理办法》的专门立法保护,这也可以看作国际上地理标志保护模式之争在我国的表现。

（二）各制度的配合衔接

欧盟非常注意各制度的衔接配合：关于农产品和食品的《510/2006号条例》、关于葡萄酒的《1234/2007号条例》与关于烈性酒的《110/2008号条例》,虽然适用于不同产品领域,但保持了概念、术语及各项具体制度设计的统一性；此外,欧盟地理标志制度还注意保持与其他法律制度的衔接,特别是对地理标志与商

---

[1] 曹利莎、李明星、丁江涛：知识产权战略视角下我国农产品地理标志管理模式演进及其制度创新,载《理论与改革》2012年第2期。
[2] 王笑冰：《地理标志法律保护新论——以中欧比较为视角》,中国政法大学出版社2013年版。

标的关系作了专门规定，维护了欧盟不同法律制度之间的协调性和统一性，值得借鉴学习。我国《商标法》《地理标志产品保护规定》和《农产品地理标志管理办法》是三种独立的制度，其适用范围重叠交叉，却没有任何支持配合关系，形成了三者各行其是的局面。三种制度使用的概念、术语及制度设计各不相同，彼此缺乏衔接呼应，可能产生地理标志保护的重叠或冲突。如果同一地理标志在不同保护体系下的权利人是同一个人，不会发生冲突和问题，但如果权利人不是同一人就会出现矛盾和冲突，这种情况显然有悖国家法制的统一和法律体系的协调性。

二、具体条款规范的比较

（一）地理标志之定义及适用范围

就地理标志的定义而言，在欧盟制定的《510/2006 号条例》《1234/2007 号条例》和《110/2008 号条例》中地理标志的概念几乎完全一样，与 TRIPS 协定也基本一致。我国《商标法》的"地理标志"定义与 TRIPS 协定基本一致，而《地理标志产品保护规定》的"地理标志产品"和《农产品地理标志管理办法》的"农产品地理标志"概念和 TRIPS 协定不完全一致，它们都仅限于地名标记，不包括非地名标记。

欧盟地理标志制度的适用范围小于我国，即来自欧盟的工业品地理标志可在我国申请保护，但我国工业品地理标志无法在欧盟地理标志制度中获得保护，只能通过商标法、反不正当竞争法等其他途径寻求保护。

（二）申请人之资格和注册程序

欧盟与我国的地理标志注册申请人都包括协会，但是我国对申请人的确定有明显行政指令色彩。之所以如此，与我国不同于欧洲的国情有关。欧洲有着悠久的行会传统，行业协会具有强大的凝聚力，能把单个业主的力量集中起来，对地理标志进行有力的控制和保护；我国缺乏行业协会传统，行业协会缺乏必要的人力、财力或行政权力，组织管理能力有限，需要在政府的支持甚至主导下申请地理标志保护。

我国的地理标志产品注册程序、农产品地理标志登记程序与欧盟的注册程序最大的区别是：在欧盟，所有的地理标志均由欧洲委员会审查授权，保证了权利的唯一性；在我国，存在不同的授权机关，适用不同程序，产生不同权利，有可能引发权利冲突。

（三）第三国地理标志的注册和保护

欧盟地理标志制度亦适用于第三国地理标志的注册和保护，但要求第三国地理标志在申请注册前已在原属国受到保护。除了在提交申请、监控机构的设定等技术问题上设有特别规定外，第三国地理标志与欧盟成员国地理标志享受相同的待遇，符合国民待遇原则。

我国只有《商标法》对外国地理标志的注册和保护作了明确规定，除要求申请人提供地理标志在原属国受法律保护的证明之外，外国地理标志与国内地理标志受到相同对待和保护，遵循了国民待遇原则。《地理标志产品保护规定》和《农产品地理标志管理办法》虽然允诺注册和保护外国地理标志，但未颁布相关细则。为第三国地理标志提供申请注册的途径和法律保护是地理标志立法不容忽视的问题，也是落实TRIPS协定国民待遇原则的重要内容。结合《中欧地理标志协定》，我国应为对方地理标志注册和保护提供可操作的规则。

（四）同名名称及地理标志与商标的关系

欧盟对同名名称采取的基本原则就是在不造成消费者混淆误认的前提下，允许与已注册地理标志同名的标志获得注册，此时要保证同名名称能够相互区分，并保证相关生产者得到公平对待。我国商标制度的基本处理原则也是在不误导公众且能够相互区分的前提下允许同名地理标志并存。

对于地理标志与商标的关系，欧盟统一采用以下处理规则：在先提出注册申请的地理标志可以排斥在后商标注册申请，但是在后地理标志却能与在先商标权并存，赋予了地理标志优先于商标的法律地位。在我国，对于地理标志商标与其他商标的冲突，应按照《商标法》的先申请原则处理；对于地理标志、农产品地理标志与商标的冲突，只有《商标法》第31条规定的"申请商标注册不得损害他人现有的在先权利"似乎可作为处理在先地理标志产品或农产品地理标志与在后商标之关系的依据，但对于在先商标与在后地理标志产品或农产品地理标志之间应如何处理，相关立法均未作出规定，在实践中引发了严重的权利冲突。

（五）保护范围和监控制度

欧盟为农产品和食品、葡萄酒、烈性酒地理标志提供了绝对、客观的保护，不仅禁止会使消费者发生误认混淆的使用行为，亦禁止不会使消费者发生误认混淆的冒用、模仿或暗示性使用行为。我国对地理标志的保护力度低于欧盟；《商标法》第16条的适用以"误导公众"为前提，是一种主观保护，只有葡萄酒和烈性酒地理标志受到客观保护无须以"误导公众"为前提；《地理标志产品保护规定》的保护也是一种主观保护；《农产品地理标志管理办法》的保护仅限于地理标志和登记证书本身，保护范围更为狭小。

我国与欧盟均对地理标志的监督管理作了规定。欧盟要求地理标志原属国（包括欧盟成员国和第三国）须指定一个或多个机关，或者由符合条件的认证机构负责对地理标志进行监控。在我国，证明商标注册申请人或者其委托的机构必须具有监督该证明商标所证明的商品特定品质的能力，集体商标和证明商标注册人必须对商标的使用进行有效管理和控制；地理标志产品的监督管理则由市场监督部门负责；农产品地理标志由农业农村部门进行监督管理。

第三章 广东省农产品的地理标志申请和授权

第一节 广东省农产品的地理标志申请和授权概况

目前，我国共有三个机构负责登记管理地理标志，分别是：（1）农业农村部，负责受理农产品地理标志申请，申请人获得批准后可以在农产品上标注农产品地理标志；（2）国家知识产权局商标局，负责受理集体商标和证明商标申请，申请人获得批准后可以在农产品上标注中国地理标志；（3）国家知识产权局，负责受理地理标志产品保护申请，申请人获得批准后可以在农产品上标注地理标志产品。截至2021年11月14日，广东省已登记地理标志302个，其中农产品地理标志62个，地理标志商标86个，地理标志产品154个，如表3-1、表3-2、表3-3所示。

表3-1 广东省已登记保护农产品地理标志名录

序号	申请人	产品名称	登记日期/年	产品类别
1	饶平县高堂菜脯加工企业协会	高堂菜脯	2011	蔬菜
2	信宜市大地凼仔鱼专业合作社	信宜凼仔鱼	2011	水产动物
3	饶平县农业技术推广中心	饶平狮头鹅	2012	肉类产品
4	饶平县浮滨镇兴农茶叶专业合作社	岭头单丛茶	2013	茶叶
5	开平市禽业协会	马冈肉鹅	2013	肉类产品
6	江门市蓬江区杜阮镇农业服务中心	杜阮凉瓜	2013	蔬菜

续表

序号	申请人	产品名称	登记日期/年	产品类别
7	连州市农作物技术推广站	连州菜心	2014	蔬菜
8	广州市花都区炭步镇农业技术推广站	炭步槟榔香芋	2014	粮食
9	大埔县蜜柚行业协会	大埔蜜柚	2015	果品
10	恩平市农业科学技术研究所	恩平簕菜	2015	蔬菜
11	鹤山市农产品质量监督检验测试中心	鹤山红茶	2015	茶叶
12	连州市水果技术推广总站	连州水晶梨	2016	果品
13	台山市粮食行业协会	台山大米	2016	粮食
14	大埔县茶叶行业协会	大埔乌龙茶	2016	茶叶
15	惠州市惠阳区镇隆镇荔枝生产协会	镇隆荔枝	2016	果品
16	东莞市麻涌镇农业技术服务中心	麻涌香蕉	2016	果品
17	佛山市三水区农林技术推广中心	三水黑皮冬瓜	2016	蔬菜
18	博罗县福田镇农业技术推广站	福田菜心	2016	蔬菜
19	清远市畜牧技术推广站	清远黑山羊	2016	肉类产品
20	东莞市荔枝协会	东莞荔枝	2017	果品
21	江门市新会区崖门镇农业综合服务中心	甜水萝卜	2017	蔬菜
22	龙门县农产品行业协会	龙门大米	2017	粮食
23	梅州市客都稻米协会	客都稻米	2017	粮食
24	台山市青蟹养殖协会	台山青蟹	2017	水产动物
25	佛山市顺德区水产商会	顺德鳗鱼	2018	水产动物

续表

序号	申请人	产品名称	登记日期/年	产品类别
26	梅州市梅江区茶叶协会	梅江区清凉山茶	2018	茶叶
27	佛山市顺德区国兰协会	顺德国兰	2018	花卉
28	阳山县农业科学研究所	阳山西洋菜	2018	蔬菜
29	德庆县农业技术推广中心	德庆何首乌	2018	药材
30	德庆县农业技术推广中心	德庆巴戟	2018	药材
31	阳山县畜牧技术推广站	阳山鸡	2018	肉类产品
32	江门市牛大力种植协会	江门牛大力	2018	药材
33	佛山市顺德区陈村花卉协会	陈村年桔	2018	花卉
34	深圳市宝安区航城街道黄田荔枝发展协会	黄田荔枝	2019	果品
35	徐闻县农业技术推广中心	徐闻菠萝	2019	果品
36	龙门县养蜂协会	龙门蜂蜜	2019	蜂产品
37	龙门县农产品行业协会	龙门三黄胡须鸡	2019	肉类产品
38	梅州市渔业技术推广与疫病防控中心	客都草鱼	2019	水产动物
39	仁化县农产品质量安全监督检验测试站	丹霞贡柑	2019	果品
40	海丰县农业科学研究所	海丰油占米	2020	粮食
41	恩平市农业技术推广服务中心	恩平濑粉	2020	粮食
42	惠东县马铃薯协会	惠东马铃薯	2020	蔬菜
43	东源县船塘镇板栗协会	东源板栗	2020	果品
44	雷州市农业技术推广中心	雷州青枣	2020	果品
45	鹤山市双合镇农业综合服务中心	鹤山粉葛	2020	蔬菜

续表

序号	申请人	产品名称	登记日期/年	产品类别
46	龙门县农产品行业协会	麻榨杨桃	2020	果品
47	惠州市惠城区菜篮子工程科学技术研究所	矮陂梅菜	2020	蔬菜
48	梅州市梅县区茶叶协会	梅县绿茶	2020	茶叶
49	恩平市农业技术推广服务中心	恩平大米	2020	粮食
50	五华县农业科学技术研究所	五华红薯	2020	粮食
51	中山市神湾镇农业服务中心	神湾菠萝	2020	果品
52	中山市农业科技推广中心	石岐鸽	2020	肉类产品
53	佛山市顺德区陈村镇蝴蝶兰协会	陈村蝴蝶兰	2020	花卉
54	台山市蚝业协会	台山蚝	2020	水产动物
55	海丰县农业科学研究所	海丰莲花山茶	2021	茶叶
56	连南瑶族自治县农业科技推广服务中心	连南大叶茶	2021	茶叶
57	开平市大沙镇农业综合服务中心	大沙茶	2021	茶叶
58	德庆县农业技术推广中心	德庆贡柑	2021	果皮
59	梅州市梅县区农业科学研究所	梅县金柚	2021	果品
60	乳源瑶族自治县大桥镇畜牧兽医水产站	大桥石鲤	2021	水产动物
61	清远市清新区农业综合服务中心	清新桂花鱼	2021	水产动物
62	珠海市金湾区农机服务中心	金湾黄立鱼	2021	水产动物

资料来源：农业农村部发布的"农产品地理标志名录"，载农业农村部官方网站 http://www.anluyun.com/home/search?Province=%E5%B9%BF%E4%B8%9C&timestamp=1629990637739，访问日期：2021年11月14日。

注：本表数据统计截至2021年11月14日。

表 3-2　广东省主要已登记保护地理标志商标名录

所属地市		所在县（区）	地理标志商标产品
广东省	广州	从化区	从化荔枝蜜、从化流溪娟鱼、从化荔枝
		增城区	增城丝苗米、增城荔枝、增城菜心、增城挂绿荔枝、派潭凉粉草、增城桂味荔枝、增城糯米糍荔枝
		南沙区	新垦莲藕
	深圳	南山区	南山荔枝
	珠海	斗门区	白蕉海鲈
	佛山	高明区	合水粉葛
		三水区	乐平雪梨瓜、三水芦苞鱼干、三水黑皮冬瓜
	惠州	惠阳区	镇隆荔枝
		博罗县	惠州梅菜
	中山	中山市	中山脆肉鲩、黄圃腊味、神湾菠萝
	东莞	东莞市	莞香
	江门	新会区	新会陈皮、新会柑
		台山市	台山大米
		开平市	大沙天露茶
	肇庆	肇庆市	肇庆裹蒸
		高要区	麦溪鲤、高要巴戟天、高要佛手、高要广藿香
		怀集县	谭脉西瓜、汶朗蜜柚、桥头石山羊、新岗红茶
		封开县	封开杏花鸡
		德庆县	德庆贡柑、德庆何首乌、德庆巴戟、德庆紫淮山、德庆肉桂、德庆鸳鸯桂味荔枝、德庆广佛手

续表

所属地市		所在县（区）	地理标志商标产品
广东省	清远	清新县	清远鸡
		连州市	东陂腊味、星子红葱
		连山县	连山大米
		连南县	连南瑶山茶油
		英德市	西牛麻竹笋、英德红茶
	潮州	潮州市	潮州柑、凤凰单丛
		潮阳区	金玉三捻橄榄
	揭阳	普宁市	普宁蕉柑
		揭东县	埔田竹笋
		揭西县	揭西擂茶
	汕头	南澳县	南澳紫菜
	韶关	曲江区	马坝油粘米
		乐昌市	北乡马蹄、张溪香芋、沿溪山白毛尖
		仁化县	长坝沙田柚、仁化白毛茶
		翁源县	九仙桃
	梅州	梅县	梅县金柚
		平远县	平远慈橙
		五华县	长乐烧酒
		蕉岭县	三圳淮山、蕉岭绿茶、桂岭蜂蜜

续表

所属地市		所在县（区）	地理标志商标产品
广东省	阳江	阳江市	阳江豆豉、阳江姜豉、阳江黄鬃鹅
		阳西县	程村蚝
		阳东县	大八益智
		阳山县	阳山淮山
	湛江	徐闻县	徐闻菠萝、徐闻良姜
	茂名	高州市	高州荔枝、高州香蕉、高州龙眼
		信宜市	信宜怀乡鸡、三华李大果红
		化州市	化州橘红
		茂名市	茂名荔枝
	云浮	郁南县	郁南无核黄皮、郁南无核沙糖桔、东坝蚕茧
		新兴县	新兴香荔

资料来源：国家知识产权局商标局发布的"地理标志商标名录"，载中国商标网 http://sbj.cnipa.gov.cn/，访问日期：2021年11月14日。

注：本表数据统计截至2021年11月14日。

表 3-3　广东省已登记保护地理标志产品名录

所属地市		所在县（区）	地理标志产品	已开展产品专用标志使用企业核准的产品
广东省	广州	从化区	从化荔枝蜜、钱岗糯米糍	—
		增城区	增城丝苗米、增城迟菜心、派潭凉粉草、增城挂绿、增城荔枝	—
		萝岗区	萝岗糯米糍、萝岗甜橙	—
		南沙区	新垦莲藕、庙南粉葛	—
	深圳	南山区	南山荔枝	—
	珠海	斗门区	白蕉海鲈	白蕉海鲈

续表

所属地市	所在县（区）	地理标志产品	已开展产品专用标志使用企业核准的产品
广东省			
佛山	顺德区	伦教糕、红米酒	—
	南海区	九江双蒸酒	—
	高明区	合水粉葛	—
	三水区	乐平雪梨瓜	—
	禅城区	石湾玉冰烧酒	—
惠州	惠城区	惠州梅菜	—
	龙门县	龙门年桔	—
	博罗县	罗浮山大米、柏塘山茶、观音阁花生、观音阁红糖（观音阁黑糖）、罗浮山荔枝	
中山	中山市	中山脆肉鲩、神湾菠萝、黄圃腊味	神湾菠萝、黄圃腊味
东莞	东莞市	莞香、东莞米粉	—
江门	新会区	新会陈皮、新会柑	新会陈皮、新会柑
	台山市	台山鳗鱼	—
肇庆	肇庆市	肇庆裹蒸	
	鼎湖区	文鲤、文鲩	文鲤、文鲩
	高要区	麦溪鲤、麦溪鲩、活道粉葛、高要巴戟天	麦溪鲤、麦溪鲩、高要巴戟天
	怀集县	怀集茶秆竹、汶朗蜜柚、桥头石山羊、谭脉西瓜、岗坪切粉、新岗红茶	桥头石山羊
	封开县	封开油栗、封开杏花鸡	封开杏花鸡
	德庆县	德庆贡柑	—
	四会市	四会贡柑、四会沙糖桔	

续表

所属地市		所在县（区）	地理标志产品	已开展产品专用标志使用企业核准的产品
广东省	清远	清远市	清远鸡	—
		连州市	东陂腊味、星子红葱、连州溪黄草	东陂腊味
		连南县	连南瑶山茶油、连南无核柠檬、清远乌鬃鹅	—
		清新县	清新冰糖桔	—
	清远	英德市	英德红茶、西牛麻竹叶、西牛麻竹笋	英德红茶
		连山县	连山大米、连山大肉姜	—
		阳山县	阳山淮山	阳山淮山
		佛冈县	竹山粉葛	竹山粉葛
	潮州	潮州市	凤凰单丛（枞）茶	凤凰单丛（枞）茶、手拉朱泥壶
	揭阳	普宁市	普宁蕉柑、普宁青梅	—
		惠来县	惠来荔枝	—
		揭东县	埔田竹笋、吴厝淮山	埔田竹笋
	汕头	潮阳区	金玉三捻橄榄、西胪乌酥杨梅、潮阳姜薯	—
		澄海区	潮汕橄榄菜、潮汕贡菜	—
		龙湖区	亚热果酒	—
		南澳县	南澳牡蛎	—
		濠江区	达濠鱼丸	—

续表

所属地市		所在县（区）	地理标志产品	已开展产品专用标志使用企业核准的产品
广东省	韶关	曲江区	马坝油粘米、火山粉葛	—
		南雄市	南雄板鸭	南雄板鸭
		翁源县	九仙桃、三华李	—
		新丰县	新丰佛手瓜	—
		仁化县	长坝沙田柚、仁化白毛茶	长坝沙田柚
		乐昌市	北乡马蹄、张溪香芋、沿溪山白毛尖	—
		始兴县	清化粉、始兴石斛	—
	河源	河源市	河源米粉	河源米粉
		连平县	连平鹰嘴蜜桃	连平鹰嘴蜜桃
		紫金县	紫金春甜桔	—
	梅州	梅州市	梅州金柚	—
		大埔县	西岩乌龙茶、大埔青花瓷	—
		丰顺县	马图绿茶、八乡山番薯	—
		平远县	平远脐橙	—
		五华县	长乐烧酒、大田柿花、七畲径茶	长乐烧酒
		蕉岭县	蕉岭绿茶、桂岭蜂蜜、三圳淮山、蕉岭冬笋	蕉岭绿茶、桂岭蜂蜜

续表

所属地市		所在县（区）	地理标志产品	已开展产品专用标志使用企业核准的产品
广东省	阳江	阳江市	阳江豆豉、阳江姜豉、阳江黄鬃鹅	—
		阳西县	程村蚝	—
		阳东县	大八益智	—
		阳春市	春砂仁、马水桔	—
	湛江	湛江市	湛江剑麻纤维	—
		廉江市	廉江红橙	—
		雷州市	流沙南珠、覃斗芒果	流沙南珠
		徐闻县	愚公楼菠萝、徐闻山羊、徐闻良姜	愚公楼菠萝
		吴川市	吴川月饼、苏村番薯	吴川月饼
		遂溪县	下六番薯	—
	茂名	茂名市	茂名白糖罂荔枝、茂名储良龙眼、茂名高脚遁地龙香蕉	—
		电白县	水东芥菜	—
		高州市	高州桂圆肉、新垌茶	高州桂圆肉
		信宜市	信宜怀乡鸡	—
		化州市	化州橘红	化橘红
	汕尾	海丰县	虎瞰金针菜	虎瞰金针菜
		陆河县	陆河青梅、陆河木瓜	—

续表

所属地市	所在县（区）	地理标志产品	已开展产品专用标志使用企业核准的产品
广东省	云浮	郁南县	郁南无核黄皮、郁南无核沙糖桔、东坝蚕茧、庞寨黑叶荔枝	东坝蚕茧
		新兴县	新兴香荔、新兴排米粉、象窝茶、新兴话梅	新兴话梅
		云安县	南盛沙塘桔、托洞腐竹、云安蚕茧	—
		罗定市	罗定肉桂、罗定皱纱鱼腐、罗定稻米、罗定豆豉	罗定豆豉

资料来源：国家知识产权局商标局发布的"地理标志商标名录"，载中国商标网 http://sbj.cnipa.gov.cn/，访问日期：2021年11月14日。

注：本表数据统计截至2021年11月14日。

第二节　广东省农产品的地理标志申请和授权详情

一、地理标志商标

（一）登记申报要求

自2003年6月1日起施行的《集体商标、证明商标的注册和管理办法》第4—8条以及国家知识产权局2022年6月21日发布的《地理标志证明商标、集体商标注册申请所需提交书件目录及说明》明确了集体商标和证明商标登记保护申报要求。

1. 主体要求

（1）申请集体商标注册的，应当附送主体资格证明文件，并应当详细说明该集体组织成员的名称和地址。

以地理标志作为集体商标申请注册的，应当附送主体资格证明文件并应当详细说明其所具有的或者其委托的机构具有的专业技术人员、专业检测设备等情况，以表明其具有监督使用该地理标志商品的特定品质的能力。

申请以地理标志作为集体商标注册的团体、协会或者其他组织，应当由来自该地理标志标示的地区范围内的成员组成。

（2）申请证明商标注册的，应当附送主体资格证明文件并应当详细说明其所具有的或者其委托的机构具有的专业技术人员、专业检测设备等情况，以表明其具有监督该证明商标所证明的特定商品品质的能力。

（3）申请以地理标志作为集体商标、证明商标注册的，还应当附送管辖该地理标志所标示地区的人民政府或者行业主管部门的批准文件。

（4）外国人或者外国企业申请以地理标志作为集体商标、证明商标注册的，申请人应当提供该地理标志以其名义在其原属国受法律保护的证明。

2. 名称要求

作为集体商标、证明商标申请注册的地理标志，可以是该地理标志标示地区的名称，也可以是能够标示某商品来源于该地区的其他可视性标志。所称地区无须与该地区的现行行政区划名称、范围完全一致。

多个葡萄酒地理标志构成同音字或者同形字的，在这些地理标志能够彼此区分且不误导公众的情况下，每个地理标志都可以作为集体商标或者证明商标申请注册。

3. 材料要求

地理标志证明商标、集体商标注册申请所需提交书件目录及说明如下：

（1）《商标注册申请书》。

委托商标代理机构代理的，还应当附送《商标代理委托书》。

（2）申请人主体资格证书复印件（需加盖申请人公章）。

主体资格证明文件包括事业单位、社会团体依法成立的批准文件等。申请地理标志集体商标的，应当附送集体成员名单。外国人或者外国企业申请地理标志集体商标、证明商标注册的，应当提供该地理标志以其名义在其原属国受法律保护的证明。

（3）地理标志所标示地区的县级人民政府或者行业主管部门授权申请人申请注册并监督管理该地理标志的文件。

（4）有关该地理标志产品客观存在及信誉情况的证明材料并加盖出具证明材料部门的公章。

申请人应提供出版时间满三年，有该地理标志产品名称明确记载的公开出版物、国家级专业期刊等材料证明其地理标志产品的客观存在及声誉情况。

（5）地理标志所标示的地域范围划分的相关文件、材料。

相关文件包括：县志、农业志、产品志、年鉴、教科书中所表述的地域范围；或者是该地理标志所标示地区的人民政府或行业主管部门出具的地域范围证明文件。

（6）地理标志集体商标、证明商标使用管理规则。

地理标志集体商标、证明商标使用管理规则模本可在"集体证明商标（地理标志）—申请指南"栏目中下载。

（7）地理标志商品的特定质量、信誉或者其他特征与当地自然因素、人文因素关系的说明。

（8）地理标志申请人具备监督检测该地理标志能力的证明材料。

申请人具备检验检测能力的，应提交申请人所具有的检测资质证书或当地政府出具的关于其具备检测能力的证明文件，以及申请人所具有的专业检测设备清单和专业检测人员名单。

申请人委托他人检验检测的，应当附送申请人与具有检验检测资格的机构签署的委托检验检测合同原件，并提交该检验检测机构的检测资质证书以及检测设备清单和检测人员名单。

（二）登记申报程序

我国地理标志集体商标、证明商标注册基本流程为：商标事先查询（非必经程序）—申请文件准备—提交申请—交纳商标注册费用—商标形式审查—下发商标受理通知书—商标实质审查—商标公告—颁发商标证书，如图3-1所示。

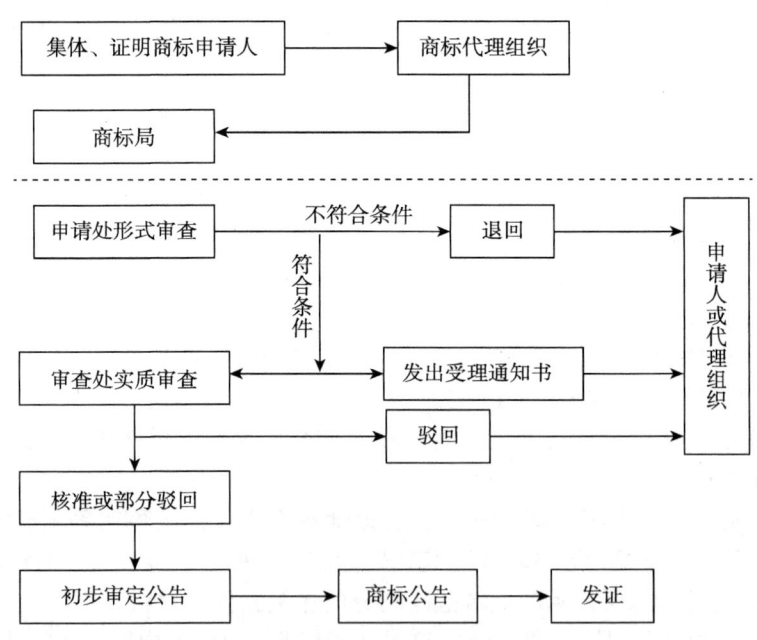

图3-1　集体、证明商标（地理标志）注册申请流程

申请人申请的地理标志获准注册后，申请人可以许可地理标志生产者、经营者在自己的商品上使用地理标志产品专用标志，如图3-2所示。

图3-2 地理标志产品专用标志

（三）地理标志集体商标和地理标志证明商标标志的审查

根据国家知识产权局2021年11月16日颁布，2022年1月1日起施行的《商标审查审理指南》下编第九章"集体商标、证明商标的审查"可知地理标志集体商标、证明商标的审查需遵循以下要求。

1. 禁用条款的审查

（1）地理标志集体商标和地理标志证明商标的注册不得违反2019年《商标法》第10条第1款的规定，适用2022年《商标审查审理指南》下编第三章"不得作为商标标志的审查审理"的基本规定。

在判断地理标志集体商标和地理标志证明商标是否违反禁用条款时，应结合地理标志名称的由来、地理标志产品的特定品质及其与生产地域自然环境之间的联系、公众对该地理标志的认知等，进行个案判断，不能机械地照搬条款。对于确实是在漫长历史中客观形成的，其标示产品的特定品质与生产地域的自然环境之间已具有密切联系，不会引起公众误认或不良影响的，则作为例外情形，不判定为违反禁用条款的规定。例如，①地理标志集体商标和地理标志证明商标中含有宗教词汇，但该词汇与宗教关联的含义已经泛化，或者在特定语境下指向明确、具有其他含义，不会使公众将其与特定宗教相联系的；②地理标志集体商标和地理标志证明商标中含"硒"或"富硒"，但该商标指定商品的生产地域范围在国家确定的自然土壤含硒或富硒地区；国家标准或行业标准对指定商品的硒或富硒含量已有明确的规定；且申请人提供的使用管理规则中指定商品品质特征表述有明确的符合国家标准或行业标准的硒或富硒含量的指标，并明确表述该指定商品含"硒"或"富硒"是在生长过程中从自然土壤中吸收的。

（2）含有地理标志易误导公众的商标的审查。商标中有商品的地理标志，而该商品并非来源于该标志所标示的地区，误导公众的，适用2019年《商标法》第16条第1款不予注册并禁止使用。

2. 显著特征的审查

（1）地理标志集体商标和地理标志证明商标作为商标的一种类型，亦不得违反 2019 年《商标法》第 11 条的基本规定。但是，地理标志强调的是商品的特定品质与生产地域之间的密切联系，是作为一种标示某商品来源于某地区，该商品的特定质量、信誉或者其他特征，主要由该地区的自然因素或者人文因素所决定的标志，其名称是在历史发展中约定俗成的，表现形式一般由"地名 + 商品通用名称"构成，整体上属于经过长期使用具有商标显著性的情形，不判定为缺乏显著特征。

（2）与普通商标不同，在对地理标志集体商标和地理标志证明商标显著特征进行审查时，应同时结合 2019 年《商标法》第 16 条第 2 款等相关规定进行综合判断。对于符合 2019 年《商标法》第 11 条关于商标显著性的基本规定，但不符合第 16 条第 2 款关于地理标志定义要求的，应予以驳回。例如，仅由人文因素或仅由自然因素决定商品品质的、包含商品种类名称的或者包含非地理标志构成要素的。

3. 相同、近似的审查

地理标志集体商标和地理标志证明商标作为商标的一种类型，同样应进行商标近似性比对审查，遵循 2019 年《商标法》第 30 条、第 31 条的规定。对其相同、近似的审查适用 2022 年《商标审查审理指南》下编第五章"商标相同、近似的审查审理"的基本规定。但鉴于地理标志是其产地从事相关生产经营活动的市场主体共有的权利，其与普通商标在功能、用途、产品特定品质、历史渊源等方面区别明显，在地理标志集体商标和地理标志证明商标相同、近似比对审查中，应当进行个案判断，不能机械地照搬条款。

如果地理标志集体商标、地理标志证明商标申请在后，普通商标申请在前，应当结合地理标志集体商标、地理标志证明商标的知名度、显著性、相关公众的认知等因素，不易构成相关公众混淆误认的，不判定为近似商标。如果地理标志集体商标、地理标志证明商标申请在前，普通商标申请在后，容易导致相关公众对商品或者服务来源产生混淆误认，不当攀附地理标志集体商标或者地理标志证明商标知名度的，认定二者构成近似商标。

（1）汉字逆序形式。地理标志集体商标、地理标志证明商标中非通用名称的文字与在先商标的文字构成相同，但排列顺序不同，应当结合地理标志集体商标、地理标志证明商标的知名度和显著性、相关公众的认知等因素综合判断，不易构成相关公众混淆误认的，不判定为近似商标。

（2）大小地名套用。地理标志集体商标、地理标志证明商标名称由具有包含关系的两级地名即"大地名 + 小地名 + 商品通用名称"构成，如果小地名隶属于大地名，且在先小地名商标权利人来自大地名所标示地区，易造成误认，在类似商品上二者应判定近似。在将地理标志集体商标地理标志证明商标与其他商标进行近似性比对时,商品类似关系的判定详见2022年《商标审查审理指南》下编第9章6.1.2"指定商品类似关系的判定"。

(四)地理标志集体商标和地理标志证明商标特有事项的审查

根据2014年《商标法实施条例》第4条和2003年《集体商标证明商标注册和管理办法》的有关规定,地理标志集体商标和地理标志证明商标的注册申请需要提供主体资格证明地理标志所标示地区人民政府或行业主管部门的批准文件申请人的检测能力证明材料等,因此,在对地理标志集体商标和地理标志证明商标进行审查时,除对其标志进行审查外,还应当对其申请人主体资格使用管理规则检验检测能力等特有事项进行审查。

1. 指定商品的审查

(1)商品申报注意事项。地理标志集体商标和地理标志证明商标指定使用的商品的审查以《类似商品和服务区分表》为基本依据,但地理标志强调的是商品的特定品质及其与生产地域自然因素人文因素之间的关联性,因此,地理标志所标示的商品通常为农产品、食品、葡萄酒、烈性酒,还包括部分传统手工艺品等其他产品。单一的仅由自然因素或者仅由人文因素决定特定品质的,如与产地自然因素没有关联的手工艺品、地方小吃或与产地人文因素没有关联的纯工业产品、矿产、野生动植物等,不能作为地理标志集体商标和地理标志证明商标指定使用的商品。地理标志集体商标和地理标志证明商标指定使用的商品应明确具体,且应与地理标志名称密切关联。地理标志集体商标和地理标志证明商标的指定商品多为单一商品,特殊情况下可能指向《类似商品和服务区分表》中的多个商品或类别。

(2)指定商品类似关系的判定。地理标志集体商标和地理标志证明商标指定商品与在先商标指定商品间的相同类似关系判定,以《类似商品和服务区分表》作为基本依据。但地理标志集体商标和地理标志证明商标与在先商标相同、近似的判定,仅以其指定商品相同或包含关系为基础。

2. 申请人主体资格的审查

首先,《民法典》第123条规定,民事主体依法就地理标志享有专有的权利。因此,地理标志集体商标和地理标志证明商标的申请人首先应为民事主体。其次,地理标志是其产地从事相关生产经营活动的市场主体共有的权利,因此,地理标志集体商标和地理标志证明商标申请人应当是经该地理标志所标示地区县级以上人民政府或行业主管部门同意、对该地理标志产品特定品质具备监督检测能力、不以盈利为目的的团体、协会或者其他组织,一般为社会团体法人、事业单位法人,且其业务范围与所监督使用的地理标志产品相关。公司和农民专业合作社等因是营利性主体,不能作为地理标志集体商标和地理标志证明商标注册人。

申请人应当提交其依法成立的主体资格证明文件。主体资格证明文件包括事业单位法人证书、社会团体法人登记证书等。申请地理标志集体商标注册的团体、协会或者其他组织，应当由来自该地理标志标示的地区范围内的成员组成。

3. 地理标志所标示地区县级以上人民政府或者行业主管部门批准文件的审查

地理标志集体商标和地理标志证明商标注册申请人应当提交该地理标志所标示地区县级以上人民政府或行业主管部门同意其申请注册并监督管理该地理标志的批准文件。地理标志所标示的地域范围为一个县、市范围内的，由该县、市人民政府或者行业主管部门出具批准文件；地域范围为两个以上县、市范围的，由其共同上一级人民政府或者行业主管部门出具批准文件。

4. 申请人监督检测证明能力的审查

申请人自身具备监督检测能力的，提交其检测资质证明、检测设备清单和检测人员名单，即认定其具有监督检测该地理标志产品特定品质的能力。申请人自身不具备监督检测能力而委托他人检测的，提交明确的对地理标志产品特定品质检测的委托合同、受委托检测方的检测资质证书、检测设备清单和检测人员名单，即认定申请人具有监督检测该地理标志产品特定品质的能力。

5. 地理标志所标示的生产地域范围的审查

地理标志所标示地区的生产地域范围可以是县志、农业志、产品志、年鉴、教科书中所表述的地域范围，也可以由地理标志所标示地区的人民政府或行业主管部门出具的地域范围证明文件确定。地理标志所标示的地域范围为一个县、市内的，由该县、市人民政府或行业主管部门出具证明文件；地域范围为两个以上县、市范围的，由其共同上一级人民政府或行业主管部门出具证明文件。跨省的由中央人民政府相关行业主管部门或相应省人民政府协商解决。该地域范围可以与所在地区的现行行政区划名称、范围不一致。生产地域范围可以以下方式之一或其组合界定：（1）行政区划；（2）经纬度的方式；（3）自然环境中的山、河等地理特征为界限的方式；（4）地图标示的方式；（5）其他能够明确确定生产地域范围的方式。但表述应当清晰明确具体。如"主要分布""主要包括"等含糊表述则不符合要求。通过多种方式表述的其产品地域范围应相互一致，不能互相冲突。

6. 地理标志产品特定质量、信誉或其他特征与该地域自然因素、人文因素关系说明的审查

地理标志集体商标和地理标志证明商标指定商品的特定质量、信誉或者其他特征应主要由该地理标志所标示的地区的自然因素或者人文因素所决定。根据生产地域的自然因素、人文因素在地理标志产品特定品质形成过程中的决定作用大小，可分为以下三种情形：（1）主要由当地的自然条件决定的；（2）自然因

素和人文因素均起主要决定作用的；（3）主要由人文因素决定的。

7. 地理标志客观存在及其声誉证明材料的审查

地理标志客观存在及声誉情况的证明材料是地理标志确权的重要依据，以下证据材料为判定地理标志是否客观存在的主要依据：（1）县志、农业志、产品志、年鉴、教科书；（2）上述之外的公开出版的书籍、国家级专业期刊、古籍等材料；（3）其他可以证明该地理标志产品客观存在及声誉情况的材料。地理标志客观存在及其声誉证明材料可以是原件，也可以是加盖出具单位公章的封面、版权页、内容页的复印件。上述证明材料应对该地理标志的名称及其声誉等有清晰明确的记载。

8. 使用管理规则的审查

（1）指定商品特定品质的审查。地理标志商品特定品质包括该商品的感官特征、理化指标或其特殊的制作方法。感官特征包括形状、尺寸、颜色、纹理等视觉特征和嗅觉、味觉感知等。理化指标包括所属族、种等生物特征，重量、密度、酸碱度等物理特征，水分、蛋白质、脂肪、微量元素含量等化学特征。制作方法包括对加工技术的描述以及最终产品的质量标准，如动物产品的饲养过程、屠宰方法等，植物产品的种植过程、收获实践、储存方式等，传统手工艺品的原材料、配料和制作过程等。地理标志集体商标和地理标志证明商标指定商品特定品质不明确、不客观，或者该商品的特定质量、信誉或其他特征不由当地的自然因素和人文因素决定的，适用2019年《商标法》第16条第2款规定予以驳回。

（2）指定商品的特定质量、信誉或者其他特征与该地理标志所标示地区的自然因素关系的审查。在审查地理标志产品的特定品质与生产地域特定的自然地理环境之间关系时，应重点对两者间的因果关系进行审查。某个具体时间、某个具体环境要素对产品的某一项特定品质产生具体影响的因果关系表述应推理清晰、完整。仅仅罗列产地的气温、光照、降水、土壤、河流等自然条件的，判定为不符合要求。同时，将产地的人文因素一并表述的，应包括种植区域（如山前山后、朝向）、种植时节的选择，特殊的生产建筑（如流人磨坊），当地特有的生产技术等。

（3）生产地域范围的审查。地理标志集体商标、地理标志证明商标使用管理规则中关于地理标志产品生产地域范围的表述参见"地理标志所标示的生产地域范围"的审查。

9. 外国人或者外国企业申请地理标志集体商标和地理标志证明商标的审查

外国人或者外国企业在中国申请地理标志集体商标和地理标志证明商标注册的，同样应遵循本部分的规定，但根据2003年《集体商标、证明商标注册和管理办法》第6条第2款的规定，外国人或者外国企业申请地理标志集体商标和地理标志证明商标注册的，申请人应当提供该地理标志以其名义在原属国受法律保护的证明。

二、地理标志产品

（一）登记申报要求

自 2005 年 7 月 15 日起施行的《地理标志产品保护规定》第 8 条至第 12 条以及 2009 年原国家质量监督检验检疫总局印发的《地理标志产品保护工作细则》第 8 条明确了地理标志产品登记保护申报要求。

1. 主体要求

地理标志产品保护申请，由当地县级以上人民政府指定的地理标志产品保护申请机构或人民政府认定的协会和企业（以下简称申请人）提出，并征求相关部门意见。

2. 产地范围要求

申请保护的产品在县域范围内的，由县级人民政府提出产地范围的建议；跨县域范围的，由地市级人民政府提出产地范围的建议；跨地市范围的，由省级人民政府提出产地范围的建议。

3. 安全、卫生、环保要求

申请地理标志保护的产品应当符合安全、卫生、环保的要求，对环境、生态、资源可能产生危害的产品，不予受理和保护。如果申请产品出现下列任何一种情况的，不能给予地理标志产品保护：（1）对环境、生态、资源可能造成破坏或对健康可能产生危害的；（2）产品名称已成为通用名称的；（3）产品的质量特色与当地自然因素和人文因素缺乏关联性的；（4）地域范围难以界定，或申请保护的地域范围与实际产地范围不符的。

4. 申请材料要求

申请人应提交以下资料。

（1）有关地方政府关于划定地理标志产品产地范围的建议。

（2）有关地方政府成立申请机构或认定协会、企业作为申请人的文件。

（3）地理标志产品的证明材料，包括：

①地理标志产品保护申请书（见下页）；

②产品名称、类别、产地范围及地理特征的说明；

③产品的理化、感官等质量特色及其与产地的自然因素和人文因素之间关系的说明；

④产品生产技术规范（包括产品加工工艺、安全卫生要求、加工设备的技术要求等）；

⑤产品的知名度，产品生产、销售情况及历史渊源的说明。

（4）拟申请的地理标志产品的技术标准。

地理标志产品保护申请书

产品名称：_____

申请机构：_____

初审机构：_____

国家知识产权局

二〇一九年十二月制

地理标志产品保护申请信息表

申请机构：（印章）　　　　　　　　　　日期：　年　月　日

项目	内容	
1. 产品名称		
2. 县级以上人民政府界定产地范围的建议的文件		
3. 县级以上人民政府建议的产地范围		
4. 现行有效的技术标准		
5. 产品所在地知识产权管理部门信息	单位名称	
	地址	
	联系人	
	电话	
	传真	
	电子邮箱	
6. 省（区、市）知识产权管理部门信息	单位名称	
	地址	
	联系人	
	电话	
	传真	
	电子邮箱	

地理标志产品保护申请书填报说明

地理标志产品保护申请书由申请机构填写，同时在国家知识产权局地理标志产品保护申请电子受理平台中填报，省（区、市）级知识产权管理部门初审后报送国家知识产权局（邮政地址：北京市海淀区西土城路6号国家知识产权局业务受理大厅　邮编：100088）。

一、填写要求

1. 产品名称

地理标志名称一般由具有地理指示功能的名称（地域名称、山川、海洋、湖泊、河流等）和反映产品真实属性的名称构成，也可以是约定俗成的名称。地理标志名称不得为通用名称，必须是商业或日常用语，或是长久以来使用的名称（例如，申报日为2019年12月1日，最早使用日不应晚于1989年12月2日），并具有相应的知名度。

2. 县级以上人民政府界定产地范围的建议文件

填写保护范围及产品所在地政府划定的地理标志产品产地范围的正式文件名称及文号。

3. 拟划定的地理标志产品产地范围

申请保护的产品在县域范围内的，由县级人民政府提出产地范围的建议；跨县域范围的，由地市级人民政府提出产地范围的建议；跨地市范围的，由省级人民政府提出产地范围的建议。当地县级以上人民政府关于划定申报产品保护地域范围的公函，保护范围最细划分到乡镇一级；水产品养殖范围一般以自然水域界定。

4. 现行有效的技术标准

申请人应在申请资料中提供现行有效的产品技术标准，作为地理标志保护产品批准公告的基础。包括现行有效的国家标准和省级地方标准等。

5. 产品所在地知识产权管理部门信息

填写产品所在地知识产权管理部门名称、地址、联系人、电话、传真、电子邮箱等，信息填报需真实、准确。

6. 省（区、市）知识产权管理部门信息

填写省（区、市）知识产权管理部门名称、地址、联系人、电话、传真、电子邮箱等，信息填报需真实、准确。

二、附件

☐ 1. 有关地方政府关于划定地理标志产品产地范围的建议

☐ 2. 有关地方政府成立申请机构或认定协会作为申请人的文件

☐ 3. 省（区、市）知识产权局知识产权管理部门的初审推荐意见

☐ 4. 技术标准
☐ 5. 检验报告
☐ 6. 产品名称使用证明材料
☐ 7. 关联性证明材料
☐ 8. 产品保护要求（后附示例）

××产品保护要求

一、地理标志产品名称

1. 产品名称

2. 是否属于通用名称
☐ 是　　　　☐ 否

3. 是否存在注册商标
☐ 是　　　　☐ 否

4. 是否属于动植物品种
☐ 是　　　　☐ 否

二、申请机构信息

产品所在地人民政府名称、地址。

三、产地范围

四、产品描述

本产品的简明技术描述（形状、重量规格、尺寸、颜色、味道、物理、化学性质等）。如果是加工产品，还需提供原材料的信息。

五、质量要求

1. 描述必须发生在产地范围内的具体生产步骤。

种植类产品包括品种、立地条件、栽培管理、采收、储存、加工等；

养殖类产品包括品种、生长环境或环境条件、饲料、饲养管理或养殖管理、出栏或收获等；

加工类产品包括原料要求、辅料要求、加工工艺等。

2. 描述产品的特色质量，包括感官特色和理化指标。不得使用表格形式描述。

六、产品特色质量与地域的关联性

产品的理化、感官等质量特色及其与产地的自然因素和人文因素之间关系。

七、专用标志管理机构信息

专用标志官方标志管理机构的名称、地址、联系人、联系方式,一般为地理标志产品所在地知识产权管理部门。

八、检测机构信息

××省(区、市)知识产权管理部门选定的检测机构名称、地址、联系人、联系方式。

(二)登记申报程序

2009年《地理标志产品保护工作细则》的附件1《地理标志产品保护工作程序》明确了地理标志产品登记申报程序(见表3-4)。

表3-4 地理标志产品申报程序

工作阶段	工作部门	工作流程	文件及资料
一、申报准备阶段	相关申请机构及产品所在地知识产权管理部门[县(区)以上]	(1)县级以上人民政府提出拟划定地理标志产品保护范围的建议 (2)县级以上人民政府成立申报机构,组织申报材料 (3)收集、整理现行的针对该产品的标准或技术规范 (4)收集、整理已有的产品检测报告	(1)《地理标志产品保护申请书》 (2)成立地理标志产品申报机构的文件 (3)《县级以上人民政府划定地理标志产品保护范围的建议的函》 (4)现行针对该申报产品的标准或技术规范(企业标准须经当地标准化部门认可) (5)《申报材料》
	相关申请机构及产品所在辖区海关	(1)(3)(4)同上 (2)政府授权协会和企业作为申报主体提出申请,组织申报材料	(1)(3)(4)(5)同上 (2)《政府授权协会和企业作为申报主体的函》
二、初审阶段	省级知识产权管理部门	(1)对申报机构提出的建议和申报材料进行初审,初审时间一般不超过30个工作日 (2)向国家知识产权局管理机构提交初审意见	(1)以上相关材料 (2)初审意见的函

续表

工作阶段	工作部门	工作流程	文件及资料
三、受理阶段	国家知识产权局管理机构和专家委员会	（1）形式要件不合格的，30个工作日内向省级知识产权管理部门下发审查意见通知书 （2）形式要件合格的，进入受理程序 （3）发布受理公告 （4）受理异议	（1）以上相关材料 （2）审查意见通知书 （3）受理公告
四、审核批准阶段	省级知识产权管理部门	（1）申报机构进行评审准备	（1）《地理标志产品陈述报告》 （2）《产品质量技术要求》 （3）申报材料 （4）省级知识产权管理部门申请召开地理标志保护专家审查会的函
	国家知识产权局管理机构省级知识产权管理部门	（2）异议处理。异议期2个月，如有异议，一般由省级知识产权管理部门负责协调；无异议的，由国家知识产权局管理机构组织召开专家审查会	《专家审查会会议纪要》
	产地知识产权管理部门	（3）申报方根据专家审查会意见修改《产品质量技术要求》等相关文件	《产品质量技术要求》
	国家知识产权局	（4）申报方将《产品质量技术要求》报国家知识产权局管理机构，经专家确认后，由国家知识产权局管理机构起草公告 （5）发布批准公告	《地理标志产品保护批准公告》
	国家知识产权局	（6）向申报机构颁发证书	《地理标志保护产品证书》

续表

工作阶段	工作部门	工作流程	文件及资料
五、地理标志产品技术标准体系的建立	省级知识产权管理部门产地知识产权管理部门	（1）省级知识产权管理部门根据国家知识产权局批准公告中的质量技术要求，组织制定地理标志产品的综合标准	地理标志保护产品综合标准
	国家知识产权局管理机构	（2）综合标准制定后，由省级知识产权管理部门报国家知识产权局管理机构委托的技术机构备案	
六、专用标志申报阶段	产地知识产权管理部门	（1）生产者向产地知识产权管理部门提出使用专用标志的申请，并提交相关材料	（1）《地理标志产品专用标志使用申请书》 （2）《地理标志保护产品综合标准》 （3）产品生产者简介 （4）产品（包括原材料）产自特定地域的证明 （5）指定产品质量检验机构出具的检验报告 （6）申请专用标志企业汇总表（含电子版）
	省级知识产权管理部门	（2）省级知识产权管理部门向国家知识产权局提供审核意见及相关材料	
七、专用标志注册登记阶段	国家知识产权局管理机构	（1）注册登记，发布批准专用标志使用公告 （2）向企业颁发《地理标志产品专用标志使用证书》	（1）《核准企业使用地理标志保护产品专用标志公告》 （2）《地理标志保护产品专用标志使用证书》

续表

工作阶段	工作部门	工作流程	文件及资料
八、后续监管阶段	产地知识产权管理部门	（1）负责专用标志的印制、发放、使用的监督 （2）对地理标志产品保护范围实施监控 （3）对生产数量实施监控 （4）实施从原材料到销售各环节的日常质量监控 （5）对标识标注进行监督	（1）《地理标志产品监督管理办法》 （2）《印制、发放、使用专用标志管理办法》
	省级知识产权管理部门	（6）负责本辖区的地理标志产品保护的监督管理	—
	国家知识产权局	（7）统一管理地理标志产品保护工作	—

（三）登记审核要点

2009年《地理标志产品保护工作细则》第11条至第17条明确了地理标志产品登记审核要点。

1. 省级知识产权管理部门初审

省级知识产权管理部门负责对地理标志产品的申请进行初审。

2. 国家知识产权局的形式审查

对于形式要件不齐全或者不符合规定要求的，国家知识产权局会在30个工作日内向省级知识产权管理部门发出形式审查意见通知书。形式合格的，通过国家知识产权局公报和官方网站发布受理公告。

3. 异议的处理

国家知识产权局对收到的申请进行形式审查。审查合格的，由国家知识产权局在国家知识产权局公报、政府网站等媒体上向社会发布受理公告；审查不合格的，应书面告知申请人。

有关单位和个人对申请有异议的，可在公告后的2个月内向国家知识产权局提出。异议协调一般遵循属地原则。在异议期内如收到异议：（1）异议仅限于本省的，由国家知识产权局授权有关各级知识产权管理部门进行处理，并及时反馈异议处理结果；（2）跨省的异议由国家知识产权局负责组织协调。

4. 国家知识产权局的专家技术审查会

国家知识产权局按照地理标志产品的特点设立相应的专家审查委员会，负责地理标志产品保护申请的技术审查工作，专家委员会根据需要聘请专家召开技术审查会，审查内容包括：

（1）听取申请人代表所做的陈述报告；

（2）审查产品的申请资料和证明材料；

（3）围绕产品名称、知名度、与当地的自然因素和人文因素之间的关联性等方面进行技术讨论；

（4）形成会议纪要；

（5）提出地理标志产品的建议，包括是否应对申报产品实施地理标志保护和所存在的问题和处理建议；

（6）讨论产品的质量技术要求。

5. 发布批准公告，核准使用地理标志产品专用标志

国家知识产权局组织专家审查委员会对没有异议或者有异议但被驳回的申请进行技术审查，审查合格的，由国家知识产权局发布批准该产品获得地理标志产品保护的公告。

三、农产品地理标志

（一）登记申报要求

2021年中国绿色食品发展中心制定的《农产品地理标志登记申请人资格确定规范》第2条至第7条、《农产品地理标志登记产品名称规范》第2条至第6条、《农产品地理标志登记生产地域范围确定规范》第2条至第6条，2008年原农业部公告第1071号发布施行的《农产品地理标志登记程序》第4条，以及2019修正的《农产品地理标志管理办法》第9条，明确了农产品地理标志登记申报要求。

1. 申请主体要求

申请人资格由申请登记产品所在地县级以上地方人民政府本着依法、公平、公正的原则择优确定，具体工作由所在地县级以上地方人民政府农业农村行政主管部门负责办理。生产地域范围跨县（市、区）的，申请人资格由上一级地方人民政府确定。

申请人应为农民专业合作经济组织、行业协会等具有公共管理服务性质的组织，包括社团法人、事业法人等。政府及其组成部门、企业（农民专业合作社）和个人不应作为申请人。申请人应符合下列条件：（1）具有监督、管理农产品地理标志及其产品的能力；（2）具有为地理标志农产品生产、加工、营销提供

指导服务的能力；（3）具有独立承担民事责任的能力。

符合条件的申请人可向所在地县级以上地方人民政府农业农村行政主管部门提出申请，也可由县级以上地方人民政府农业农村行政主管部门根据申请人相关条件择优选取。拟作为申请人的应提交以下申请材料：（1）申请报告；（2）单位概况；（3）指导申请登记产品生产、加工的技术规范和经营渠道说明；（4）监督管理生产经营者规范生产、规范用标的控制措施；（5）专业技术人员统计报表及主要专业技术人员资格文件复印件；（6）法人证书复印件。

县级以上地方人民政府农业农村行政主管部门接到申请材料后，应及时进行审查，并对申请人的条件进行现场核实确认。审查内容包括：（1）申请人是否持有合法的法人证书；（2）申请人是否具备规范的办公场所和3名及以上专业技术人员；（3）申请人是否具有指导监督生产经营者按照质量技术规范进行生产、加工及营销的能力。

2. 名称要求

农产品地理标志产品名称应由地理区域名称和农产品通用名称组合构成。

地理区域名称可以是行政区划名称、自然地理实体或居民点名称，也可以是约定俗成、当地使用广泛的特定地理位置名称。（1）行政区划名称包括现行的省、市、县、乡镇等；也可使用历史沿袭行政区划名称；（2）自然地理实体名称包括山川、河流、湖泊、海洋、沙滩、岬角、海湾、水道等名称；（3）居民点名称包括城镇、片区、自然村、片村、巷等名称；（4）约定俗成、当地使用广泛的特定地理位置名称包括桥名、井名、站名、港名等具有指向性功能的名称。

农产品通用名称是有关产品部分名称的统称，指在一定范围内法定或约定俗成，被普遍使用的名称。农产品通用名称应使用产品的学名、俗名、别名等，也可使用当地历史沿袭名称，但不应导致公众可能对产品本身或产地的误认。原则上，不应在农产品通用名称中添加形状、颜色、风味、生长环境等方面的修饰语。

不应进行登记的情况包括：（1）产品名称为法定的通用名称或全国范围内已约定俗成的通用名称；（2）产品名称与动植物品种名称相同，可能导致公众对产品产地误认的；（3）产品名称已注册为商标、证明商标或集体商标，未取得所有权人同意的；（4）产品名称与已登记农产品地理标志相同，或包含已登记农产品地理标志的；（5）其他可能存在误导公众对产品产地认知的。

农产品地理标志产品实际生产地域范围与地理区域名称可以是大地名小范围，也可以是小地名大范围。生产地域范围与地理区域名称对应关系核定的基本原则是尊重历史传承和生产实际，保证产品品质与产地自然生态环境和特定生产方式的一致性。

3. 生产地域范围要求

生产地域范围确定应遵循以下基本原则：（1）形成产品特色品质的自然生态环境应一致。若产品特色品质主要取决于产地自然生态环境，生产地域内自然生态环境应基本相同或类似，形成产品特色品质的某个或某些具体自然生态环境因素（气温、光照、土壤、水质等）应一致。不应将自然生态环境差异较大的区域划入该产品生产地域范围。（2）形成产品特色品质的特定生产方式应一致。若产品特色品质主要取决于产地特定的生产方式，应将采用该特定生产方式的地域确定为产品生产地域。未使用该特定生产方式的地域不应划入。如锡林郭勒奶酪生产方式要求是采用蒙古族传统工艺制法，未采用蒙古族传统工艺制法的地域不应划入产品生产地域范围。（3）产品实际生产分布和历史人文因素。产品在地域内应有实际生产，且历史人文材料应能说明产品的历史生产年限和声誉基础。历史生产年限不足或计划规划的生产地域不应划入产品生产地域范围。

生产地域范围确定应结合产品品质检测和（或）外在感官特征鉴评，保证产品特色品质的一致性。申请人应以现行行政区划为基础提出生产地域范围建议，并以最新行政区划图为蓝本，绘制生产地域分布图。生产地域分布图应准确标示出产品的生产地域范围和边界线，做到地域完整、边界清晰。地域分布图应界定到所辖乡（镇）或村，边界线采用加宽线条进行标示。必要时，可加注相关文字说明。申请人应将生产地域范围建议及生产地域分布图报所在地县级以上地方人民政府农业农村行政主管部门审核。

4. 质量控制技术规范要求

申请人应当根据申请登记的农产品产地环境特性和产品品质典型特征，制定相应的质量控制技术规范，包括产地环境条件、生产技术规范和质量安全技术规范。

5. 申请材料要求

申请人可以向省级人民政府农业行政主管部门提出登记申请，并提交下列材料：

（1）登记申请书（见下页）；
（2）产品典型特征特性描述和相应产品品质鉴定报告；
（3）产地环境条件、生产技术规范和产品质量安全技术规范；
（4）地域范围确定性文件和生产地域分布图；
（5）产品实物样品或者样品图片；
（6）其他必要的说明性或者证明性材料。

中华人民共和国农产品地理标志

登记申请书

_____省(自治区、直辖市、计划单列市)农产品地理标志工作机构:

经_____县(区、市、省)人民政府确认本单位具有申请_____农产品地理标志登记资格,经自查,产地环境和产品品质符合国家强制性技术规范要求,相关方面符合农产品地理标志登记要求,特提出登记申请。同时,附上以下材料,请审查。

1. 申请人资格确定文件及法人证书复印件;
2. 生产地域范围确定文件;
3. 质量控制技术规范;
4. 产品品质检测报告和(或)外在感官特征鉴评报告;
5. 产品历史人文佐证材料;
6. 产品彩色图片或视频;
7. 相关主体国家追溯平台注册材料;
8. 其他必要的说明性或者证明性材料。

登记申请人:

申请日期:　　年　月　日

申请人基本信息			
申请人全称			
联系地址			
法人性质		法定代表人	
联系人		手机	
产品基本信息			
产品名称			

续表

生产规模	种植业：_____公顷，_____吨/年 畜牧业：_____万头/只/羽/群，___吨/年 渔业：_____公顷，_____吨/年
生产地域范围简述	简要说明产品生产地域范围包括的县（区）和乡镇数量、村数量，详细地域范围在质量控制技术规范中列出。
特色品质与产地自然生态环境和历史人文关联简述	简要说明产品特色品质与产地自然生态环境和（或）历史人文关联，以及声誉基础。不罗列产品的感官特征和理化品质指标。
产品名称是否已注册为商标、集体商标或证明商标	□否 □是，商标所有人： 查询渠道和日期：

联合声明

　　我们均属（申请登记产品名称）在地域范围内的生产经营者，了解有关农产品地理标志登记保护要求，为保护这一传统地域特色产品品质和声誉，促进产业健康发展，现就申请（申请登记产品名称）农产品地理标志登记联合声明如下：

　　一、全力支持（登记申请人名称）作为登记申请人申请（申请登记产品名称）农产品地理标志，自觉接受其对生产、加工、营销过程的指导，服从其对（申请登记产品名称）标志使用情况以及产品生产情况的跟踪检查和监督管理。

　　二、（申请登记产品名称）登记后，在今后的生产过程中将严格按照《（申请登记产品名称）农产品地理标志质量控制技术规范》组织生产和经营，保证（申请登记产品名称）的品质和声誉；认真做好产品相关生产记录，建立质量控制追溯体系。

　　三、产品登记后，一经登记申请人授权，将严格按照《农产品地理标志管理办法》和《农产品地理标志使用规范》等规定，正确规范使用（申请登记产品名称）产品专用名称和农产品地理标志公共标识，不擅自扩大使用范围，不买卖、转让标志。未经授权，不使用与（申请登记产品名称）相似的文字、图形或其组合，以保护（申请登记产品名称）的品牌信誉和市场信誉。

续表

主要联合声明人	
1. 单位名称 法定代表人签字： 　　（盖章） 　　年　月　日	2. 单位名称 法定代表人签字： 　　（盖章） 　　年　月　日
3. 单位名称 法定代表人签字： 　　（盖章） 　　年　月　日	4. 单位名称 法定代表人签字： 　　（盖章） 　　年　月　日
5. 单位名称 法定代表人签字： 　　（盖章） 　　年　月　日	6. 单位名称 法定代表人签字： 　　（盖章） 　　年　月　日
……（可加页）	

拟授权标志使用人名录
根据《农产品地理标志管理办法》和《农产品地理标志使用规范》等要求，我单位现申请（申请登记产品名称）农产品地理标志。申请前，已与产品所在地域范围内的主要生产经营者进行了集体协商。登记后，拟授权以下标志使用人使用（申请登记产品名称）产品专用名称和农产品地理标志公共标识。 　　1. ************ 　　2. ************ 　　3. ************ 　　4. ************ 　　……

续表

申请人承诺
我单位承诺：对上述情况进行了认真查实，且结果真实，如有隐瞒不报、弄虚作假，愿承担相应后果，包括不予受理、注销撤销农产品地理标志登记证书等。获得登记保护后，将认真履行证书持有人职责，不拒绝符合要求的生产经营者申请用标。在不符合证书持有人条件时，愿接受相关主管部门的变更决定。 法定代表人签字： 申请人盖章： 　　　　　　　　　　　　　　　　　　　　　　　　　　　年　月　日

（二）登记申报程序

2019年修正的《农产品地理标志管理办法》第9条至第14条明确了农产品地理标志登记申报程序。

（1）申请人提出登记申请。

（2）省级人民政府农业行政主管部门进行初审和现场核查，提出初审意见。若认为不符合要求在提出初审意见之日起10个工作日内将相关意见和建议通知申请人。

（3）若符合要求则由农业农村部农产品质量安全中心提出审查意见，组织专家评审。

（4）农产品地理标志登记评审委员会作出评审结论。

（5）农业农村部农产品质量安全中心代表农业农村部对社会公示，如有异议，有异议的单位和个人自公示截止日起20日内向农业农村部农产品质量安全中心提出。

（6）如无异议，农业农村部作出登记决定并公告，如农业农村部作出不予登记的决定，书面通知申请人，并说明理由。

完成登记后，申请人可以在相关农产品上使用农产品地理标志专用标志，如图3-3所示。

图 3-3　农产品地理标志专用标志

（三）登记审查要点①

中国绿色食品发展中心 2021 年制定的《农产品地理标志登记审查准则》第 5 条至第 13 条明确了农产品地理标志登记审查要点。

1. 产品登记范围审查

（1）审查依据：《农产品地理标志管理办法》

（2）审查重点：

①申请登记产品应是源于农业的初级产品，并属《农产品地理标志登记保护产品目录》（见《农产品地理标志登记审查准则》附录）所涵盖的产品。有列入目录的，不予受理。

②水、粗制盐、用于动植物生产的种子种苗、纯野生产品、原国家保护后部分放开人工养殖的产品等，不予受理。仅限于作为另一种产品的原料，本身并不直接上市的产品，原则上不予受理。

③申请登记产品应已列入《全国地域特色农产品普查备案名录》。未列入名录的，申请人应将产品名称、特色品质和历史人文（生产年限和声誉基础）、生产地域范围等情况报省级农产品地理标志工作机构（以下简称省级工作机构）审核，审核通过报中国绿色食品发展中心（以下简称中心）审查同意后方可申请。

---

① 参见《中国绿色食品发展中心关于印发农产品地理标志登记有关规范文件的通知》附件 8，载中国绿色食品发展中心官网 http://www.greenfood.agri.cn/tzgg/202104/t20210401_7640404.htm，访问日期：2022 年 7 月 22 日。

2. 产品名称审查

（1）审查依据：《农产品地理标志产品名称审查规范》

（2）审查重点：

①名称结构审查。产品名称应由地理区域名称和农产品通用名称组成。地理区域名称可为行政区划名称、自然地理实体或居民点名称，也可以是约定俗成、当地使用广泛的特定地理位置名称。农产品通用名称应使用产品的学名、俗名、别名等，也可使用当地历史沿袭名称，但不应导致公众可能对产品本身或产地的误认。

②不应登记的情形。产品名称为法定的通用名称或全国范围内已约定俗成的通用名称的；产品名称与动植物品种名称相同，可能导致公众对产品产地误认的；产品名称已注册为商标、证明商标或集体商标，未取得所有权人同意的；产品名称与已登记农产品地理标志相同或包含已登记农产品地理标志的。

3. 申请人资质审查

（1）审查依据：《农产品地理标志登记申请人资格确定规范》

（2）审查重点：

①申请人应为事业法人、社团法人等，不应为政府、企业和个人。

②结合现场核查，审查申请人在申请登记产品的生产经营领域是否具有一定影响力和组织能力，是否被所在地域范围内的产品生产经营者普遍认可。

③申请人资格确定文件应为县级以上地方人民政府向当地农业农村行政主管部门出具的批复文件。政府内设部门（如办公室）出具文件无效，由省级人民政府确定登记申请人的除外。生产地域范围跨县（地市）域的，由上一级地方人民政府出具申请人资格确定文件。

④申请人资格确定文件应为原件，复印件无效。五是因新疆生产建设兵团建制特殊性，兵团团场可以作为申请人。

4. 生产地域范围确定审查

（1）审查依据：《农产品地理标志登记生产地域范围确定规范》

（2）审查重点：

①生产地域范围确定文件应为地方农业农村行政主管部门向申请人出具的文件，内容应包括地域经纬度范围、所辖具体县（区）、乡镇或村名称（列表）、生产规模和产量等必要信息，并附生产地域分布图。

②生产地域范围确定应统筹考虑产品的特色品质及其与产地自然生态环境

和特定生产方式的关联，并应在生产地域范围内有实际生产和历史人文基础。生产地域范围可集中连片，也可点状分布。

③生产地域分布图应以最新版行政区划图为蓝本（彩图），准确标示出产品的生产地域范围和边界线。地域分布图边界线应采用加宽线条进行标示。

④初级加工农产品应确定原料基地的生产地域范围。

⑤跨县（区）或地市地域的产品，应整区域联合申请。生产地域范围应由具有跨域管辖权限的上一级农业农村行政主管部门确定，申请人资格亦由上一级地方人民政府确定。地理区域属于跨省份的山脉、河流、湖泊等产品，由具有相关资源管辖权限的专门机构确定生产地域范围和申请人。

⑥对于产品主管部门包括其它部门的，应由农业农村部门和相关行业主管部门联合（或分别）出具生产地域范围确定文件，或农业农村部门征求相关行业部门意见后，单独出具文件，并注明征求意见情况。

⑦生产地域范围确定文件应为原件，复印件无效。

5. 质量控制技术规范审查

（1）审查依据：《农产品地理标志质量控制技术规范（编写指南）》《农产品地理标志登记产品外在感官特征鉴评规范》《农产品地理标志登记产品抽样检测技术规范》

（2）审查重点：

①特色品质审查。产品应具有独特的品质，即明显区别于其它产地该类产品的外在感官特征和（或）内在特色品质。特色品质不明显的产品不应通过审查。

一是外在感官特征审查。外在感官特征描述应客观真实，应采用规范性语言描述产品的外观、口感、气味等特征，可使用数字描述的，尽量使用数字，避免评价性语言，如美味、独特、品质好等笼统描述。产品仅外在感官特征显著的，应提交产品外在感官特征鉴评报告。外在感官特征和内在品质特性均显著的，可不进行外在感官特征鉴评，对产品外在感官特征鉴评报告不作要求。产品外在感官特征鉴评报告审查，品质鉴评组一般由3~5名专业领域技术专家组成，省级工作机构内部人员不应作为专家组成员。鉴评组成员均应签字，鉴评意见由组长签字。省级工作机构应填写确认意见并签字盖章。鉴评报告应使用固定格式且为原件。

二是内在特色品质审查。产品内在特色品质一般由体现产品特色的理化指标构成,指标数一般不超过4个,指标值应为范围值(品质限值),而非固定值,可用大于等于(≥)、小于等于(≤)、不少于、不超过等表示,也可以是区间范围值。申报产品存在细分或系列产品,且内在特色品质存在较大差异的,应分别描述特色指标,并由相应的产品品质检测报告进行验证。对于产品品质检测报告审查,检测机构应为中心委托或同意的检测单位,报告封面应加盖"报告专用章"、检测机构公章和骑缝章,制表人、审核人、批准人均应签字。检测报告应为原件。所有内在特色品质指标应在每份报告中进行验证检测,且结果符合。对于采样点和检测报告数量,生产地域范围为县(区)级及以下的,应至少布设3个采样点;生产地域范围为地市级及以上的,范围内所有县(区)均应布设采样点,且每个县(区)采样点不少于3个。生产地域为开放式海域、湖泊、滩涂、山川或集中连片的草场、林场,采样点不少于3个。每个采样点对应一份检测报告。

②独特自然生态环境审查。应重点描述产地与形成产品特色品质因果关系密切的自然生态环境因素(如光照、温度、湿度、降水、水质、土质、地形地貌等)及其关联性。

生产地域范围内,自然生态环境或至少形成产品特色品质的某个或某些自然生态环境因素应基本一致。自然生态环境差异较大的,不应通过审查。

③特定生产方式审查。应重点描述与形成产品特色品质因果关系密切的生产方式(主要品种、产地要求、生产关键环节等)及其关联性。

申请登记产品存在细分或系列产品且生产方式不一致的,应分别描述每种产品的生产方式。

④标志使用审查。应写明标志使用人在产品或产品包装上统一使用农产品地理标志公共标识和产品名称组合形式字样。

6. 历史人文佐证材料审查

申请登记产品应在生产地域范围内有一定的生产历史和声誉基础。结合我国国情,原则上,产品在生产地域范围内应至少有30年的生产历史和20年的声誉基础。生产和声誉年限通过审查历史人文佐证资料来确认。

历史人文表现形式包括县志、市志、农业志、产品志等历史文献记载;诗词歌赋、传记、传说、轶事、典故等记载;民间流传的该类产品民风、民俗、歌谣、工艺文化;饮食、烹饪等;名人的评价与文献;荣获省级以上历次名牌产品获奖情况；媒体宣传、报导、图片等。历史人文佐证材料可为多种表现形式，但县志、市志、农业志、产品志等历史文献中关于该产品的记载原则上必须提供。生产历史和声誉基础应在相关材料中做出明显标记。

历史人文佐证材料应同时说明产品的生产历史和声誉基础，仅体现生产历史的佐证材料不应通过审查。如德庆贡柑，光绪《德庆州志》记载："唐开元，柑橘丰极，官马尤甚。色金、泽，肉爽，味清、蜜，宋高宗甚喜，年贡不断，渐谓之贡柑"。"产品畅销国内大中城市，远销港澳、荷兰、澳大利亚等国家和地区"。德庆贡柑荣获"中国贡柑之乡""中国柑桔产业十强县"等。相关材料能够证明德庆贡柑生产历史悠久，且具有良好的声誉基础。又如，德庆年鉴记载"以种植砂糖桔、贡柑、马水桔、东莞糯米糍、大红贵味、石硖龙眼等优质水果""大力发展贡柑、砂糖桔"，此部分佐证材料仅能说明德庆生产贡柑，不能说明产品声誉基础，仅有此部分佐证，不应通过登记审查。

7. 样品图片（视频）审查

样品图片（视频）应含种植（养殖）初级产品、制成品（仅限申请登记产品为初级加工品）图片及产品包装图片，应至少提供一张产品的彩色特写图片或镜头。

8. 登记现场核查报告审查

（1）审查依据：《农产品地理标志登记现场核查规范》

（2）审查重点：

①现场核查工作由省级工作机构组织实施，不应由地县级工作机构代为实施。

②现场核查组一般由2名以上核查员组成。核查组组长应为省级工作机构核查员。所在地地县级工作机构核查员不作为核查组成员参与现场核查工作。现场核查结论表中组长和成员均应签字。

③现场核查应对生产地域范围、特色品质及其与产地自然生态环境和（或）特定生产方式的关系、生产历史和声誉基础等进行重点调查。

④现场核查报告后应附核查员证书复印件。

9. 特殊情况审查

（1）产品名称与商标冲突性审查。如申请登记产品名称已在先注册为商标、集体商标或证明商标，且申请人与所有权人不是同一主体的，申请人应提供所有权人同意其以该产品名称申请登记农产品地理标志的文件，确保不产生法律纠纷。

（2）同一产品名称项下存在细分或系列产品的审查。使用生产地域范围内同一原料，存在多种细分产品或系列产品的，可一并申请，如羊与羊肉、鸡与鸡肉和鸡蛋、红茶和绿茶等，但应在质量控制技术规范中分别描述产品的外在感官特征和内在特色品质，并分别进行验证。

（3）同一生产区域同类产品的审查。申请登记产品与已登记产品为同一类，且处于同一较大范围生产区域内但无地域交叉的，申请登记产品应与已登记产品特色品质有明显区别。如特色品质无明显区别、仅是地域范围不同的，不予受理，但可重新确定生产地域范围，依照规定申请证书变更。如特色品质确不相同，应突出申请登记产品在已登记产品基础上的个性品质特征，提供特色品质比对情况和声誉佐证材料。

如某市所辖某县已登记大米，该市另一县申请登记大米时，应充分说明新申请大米与已登记大米的品质差异，及新申请登记大米的声誉。

（4）同类产品存在行政区划隶属关系的审查。申请登记产品与已登记产品为同一类，且生产地域范围存在行政区划隶属关系的，申请前，应分析比较申请登记产品与已登记产品的特色品质及形成特色品质的自然生态环境或历史人文因素，并按如下情况处理。

①申请登记产品行政区域包含已登记产品行政区域，若已登记产品符合或优于申请登记产品特色品质及形成特色品质的自然生态环境或历史人文因素，应征得已登记产品相关权益人同意，将已登记产品生产地域范围划入申请登记产品生产地域范围。申请登记产品经登记后，已登记产品可以使用其原有农产品地理标志，也可以使用申请登记产品农产品地理标志，有关标志使用应在质量控制技术规范中予以明确。

若已登记产品不符合申请登记产品特色品质或形成特色品质的自然生态环境或历史人文因素，则不应将已登记产品生产地域范围划入申请登记产品生产地域范围。

②申请登记产品行政区域属于已登记产品行政区域的，申请登记产品应与已登记产品特色品质有明显区别。如特色品质无明显区别，不予受理。如特色品质确不相同（通常情况下应是优于），应突出申请登记产品在已登记产品基础上的品质特征，并提供特色品质比对情况。

上述两种情况审查时，除审查申请登记产品与已登记产品的品质特色情况，应突出审查申请登记产品的声誉基础。声誉基础不充分的，不应通过审查，以保障在先登记产品权益。

（5）含"富硒"或"硒"字样产品的审查。一般情况下，产品名称中不应含"富硒"或"硒"字样，除非同时满足以下条件：生产地域范围在国家确定的自然土壤富硒或含硒地区且产品中的硒是自然生长过程中从土壤中吸收的；国家或行业标准对该类产品富硒或硒含量有明确规定且产品有相应的检测验证；产品名称在一定范围内已约定俗成且使用年限超过20年。

富含功能性矿物质元素的产品申报与审查参照上述执行。

（6）申请登记产品拟授权标志使用人须在国家农产品质量安全追溯管理信息平台完成主体注册后，方可受理。

（7）申请材料装订审查。申请材料需装订成册，建议采用单页可替换方式装订，方便材料补充。封面注明产品名称、申请人全称、省级工作机构等信息。编排目录及页码，相关材料按照如下顺序排列：

◆ 封面
◆ 目录
◆ 登记申请书
◆ 登记申请人资格确定文件及法人证书
◆ 国家追溯平台注册图片
◆ 生产地域范围确定文件
◆ 质量控制技术规范
◆ 产品品质检测报告和（或）外在感官特征鉴评报告
◆ 产品抽样单
◆ 历史人文佐证材料
◆ 产品图片（彩图）
◆ 网站受理公示图片等其它相关材料

审查过程性材料按照如下顺序附在申请材料后面。

◆ 登记现场核查报告
◆ 登记审查报告
◆ 核查员证书复印件

第三节　广东省农产品的地理标志申请和授权存在的问题和建议

一、广东省农产品的地理标志申请和授权存在的问题

（一）客体问题

三种保护模式中保护客体存在交叉重复。《商标法》第16条仅明确了地理标志的概念，并未限定产品范围；而部门规章虽规定了申请范围，但产品类别存在较大重合，多为农产品。

在广东省，虽然有很强的农业资源优势，蔬菜、果品、粮油、养殖等农业部门在不断发展中涌现出了一大批优质农产品品牌，初步形成了多层次、多领域的品牌集群，但现已登记的农产品的地理标志主要集中在果茶、蔬菜、养殖领域，其他具有发展前景和市场竞争优势的农产品品牌挖掘力度还不够，导致农产品的地理标志产品种类较为单一。

（二）主体问题

《商标法》有关地理标志保护的规定仅仅是宣示性条款，实质上是将地理标志商标等同于普通商标，缺乏对地理标志商标的特别保护。法律内容的缺失，一方面，造成权利人相互之间以及权利人与其他生产经营者之间权利边界模糊，越界行使权利的行为屡屡发生；另一方面，导致权利人责任意识不强，有些农产品地理标志生产经营者为了获取高额利润，以假充真、以次充好，导致地理标志农产品质量不稳定，信誉受损失，挫伤了消费者对品牌产生的信赖和感情。[①]
此外，依照相关规定，由地理标志所在地域范围的成员组成的协会、团体或者其他组织可以申请地理标志集体商标。申请证明商标的主体应当是具有监督该证明商标所证明的特定商品品质能力的专业技术机构；而申请农产品的地理标志保护的主体是由县级以上人民政府在符合一定条件的农民专业合作经济组织、行业协会等组织中择优确定；申请地理标志产品保护的主体应当是县级以上人民政府认定的企业、协会或者机构。

此外，广东省地理标志产品保护示范区主要分布在粤西地区，省内布局还不均衡，培育并积极争取国家知识产权局批准筹建的示范区的工作仍需要加强。此外，各示范区要注重总结可复制可推广的经验，更好发挥示范引领作用。农

[①] 储敏、徐娜、姜有玉："乡村振兴战略背景下地理标志法律保护体系的重构——基于对现有多元立法模式的反思"，载《南京财经大学学报》2020年第1期。

产品的地理标志登记比较多的地区主要是当地政府部门重视和给予配套资金支持的。地理标志发展比较好的地区：江门（12个）、惠州（8个）、梅州（7个）、清远（5个）和佛山（5个）。

（三）审查内容问题

商标局主要对申请人主体资格、使用管理规则、地理标志使用商品的特定质量、信誉以及生产地域范围等内容进行审查。农业农村部主要审查地理标志登记农产品的登记范围、产品名称、申请人资质、生产地域范围、质量控制技术是否符合规范要求。国家知识产权局主要审查地理标志产品名称、产品质量、产品特色质量与地域的关联性、产地范围以及申请机构和专用标志管理机构信息。

商标局自受理商标申请之日起9个月内进行初审，发布初审公告；初审公告期间3个月，期满无异议的，给予注册公告。农产品地理标志的申请要经过二级审查，先由省级人民政府农业行政主管部门进行初审和现场核查，符合条件的报农业农村部农产品质量安全中心，质量安全中心提出审查意见，并组织专家评审，经审查合格的给予公示，公示期满无异议的，由农业农村部作出登记决定并且公告。地理标志产品由省（区、市）级知识产权管理部门对地理标志产品的申请进行初审。初审合格后报送国家知识产权局进行审查，审查合格的，由国家知识产权局发布公告、颁布证书。

由于三种保护模式各自独立，且申请条件、程序和审查内容存在差异，为求稳妥或者为获得更多的保护，导致实践中不少农产品生产者既申请注册地理标志商标、又申请注册地理标志产品或者农产品地理标志，"一品多标"的双重或者多重保护现象增加了地理标志申请成本，造成了地理标志保护资源的浪费，还会导致商标权与地理标志权的冲突。

（四）审查程序问题

1. 不予注册事由欠缺

不予注册事由是地理标志是否受到保护的准入门槛，是从源头对地理标志进行严格管控的重要一环。《地理标志产品保护规定》仅规定对危害环境、生态及资源的产品不予受理，"《地理标志产品保护申请书》进一步要求地理标志名称不得为通用名称，必须是商业或日常用语，或是长久以来使用的名称，并具有相应的知名度。"商标法对于含有地理标志的产品非来源于标示地区且易造成公众误认的不予注册，而地理标志专门立法下并未对公众误认及地理标志与商标权产生冲突的情况作出相应规定，不能使地理标志保护规定与商标法项下的地理标志保护达成良好衔接，如产品名称与在先注册商标及未注册驰名商标冲突时是否应当不予受理、产品名称与已注册地理标志名称相同导致公众对来源产生误认以及动植物品种名称相同且易导致公众误认的情况是否应当给予保护。而对于产品或名称违反法律、社会公德及公众利益的绝对禁止事由也未作出相应规定。

2. 异议程序不完善

异议程序是利益相关人权利的首次救济，当前在异议理由及审查程序方面都存在欠缺。从异议理由来看，我国仅规定了有关单位和个人可以异议，对于异议理由却存在空白，异议理由的缺失，使得异议成本降低，从而容易导致恶意异议事件，对于执法人员来说，异议事由的缺失使得其在执法过程中只能通过自由裁量的方式进行办案，不但增加其办案难度，同时也将降低案件处理效率。从程序来看，地理标志产品与农产品地理标志覆盖面存在重合，但在异议期限方面存在一定差异，地理标志产品对异议期的规定是 2 个月，而农产品地理标志对异议的规定则为 20 天，从时间的起算点来看，农产品登记程序规定公示之日起 30 天，异议期包含了公示期，而农产品管理办法则是公示结束之日起 20 天，对于相同权利内容的地理标志存在法律规定上的不统一性，对于利益相关人来说有失公平，对执法人员来说无疑增加了负担，贬损异议制度的程序价值。对于异议的处理，欧盟规定可以邀请双方进行协商，由审查委员会作出决定，而我国未规定协商程序，仅规定审查委员会对异议进行技术审查。

3. 撤销事由欠缺

撤销事由是地理标志退出机制重要的一环，从欧盟立法来看，其将不能保证地理标志产品品质要求与相关地理标志产品投放市场但未进行销售满 7 年作为法定撤销事由，而美国将商标淡化、欺骗手段取得及不予注册的情形作为撤销事由。我国《商标法》规定商标可以通过"成为通用名称、无正当理由三年不使用及注册过程中擅自改变注册商标相关事项"进行撤销，但《地理标志产品保护规定》《农产品地理标志管理办法》等仅对地理标志专用标志使用资格的注销作出了相应规定，并未对地理标志的撤销事由作出明确规定。[①]

二、广东省农产品的地理标志申请和授权的建议

（一）明确地理标志申请条件和申请文件

建议构建我国专门的地理标志保护法，明确地理标志申请条件和申请文件。与商标注册申请不同，地理标志申请主体具有单向性，只能是生产者组成的行业协会，个人不能成为地理标志申请人。申请文件中最核心和基础的内容是地理标志使用管理规范。地理标志注册后，该规范既是指定地区全体使用人必须统一遵守的生产标准，也是管理机构实施管理和监控的依据。规范应当包括以下内容：一是关于地理标志产品特性、品质或声誉以及地理标志产品生产制作

---

① 孔贻朱："论地理标志的法律保护"，北方工业大学 2021 年硕士学位论文。

工艺的特点。二是关于地理标志产品与产地自然因素、人文因素的关联性以及地理标志产品的历史发展。三是关于地理标志所标示的地域范围划分（地理区域的界址）。地理标志产品的特殊品质主要取决于产地的自然环境和人文因素，这种特有的客观关联性不受行政区划范围的限制，只要自然条件和生产方式相同，即使不属于同一行政区划，也可归入地理标志保护范围，其实质是防止特定产品与其原产地的割裂。①

（二）明确多方主体的权利义务

明确申请主体，可以借鉴欧美经验扩大申请主体的范围，将自然人也列为适格主体，自然人作为申请主体在审查时应当予以严格限制，申请地理标志时必须具备以下条件，一是其为唯一提交注册申请的生产者，二是其地理区域或产品特征与邻近地区有明显不同。强化申请人对地理标志产品名称、专用标志及产品质量特色的管理。增加地方人民政府对地理标志产品的管理责任，由政府建立产品标准体系、检测体系及质量保证体系。各地知识产权局对产品质量特色及标准进行日常监管。

（三）完善地理标志的申请、异议及撤销程序

从申请层面来说，完善不予注册情形，规定通用名称、动植物品种与申请名称相冲突导致消费者误导的、在先商标注册有极高商誉且申请名称容易使消费者造成误解的不予注册为地理标志。从异议程序来看，从公告之日起3个月为异议期，异议向地理标志管理部门提出，异议必须包含公告涉及的地理标志违反条例的事项，否则认定异议无效，管理部门收到异议理由应进行审查，对于不可接受的异议理由应组织双方当事人进行协商，经双方申请异议期可延长3个月。从撤销程序来看，注册标志不能满足产品品质要求或相关地理标志产品投放市场但未进行销售满7年，可以主动或依据相关申请对地理标志进行撤销。强化地理标志产品监管，明确侵权法律责任。明确申请者的管理责任，因其过错使地理标志产品达不到质量要求或造成社会不良影响的，依法承担行政责任，有违法所得的还应加处罚款。明确生产者责任，对于不按标准生产的行为、擅自使用地理标志的行为或使用类似标志使公众误认的行为，按照产品质量法加以处罚。增加销售商的审查义务，对于销售不符合标准的地理标志产品的行为，按照消费者保护法加以处罚。②

---

① 储敏、徐娜、姜有玉："乡村振兴战略背景下地理标志法律保护体系的重构——基于对现有多元立法模式的反思"，载《南京财经大学学报》2020年第1期。

② 孔贻朱："论地理标志的法律保护"，北方工业大学2021年硕士学位论文，第9~17页。

第四章　广东省农产品的地理标志运用

第一节　广东省农产品的地理标志运用概况

一、生产

（一）提高集约化、标准化生产水平

广东省各地市场监管部门、农业农村部门以"培育一个品牌、带动一方产业、稳定一份收入"为目标，推进标准化生产建设。强化地理标志农产品质量控制和特色品质保持，严格落实生产技术规范，推进标准化生产。①加强对证书持有人、生产经营主体、标志使用人开展质量控制技术规范和标志规范使用培训。广东省农产品地理标志基地及专业村基本实现了标准化生产，实施生产记录档案制度和产品标识管理，建立了"生产登记、产品检测、标识管理、基地准出、市场准入"的质量溯源机制。通过农产品地理标志基地建设，优化区域布局和产业结构，增强了农产品规模化、集约化生产能力。

（二）拓展生产基地功能

生产基地通过经营主体自主建设和经营，注入农业生物科技、农产品深加工、生态保护、农业科普、农事体验、农业文化、观光休闲等元素，使其成为可供广东省及国内其他城市市民观光休闲、体验农耕文化的"后花园"和青少年科普教育基地。

（三）大力推进示范区建设

广东（新会）国家地理标志产品保护示范区通过验收后，持续推进示范区的建设。各有关部门按职责从生态保护教育、食品安全信息宣传、促进产业融合发展等方面，提供相应的支持和工作指导。示范区内行业协会和生产企业，

---

① 广东省农业农村厅："关于印发广东省2020年地理标志农产品保护工程项目入库申报指南的通知"，载广东省农业农村厅官方网站 http：//dara.gd.gov.cn/tzgg2272/content/post_3015530.html，访问日期：2021年9月10日。

运用示范区资源和条件，充分发挥示范区对地理标志保护、地理标志产业发展、国际贸易与对外交流、文化与旅游等方面的展示与促进作用，不断提升地理标志产业对区域经济发展的拉动贡献，凸显示范标兵作用。组织研发的"新会地理标志服务管理平台"于2021年3月1日正式上线，正式建立首个市级地理标志产品专用标志核准使用的电子受理平台，实现企业申请、部门初审、平台打印、贴标使用全程电子化，并结合地理标志"一品一码"，帮助消费者有效鉴别真伪地理标志产品，进一步保护和提升本地区域品牌和企业自主品牌。按照国家地理标志产品保护的相关要求，按照统一品种、统一技术规范、统一包装标识的"三统一"标准生产模式，加快标准示范区建设。

二、加工

（一）"单一窗口"服务

以现有的优质生产基地和加工企业为基础，提供"单一窗口"申报认定备案和经营主体注册的服务，根据市场需要，分步稳健指导培育发展新的生产基地和加工企业进行备案和注册，编制和共享备案经营和注册主体名录。同时，推进实现通关服务前移的"单一窗口"服务通关新模式。促进跨境贸易便利化改革，由内地海关部门之间协调建立口岸管理信息互换、监管互认、执法互助的强化通关协作机制，进一步压缩整体通关时间。推进交通便利机制，逐步实现农产品运输车辆不受货车入城限行管制。

（二）拓展建设网点

通过选择种养规模大、经营水平高、经济效益好、辐射带动能力强的龙头企业，作为地理标志农产品核心生产基地；改善生产设施条件及配套仓储保鲜设施条件，保护特定产地环境，推行绿色防控技术及设施设备；传承传统加工技术、工艺，改造升级分选、烘干、包装等加工设备；优化冷冻、冷藏、冷链运输等仓储保鲜设施设备；支持相关加工工艺及设备改造升级，提升与延长产业链，促进适度规模发展[①]。

谋划建设广东省农产品加工配送分中心。发挥清远、云浮等广州周边城市地理位置及交通优势，建设集农产品精深加工、出口检验检疫和通关"一站式"服务功能于一体的广东省农产品配送分中心，承接粤西北及南下农产品加工和不需要流经广州的农产品配送业务，作为广东省农产品便利流通体系的产业链拓展重要节点。在广东省相关城市逐步设立具有仓储、加工、包装、转运等功

[①] 农业农村部："农业农村部办公厅关于做好2020年地理标志农产品保护工程实施工作的通知"，载农业农村部官方网站http://www.moa.gov.cn/nybgb/2020/202006/202007/t20200708_6348240.htm，访问日期：2021年9月10日。

能的农产品中转点,按照"成熟一个,建设一个"的原则,由近到远、由点到面,延伸形成全面覆盖的农产品流通体系。[①]

三、销售

广东省是国内农产品重点市场,是农产品交易活跃的地区,也是连接国际国内市场地理标志贸易的通道和枢纽。地理标志产品的销售与其他农产品的销售实现了同步升级。

一是加强批发市场体系建设。广东省建设完善了江南果菜批发市场、黄沙水产交易市场、五湖四海水产批发市场、嘉禾禽畜交易服务中心、江村家禽批发市场、天平架水果批发市场等大型农产品批发市场,建立了中心批发市场、二级批发市场和产地批发市场的三级批发市场体系,构建了"大市场、大流通"的格局。江南果菜批发市场是我国乃至东南亚地区规模最大的蔬菜批发市场,据不完全统计,其每天蔬菜成交量达1万吨,果蔬贮存能力达到1.1万吨,常年组织"南菜北运"和"北菜南运",对全市蔬菜品种调剂、平衡蔬菜淡季供应以及本地蔬菜的销售发挥了龙头作用;嘉禾畜禽交易服务中心是目前我国最大的生猪交易市场和国家农业部的定点市场,日均交易能力可达15 000头、日均屠宰能力达3 000头,有力保障了广东省生猪供应和销售。

二是积极发展现代流通方式。大力扶持生产型农业企业向产销一体化发展,扶持建设冷库、冷藏车,发展直销、配送业务,形成了东升菜场、农艺菜场、华隆公司等一批实力较强的集生产与销售为一体的龙头企业,建成蔬菜储备冷库约3万立方米,可储存蔬菜1.5万吨[②];积极推广"农超对接"等品牌化直销方式,鼓励扶持优势产区、农业企业、农民专业合作社在大型超市和人口密集社区,设立产品专卖店或特色产品一条街,发展连锁经营;大力发展农产品电子商务,扶持建设了华南农产品交易网、绿色菜篮子网、优鲜生活、东升农产等多家网上选购农产品交易平台,方便有各种消费习惯的市民,进一步促进优质农产品顺畅进入民众餐桌。

三是加强农产品价格监管。依托广东省各级农业信息网,建立起一套完整的农产品市场价格信息采集、分析、发布、预警工作体系,每天发布主要农产

---

① "广州市农业局建设大湾区'菜篮子'构想方案的报告",载广州市农业局官方网站 https://wenku.baidu.com/view/2b0072059989680203d8ce2f0066f5335b81672a.html,访问日期:2021年9月10日。

② 王蓓欣:"广州市蔬菜价格波动及影响因素分析",载《特区经济》2018年第2期。

品批发市场品种的农产品价格行情[1]，每周推出主要农产品行情分析和预测，引导农户合理安排生产经营活动，稳定市场预期，防范农产品价格大幅波动。

四、品牌建设

2021年，中央一号文件明确提出，加强农产品质量和食品安全监管，发展绿色农产品、有机农产品和地理标志农产品，试行食用农产品达标合格证制度，推进国家农产品质量安全县创建。广东省各地市场监督管理局深入调研当地特色农产品，以商标注册为抓手，发展"一村一品"等特色农业，深度挖掘各地特色农产品，培育和发展地理标志，创新经营模式，增强造血功能，多渠道开拓市场、打响品牌，助力农民增收[2]。农业农村部门按照《农业农村部办公厅关于做好2020年地理标志农产品保护工程实施工作的通知》（农办质〔2020〕9号）要求，以实施乡村振兴战略为抓手，以绿色生态为导向，以高质量发展、提高农业质量效益和竞争力为中心，强化地理标志农产品挖掘、保护、运用为主题，围绕加快创建一批叫得响的"乡土"区域品牌为主题，着力提升地理标志农产品综合生产能力，推动地理标志农产品生产标准化、产品特色化、身份标识化、全程数字化，强化质量标识和可追溯管理，高标准打造岭南特色产业发展样板，创新农民利益共享机制，带动农民持续稳定增收，助力乡村振兴。

（一）加大资金支持

广州市市场监督管理局从完善顶层设计入手，修订了《广州市知识产权工作专项资金管理办法》，在发展资金中新增对地理标志培育、地理标志质押融资、地理标志维权等的政策支持和引导，实施高价值地理标志和区域品牌培育，支持农产品地理标志运用和区域品牌战略实施。在广州市知识产权运营服务体系建设中央财政支持资金中，设立地理标志运用促进项目，定向支持有农产品地理标志运用基础的增城、从化、南沙等区，开展区域地理标志优势产业培育、运用。在省强化知识产权下放市县工作经费中，设置"地理标志产品培育"项目，在番禺、花都等区挖掘、培育地理标志。

（二）推进国家地理标志农产品保护工程

2020年，广东省首次实施国家地理标志农产品保护工程项目，支持国家地理标志农产品梅江区清凉山茶保护工程项目，落实中央农业生产发展专项资金812万元，用于实施主体新建和完善产品加工、贮藏设备10多台（套），建设

---

[1] 农业农村部："天津'12316'农业服务热线24小时为农民朋友解难题"，载农业农村部官方网站 http://roll.sohu.com/20160316/n440723890.shtml，访问日期：2021年3月10日。

[2] 林琳："商标品牌富农地理标志兴农——广州市场监管局助力乡村振兴有抓手"，载《农产品市场》2021年第2期。

核心示范基地1个，建设地理标志农产品展示场馆3个。广东省梅州市强化"地理标志＋绿色食品＋有机农产品"认证，在项目期新增绿色食品标志许可申报6个、有机农产品认证申报1个，进一步打响"梅江区清凉山茶"品牌，带动近千户贫困户增收脱贫。在2021年7月成功举办广东省"三品一标"工作会议暨地理标志农产品保护工程项目推进会、广东绿色食品宣传月（梅州站）活动基础上，2021年10月17日，"国家地理标志农产品（广东）品牌建设暨绿色食品产业发展论坛"在第六届中国国际食品及配料博览会上同期举办。

（三）加强宣传推介力度

农业综合服务中心设立农产品产业基地，联合生产经营农户规范农产品生产和加工标准，统筹商标和专业标志使用，扩大品牌效应，促进增产增收。比如，广州市南沙区市场监管局联合万顷沙镇举办南沙区地理标志产品推介会暨地理标志农产品品牌化建设及地理标志专用标志使用培训会，镇经济办、新垦种植户、地理标志专家等就新垦莲藕地理标志产品品牌规范管理、标准化建设、科技支撑、全产业链建设、品牌传播等方面讨论，共同为新垦莲藕发展出谋划策。

广东省还充分利用各种方式宣传地理标志农产品，强化生产经营主体品牌意识，提高产品质量。要求证书持有人制订宣传计划，组织开展地理标志区域公用品牌宣传。借助电视、报纸、新媒体等开展系列宣传和产品营销。

支持用标企业积极参加"农交会""绿博会""有机博览会"等重要展会和全国性、全广东省性宣传推介活动。支持品牌企业举办品牌推荐会，鼓励搭建多种形式的营销促销平台提升品牌影响力。推介有实力的龙头企业产品参加国际重要农产品博览会和交易会，真正走出国门，在国际农产品市场占有一席之地。

（四）叠加品牌效应

深入实施商标品牌富农、地理标志兴农，将知识产权工作有机融入脱贫攻坚、乡村振兴，通过实施高价值农产品地理标志和区域品牌培育，采用"农户＋专业合作社＋产业带头人＋品牌"的绿色发展模式，促进当地农业实现可持续发展的同时，积极推进品牌融合发展，在农产品地理标志区域保护范围内，扶持培育符合绿色食品和有机农产品申请条件的农业龙头企业、农民专业合作社或家庭农场申请绿色食品和有机农产品，推广"地标＋绿色""地标＋有机"融合共享发展模式，形成品牌叠加效应。据广东省市场监督管理局统计，截至2021年6月，广东省"三品一标"标志农产品达3 267个，其中绿色食品683个（即将集中新认证120多个）、有机农产品130个、地理标志农产品62个；68个农业投入品通过了绿色食品生产资料认证，数量居全国前列；创建全国绿色食品原料标准化基地6个，面积近60万亩。全广东省绿色、有机、地理标志农产品产业规模持续扩大，成功打造了"镇隆荔枝""大埔蜜柚"等一批有影响力的知名品牌。

五、监督管理

（一）推动地理标志专用标志的使用

2019年，广东省市场监督管理局向国家知识产权局积极申请成为首批地理标志产品专用标志使用核准改革试点地区。成功获准改革试点后，坚持"改革创新、合规有序、放管并重"原则，及时制订试点改革方案计划，明确目标任务，细化措施要求，高质量开展试点改革，为地理标志产品生产企业使用专用标志提供便利。2020年，选取湛江、肇庆、韶关、潮州等10个地市进行省内试点，2021年已在全广东省范围推进试点改革。据广东省市场监督管理局统计，截至2021年年底，已批准237家地理标志产品生产企业使用专用标志，占广东省用标企业总数的34%，有效提升广东省市场主体使用专用标志规模。

根据《农产品地理标志使用规范》的规定，广东省支持地理标志农产品区域保护范围企业授权用标，授权企业用标率达到100%。农产品地理标志登记证书持有人按照要求与标志使用人签订农产品地理标志使用协议，标志使用人建立农产品地理标志使用档案，如实记载地理标志使用情况，农产品地理标志登记证书持有人建立规范有效的标志使用管理制度，对地理标志的使用实行动态管理、定期检查，并提供技术咨询与服务。

（二）加强地理标志全链条监管

一是严格规范地理标志保护申请行为，切实推动从追求数量向提高质量转变。二是加强地理标志印制—发放—使用全链条监管，严格按照时间节点组织换用新版地理标志专用标志，组织、指导广东省知识产权管理部门高质量填报《地理标志专用标志使用监管年度报告》，提高广东省地理标志专用标志使用监管水平。三是组织专项行动加大监管力度。坚持常态监管与专项行动相结合，以地理标志产品生产集中地、销售集散地、城乡接合部为重点区域，以时令性较强的地理标志产品为重点对象，突出在节假日对大型超市、农贸市场等农产品交易场所，对辖区内地理标志保护产品以及作为集体商标、证明商标注册的地理标志开展专用标志使用监管和执法指导，严格保护地理标志品牌。每年，开展地理标志农产品标志使用综合检查，重点对标示"地理标志农产品"的产品进行了包装标识的检查，对伪造、冒用标志、超范围用标等不规范用标行为进行查处。对登记产品每年进行品质和安全指标抽检，确保登记产品质量安全和品牌公信力。结合"3·15国际消费者权益日"，组织开展全省地理标志农产品监督检查。2019年以来，广东省市场监督管理局先后组织5次地理标志保护专项行动，主动加强与相关执法部门的联动保护和联合执法，加强对英德红茶、马坝油粘米等广东省重要地理标志产品专用标志监管。

(三）强化体系推进

召开推进会、现场会等推动地理标志产业发展。比如，广东省农业农村厅会同广东省质量技术监督局、广东省扶贫开发办公室、梅州市人民政府在梅州市大埔县举办"讲好广东地标品牌故事 助推新时代产业精准扶贫"主题活动，对推动广东省农业标准化、实现农业品牌化、更好地满足人民日益增长的美好生活需要具有重要的意义。2021年7月，在梅州召开全省地理标志农产品保护工程项目推进会，邀请中国绿色食品发展中心领导、农业部门负责人、院校科研单位专家教授、证书持有人和企业代表、媒体记者120多人，交流地理标志农产品产业发展的经验、路径和策略，积极建言献策，共同探讨新形势下如何开展地理标志工作、推动地理标志产业发展。此外，借助南方日报、南方网和南方农村报（一年四次）等主流媒体，广泛宣传地理标志相关知识。编写地理标志宣传册，结合全省春耕生产现场会、绿色食品活动月、水稻产业大会和农交会等加大宣传，组织人员现场派发资料，普及农产品地理标志知识。

推进产销对接，组织地理标志产品参加博览会、农交会等。2016—2017年，在广东现代农业博览会设立农产品地理标志展馆、从2014年开始每年在中国国际农产品交易会设立广东省地理标志馆并组织地理标志产品参展。支持各地举办区域性展会和推介活动，推进产销对接，如协助江门市、大埔县、连州市、惠州市和海丰县等举办了"江门凉瓜节""鹤山红茶文化节""新会陈皮节""大埔蜜柚茗茶节""连州菜心节""连州水晶梨节""福田菜心旅游节""镇隆荔枝文化节""龙门农民丰收节"和"海丰县稻米暨农业产业发展大会"等。

(四）加强地理标志人才培训

针对机构改革后广东省地理标志的人才状况，广东省市场监管系统大力加强地理标志培训，宣传地理标志知识，增强地理标志意识，提升市场监管系统地理标志工作人员、行业协会、生产企业人员的地理标志使用和开发能力。2019年以来，广东省及有关地市累计举办各类地理标志培训20余批次，参训人员达1 000多人。

(五）加强品种资源保护

挖掘优良基因，保持和提升地理标志农产品的优良品质特性。广东省各地建立完善地理标志农产品原产地可追溯制度和质量标识制度。要求项目所在县级以上地方农业农村局加强地理标志农产品监督管理，对登记的地理标志农产品地域范围、标志使用、质量安全等方面每年至少1次进行现场检查和2次质量安全检验检测，同时加强品牌的保护管理，打击仿冒和伪劣产品，严厉查处侵权、非法使用标识等违法行为。要求所有用标企业建立质量控制追溯体系，纳入国家农产品质量安全追溯平台。支持有条件的用标企业推行"电子身份证"管理，实现全程数字化监管。

（六）建立退出机制

遵循市场规则，以诚信守法、服务消费者为原则，实施"阳光监管"，维护和规范市场信用秩序和经营秩序。属地监管部门根据检查和检测结果，对违反《国家有关供港澳食用农产品检验检疫监督管理办法》或产品出现质量安全问题、违反市场诚信原则的，及时通报有关经营主体的违法违规行为，并移送海关处理，情节严重的依法移交司法机关处理。

第二节　广东省农产品的地理标志运用过程中存在的问题

一、重申请登记、轻使用授权

据统计，广东省经农业部门登记的 62 个产品，41 个产品授权 1 073 家企业使用标志，还有 21 个产品未授权企业使用标志，不同地程度存在"重发证、轻用标"现象。[①]

当前广东省农产品地理标志知识的普及，无论对于普通民众还是农村种植养殖户而言都远远不够。消费者比较熟悉丝黄米、荔枝等农产品，但提到农产品地理标志时他们一般都不熟悉。对企业或行业协会而言，由于认识不到农产品地理标志在提高农产品竞争力和增加农民收入方面的巨大作用，也会导致那些花费大量的人力、物力申报下来的地理标志成为摆设，没能发挥其应有的作用。还有些生产者虽然已经具备了申请农产品地理标志的条件，可对地理标志对农产品保护的意义认识不充分，觉得只要把自己的农产品用一个自认为不错的价格卖出去就可以了，没有必要再增加额外的生产成本或者费用，将资金和精力投到地理标志产品的注册、认证中。甚至有的企业具有使用农产品地理标志的条件，但对其使用细则不了解，在其自身权益受到损害时，不会通过法律手段来保障自己的合法权益。仅仅把地理标志作为一个产品资质之一，并没有意识到此为一项知识产权并受到国家法律的保护。

二、盲目扩大生产区域

近年来，广东省农产品地理标志产业发展取得较大进展，但是，目前，广东省农产品地理标志产品的生产经营主体散、杂、小，多数产品经营仍停留在原料的出售上，缺少加工、流通环节的转化增值，产业链条短，部分企业片面

---

① 数据来源于笔者调研时广东省农业农村部门提供的统计资料。

强调产地的真实性而忽视了商品的品质，产品特征不明显，严重影响了农产品地理标志商标的信誉。部分地区不注重资源整合和长远规划，农产品地理标志产品知名度低，对产业的进一步发展造成了阻碍，农产品产业大而不强的问题仍然存在。一方面，在品牌保护与利用方面还没有形成完整的制度体系，市场上经常出现一些假冒的广东省农产品品牌，一定程度上损害广东省农产品在广大消费者心中的形象。另一方面，消费者对本地农产品品牌认知度不够，农产品品牌效应尚未完全显现。市场销售渠道不畅、农产品市场营销手段相对较少，推广力度不足，大部分农产品仍以原料形式输出为主，产品附加值不高，部分优质农产品不优价，经济效益总体不高，当地独特的农产品资源优势尚未得到充分发挥，品牌效益未得到充分体现。而且一些原本具有农产品地理标志的农业企业，会由于市面上出现大批量的假冒伪劣产品而遭受经营方面的冲击。所以，目前存在一个误区，就是认为农产品地理标志的地区范围越大越好，有些会按照某一个县来进行命名或是按照某一个市来进行命名，而这样的方法可能会对农产品地理标志的保护造成一定的困难从而无法保证农产品的品质。

三、没有很好落实特定的生产技术规范操作

一是缺少专业的生产技术规范操作人员。在广东省农产品地理标志产品发展的过程中，因为缺乏专业的生产技术规范知识，所以在生产工作当中往往会表现出难以下手的情况，再加上某些部门并没有对生产技术工作人员开展专业化的知识培训，所以最终导致了生产技术水平难以得到提升，为广东省农产品地理标志产品生产工作的开展，埋下了专业人员欠缺的隐患。

二是生产技术推广力度不大。需要明确的是，在广东省农产品地理标志产品日常生产工作当中，科学应用信息化技术，能够产生较为重要的作用，并且不同的应用人员，对于规范化的生产技术手段，所呈现出来的要求也具有明显差异，那种没有很好落实特定的生产技术规范的操作模式，必定会严重制约工作进程。

三是生产技术规范所需成本较高。在生产技术规范运用工作中，运营成本是企业最为重视的内容，诸多农业企业认为，运用规范统一的技术开展日常生产工作，所需要投入的成本明显地超出了他们的接受范围，即便当前农民的实际收入同传统收入相比提升了许多，但是因为传统思想理念的制约，仍然使得他们在规范化标准建立以及应用方面，不愿意花费较多的资金成本。这些方面的问题，都阻碍了特定的技术规范在广东省农产品生产中的合理应用。

四、产品销量小

传统的地理标志农产品销售,仍然依赖于传统的销售方式,尚未采取互联网等覆盖范围广、交互性强的新型传播媒介。营销信息闭塞,缺乏对市场的分析,导致产品收获后找不到合适的销售渠道。例如,广东地理标志农产品大埔蜜柚虽入选欧盟地理标志协定保护名录,但由于生产方式以分散式经营为主,缺乏统一的农产品营销知识培训与指导,完全依赖于市场行情与市场需求,销售渠道单一,导致蜜柚收获季节大规模集中上市,常遇到滞销难题。

据广东省商务厅2020年对13个地理标志产品的一项调查,广东省的凤凰单丛、大埔蜜柚、化州橘红等产品均有出口,主要出口东南亚、欧盟、美国、日本等国家和地区;英德红茶、新会陈皮、高州桂圆肉、增城荔枝、梅州金柚、平远脐橙等产品暂无出口,但有出口潜力。据梅州市商务局统计,梅州农产品自营出口量很小,主要是通过供货出口。2020年全市食用水果及坚果等出口39万美元,同比增长59.3%,占梅州出口总值的0.03%。① 受国际形势仍然复杂多变、国外新冠肺炎疫情仍未得到有效控制、国际贸易环境不确定性不稳定性增加等因素影响,外贸出口的压力依然存在。

五、对公共品牌宣传的支持需加强

品牌营销首先要求差异化,但是农产品本身具有弱差异的特性,多数农产品的地理标志产品存在着高度同质的问题。广东省农产品的地理标志产品以果茶和蔬菜为主,其他种类数量较少,尤其是经济附加价值高的优质特色农产品小。以广东蔬菜产业为例,蔬菜公用品牌定位不明确、品牌文化发掘与宣传力度小,导致品牌带动作用不突出、品牌价值偏低、产业带动作用小。同时,蔬菜价格受市场行情影响波动幅度较大,尚无定价权;由于缺乏品牌战略整合引导,广东蔬菜价格相比竞争者无优势,巨大价值尚未释放。

同时,广东省"大产业、小品牌"现象也比较突出。从事农产品的地理标志产品的生产者规模均较小,由于众多的小型加工企业竞争,没有合并形成大型企业和龙头企业,尚不具备促进区域优势、资源优势转化为经济优势的能力;农产品的地理标志产品的市场占有率较低,不能有效发挥市场主导作用和区域经济辐射带动作用。

地理标志是区域公共品牌,发展地理标志当务之急应该由地方政府积极宣传推广,帮助企业生产高品质、高价格的优质地理标志农产品。然而由于涉农资金欠缺整合使用,广东省地理标志发展多年,与江苏、浙江、山东等先进省份相比,政策和资金等扶持力度明显不足,地理标志数量也有很大差距。

---

① 数据来源于笔者调研时梅州市商务局提供的统计资料。

第三节　广东省农产品的地理标志运用建议

"十四五"开局之年，为深入推进农业供给侧结构性改革，推动质量兴农、绿色兴农、品牌强农，打响"乡字号""粤字号"地理标志农产品品牌，促进绿色优质农产品高质量发展，更好助推乡村产业振兴，建议着重做好以下工作。

一、加强支持引领

积极争取加大登记奖励的力度和政策支持，立足发展特色优质农产品现实需要，合力引导各级政府将地理标志产品保护纳入本级政府民生保障工作目标，支持适合本区域特色、发展潜力大的产品申请地理标志产品保护。将地理标志农产品保护工程纳入食品安全考核范畴，并作为约束性任务，明确资金和任务。通过奖励补贴、项目配套、绩效管理等方式加大扶持力度，帮助登记人解决标准化生产、品牌打造、市场开拓上的困难，激发登记、授权和使用地理标志的积极性，不断扩大农产品地理标志登记保护的数量和促进品牌提升。

二、树立做特做精做优的理念

一是要建机制，激发地方政府动力。要在完善顶层设计的同时，将特色农产品优势区创建纳入县域经济考核指标，有效调动各县党委政府创建的积极性。广东省财政部门应加大投入，对创建项目给予相应的建设经费，一年后验收评定为优秀等级的，每个项目给予奖补作为深化项目建设的资金。

二是要立标杆，打造高端生产基地。种植业要全面推广有机肥+绿色生态防治技术，养殖业要全面推广"微生物+"技术，提升农产品口感和品质，全力打造高端农产品生产基地，夯实高端品牌的建设基础。按照"一年建框架、三年大提升、持续深化建设"的总体要求，凡第一年绿色食品标准化管理面积达不到60%以上、第三年绿色食品或有机食品认证达不到60%以上、不能形成全国知名品牌的，不能通过特色农产品优势区验收。建立一品一码，逐步实现特色主导产品生产、加工、流通全程可监控、风险可评估、事件可处置，有效推进绿色食品生产进入高速发展阶段。

三是要强品牌，打造全国品牌高地。首先，统筹规划，分类指导。根据全省各地的资源和行业特点以及地方政府的积极程度，有计划、有重点地挖掘一批有产业规模、发展潜力、农耕文化基础、历史传承的区域特色产品，加强农产品地理标志登记保护。其次，要求各重点建设区拿出一定比例的项目经费，用于品牌标识和宣传语设计，推介事件谋划及产品营销，委托全国知名的品牌策划专业机构开展品牌策划推介。

四是要全产业促进，一二三产业融合。利用各重点建设区项目资金，大力支持农户和农民合作社改善储藏、保鲜、烘干、清选分级、包装等设施装备条件，促进商品化处理，减少产后损失；要不断发挥龙头组织的带动作用，使之成为一二三产业融合发展的主导力量。

五是要新业态，实现"互联网+"深度融合。要积极推进"互联网+现代农业"，支持种养大户、家庭农场、合作社、龙头企业、微商网红借助电商平台，开展农产品网上销售、大宗交易、订单农业等业务，形成广东省农产品销售体系，运用互联网和大数据等技术，搭建信息化追溯平台，统一追溯模式、统一业务流程、统一编码规则、统一信息采集，构建从田间到餐桌全程控制、运转高效、反应迅速的特色农产品质量管理体系。

三、树立品种"特异性、一致性、稳定性"意识

落实保护措施，加强农业科技知识产权的保护，树立品种"特异性、一致性、稳定性"三性意识，通过健全完善体系为地理标志保护提供有力支撑。

一是要完善特色质量保证体系，提高地理标志农产品生产者质量管理水平、推动人工智能大数据等新一代信息技术与地理标志特色质量管理融合等措施；健全技术标准体系，推进地理标志保护基础通用国家标准制定、鼓励研制地理标志国家标准样品、鼓励地理标志保护标准协调配套与协同发展、鼓励开展地理标志保护标准外文版研制等措施；强化检验检测体系，鼓励有条件的地理标志农业产地建设专业化检验检测机构、完善专业化地理标志检验检测服务网点建设、鼓励第三方检测机构为地理标志保护提供数据和技术支持等措施。①

二是要狠抓品种审定监管。研究提高主要农作物品种审定标准，健全同一适宜生态区引种备案制度，加大审定品种撤销力度，解决好同质化问题。对主要农作物联合体、绿色通道试验将严格监管，建立健全试验主体退出机制；启动登记品种清理。开展非主要农作物申请标志清理，推动打假维权，依法严格处理违法违规申请行为。

三是要强化技术支撑。严格和规范地理标志农产品审定和登记"特异性、一致性、稳定性"测试，通过技术手段把牢农产品准入关。强化农产品标准样品管理，开展农产品符合性验证试验，为强化地理标志农产品事中事后监管提供有力支撑。

---

① 国家知识产权局：《关于进一步加强地理标志保护的指导意见》政策解读"，载国家知识产权局官方网站 http：//www.cnipa.gov.cn/art/2021/5/24/art_66_159590.html，访问日期：2021年9月10日。

四、建立农产品的地理标志产业集群

所谓产业集群是指在一定区域内相似产业达到一定规模而形成的聚集体，不是诸多企业在横向上的聚集，而是涵盖了原材料、生产、销售、服务各个环节的有机整体。应坚持特定的生产技术规范，对工艺流程、操作规程加以统一，通过产业集群缩小生产成本，提高生产效率，提升品牌效应。

例如，就增城"迟菜心"而言，可以建立增城"迟菜心"农产品地理标志产业区，加强基础设施和相应配套制度的建设，引导更多的企业入驻，形成一定规模的产业集群。相关行政部门可以为加入的企业提供办公场所或者给予经济补助和技术支持。为了进行高效监管，还需要建立和完善行业标准，保证质量。

农产品地理标志是产品来源地、产品质量、人文精神的集中体现。政府及行业协会要引导建立与广东省农产品生产、经营、服务相配套的行业标准，生产者及经营者要严格按照行业标准和特定的生产技术规范进行加工制作以及销售。同时完善农产品地理标志监测网络，制订合理方案定期对农产品地理标志产品进行抽查，使农产品地理标志产品处于监控状态，保证产品的质量和信誉，发现产品不符合规定的标准时，作出相应的处罚规定。为了配套行业标准的执行以及管理活动严谨有序地进行，在管理程序方面，应该建立一套包括执法权限、执法人员、事前报批和事后备案等相关环节在内的管理执法程序。重组管理人员，打造高水平、高素质的农产品地理标志管理队伍，构建良好有序的市场环境。

五、提高产品质量保效益

农产品质量安全是农业品牌建设的基石，需要生产经营主体、政府机构、社会组织三方通力合作，并建立健全相关制度，共同推进农产品质量安全。只有把质量安全问题做好，农业企业才能在品牌建设的路上越走越好，否则只会与品牌建设的初衷背道而驰。围绕品牌强农和强化农产品流通工作，必须坚持质量第一、效益优先，强化市场导向，创新管理服务，重点抓好以下四项任务。

一是建体系。品牌和市场流通建设都是系统工程，必须统筹设计，打好发展组合拳。农业品牌建设，各地要结合区域发展实际，加快建立具有差异化竞争优势的农产品品牌战略，重点与"三区一园"结合，推动资源要素在品牌引领下集聚，形成园区出品牌、品牌带园区的格局，构建起农产品区域公用品牌、企业品牌、产品品牌协同发展、互为补充的农业品牌体系。农产品市场流通建设，要重点围绕优势农产品主产区和特色农产品优势区，加强产地市场建设，加快建设布局合理、分工明确、优势互补的全国性、区域性和田头三级市场体系，

推动形成与农业生产布局相适应的农产品流通布局。①

二是强机制。品牌和市场流通工作，涉及面广，开拓性强，需要充分发挥市场决定性作用，坚持政府推动、多方参与，积极构建公平公正、法制健全、自由竞争的发展环境。首先，要构建合作机制。与发改、财政、市场监管、商务、宣传等部门建立协调联动机制，做好部门间的政策协调和工作配合，及时协调解决有关重点和难点问题。其次，要构建管理机制。研究制定广东省农产品品牌评价标准，推动建立农产品品牌目录制度，引导规范广东省农产品品牌发展。加强广东省农产品市场流通统筹规划，强化产地市场建设宏观管理，做好指导、推动、示范和引导工作。再次，要构建扶持机制。综合运用政策手段、金融杠杆和市场办法，创造条件，补齐短板。有条件的地方设立财政专项资金，加大品牌和市场流通的扶持力度。引导各地将扶贫专项资金、涉农整合资金、对口帮扶资金支持产地市场体系建设、农产品品牌建设。加强与银行、证券等金融机构合作，拓宽融资渠道，支持企业发展。最后，要构建监管机制。全面加强广东省农产品品牌监管，强化商标及农产品地理标志注册和保护，加大对套牌和滥用品牌的惩处力度。强化农产品市场监管，综合运用经济、行政、法律等手段，着力清除农产品市场壁垒，重点打击通过不正当竞争抢占市场、垄断控制市场交易等行为。

三是畅流通。好产品要靠好渠道。要强化市场思维，以市场为导向，紧紧围绕市场需求发展生产，不仅要让好产品产出来，还要卖得出、卖个好价钱。要提高政府信息服务的针对性、时效性，用快速、权威、客观、有效的农产品市场信息指导生产、引导消费。加强区域性农产品产地批发市场和田头市场升级改造，重点做好产地市场商品化处理、贮藏保鲜、质量检测、信息服务等基础设施建设。围绕农产品销售，加强政策创设和机制创新，推动实施"互联网＋"农产品出村进城工程，鼓励小农户和新型农业经营主体与电商平台对接，通过线上线下联动，畅通品牌农产品销售渠道。持续开展贫困地区农产品产销对接行动，推动产销双方建立长期稳定的对接机制，确保产业扶贫取得实效。

四是创营销。营销是提升品牌传播力和影响力的重要手段。在全媒体时代，既要充分用好农业展会、产销对接会、农产品推介会等传统渠道，也要积极借助大数据、电子商务、移动互联等现代传播途径，讲好广东省农产品品牌故事，加大品牌营销力度，塑强一批品质过硬、特色突出、诚信经营的农产品品牌。鼓励各行各业开展品牌营销创新，总结推广一批好模式好做法。做好广东省农产品品牌海外营销，加快广东省农产品品牌"走出去"，不断提升广东省农产品品牌的知名度、美誉度和影响力。

---

① 搜狐网："唐珂：向品牌要效益 向流通要效率"，https://www.sohu.com/a/306322568_692015，访问日期：2021年9月10日。

六、"绿色"起步、适当有机

一是强化舆论宣传，统一思想认识。通过举办专题讲座、报告会，请专家学者和认证机构专业人员作宣讲报告，编写教材普及相关知识，组织召开现场会总结推广成功的典型经验等方式，启发人们解放思想、更新观念，把发展绿色有机农业真正变为农村干部和广大群众的自觉行动。

二是培育经营实体，搭建依托平台。在资金、技术上给龙头企业以必要的扶持，鼓励科研单位和人员参与绿色有机农业开发；引导龙头企业与基地、合作社和农户通过契约、服务和资产联结等形式，结成"利益共同体"。积极推行"龙头企业＋专业合作组织＋基地农户"的经营模式，使紧密型利益联结的范围不断扩大。

三是强化科技支撑，解决关键技术问题。保护广东省特有品种，加强对野生资源的驯化和新品种的培育，不断开发出新的抗病虫害和抗逆性强、适应性广的优质种子、种苗。

四是推动开展绿色食品培育与认证，力争地理标志保护区内规模生产主体获得绿色食品认定。依托企业、协会和专业合作社，整合社会资源，对不同的绿色有机产品，逐步建立起统一标准、统一商标、统一营销、统一价格、统一包装、统一法律援助的全新运作模式，对于上市的地标产品等级严格控制在二级以上。

五是在政策、法律上给绿色有机农业以扶持和保护。绿色有机农业标准、管理和技术等要求高，基础设施投入较大，需要加以扶持和保护。广东省可设立绿色有机农业发展专项资金；将有关企业和农户纳入财政支持范围；优先对绿色有机产品基地建设、品牌创建、科技项目研发和推广等给予专项资金支持和激励；对处在转换期的有机产品生产实行定额补贴。创建"政府扶持、龙头带动、农民参与和中介组织服务"的推进机制。依法强化农产品质检和市场管理，变"多头监管"为"统一监管"。加大对获证企业及其产品的监管力度，实行"基地"监控和"市场"监督双重管理，以确保绿色有机产品的公信力，维护消费者利益。

七、创新营销模式

农产品生产的区域性与资源依赖性使得农产品区域品牌在激烈的市场竞争中具有突出的竞争优势。通过对广东省农产品品牌营销路径的调研发现，目前广东省农产品品牌宣传主要通过举办展览会、广告牌、口头宣传等较为传统的营销方式，这类方式受地域性限制较大，宣传范围有限。因此，为加快广东省地理标志农产品品牌的发展，实现从"广东领先"到"全国典范"的跨越，可依托互联网打破宣传的地域性限制；同时建设以农业企业为建设主体，政府扶持、协会助推的宣传模式，充分发挥各主体的优势。

建议依托近几年蓬勃发展的电子商务，不断拓宽销售渠道。通过"农产品地理标志+互联网""物联网+农产品地理标志""金融+农产品地理标志""农产品地理标志+农村电商平台+贫困户"等电商模式,将优质的农产品的地理标志产品通过网络进行销售,生产者能掌握定价主动权,减少流通环节的成本,也提高产品的利润空间。农户、合作社应重视发展电子商务;政府也应加大电子商务下乡培训,搭建合作平台,吸引更多外出人才返乡从事农产品电商行业,促进农产品的地理标志产品电子商务的发展。

八、建立产品追溯和淘汰机制

农产品的地理标志产品发展最关键的是要保证其独有品质以获得市场认可,经营主体应提高农产品的地理标志产品商标与品牌保护意识,严厉打击侵权、假冒等不法行为。相关部门应全面布局,加强配合协作,对滥用农产品地理标志的企业进行严厉打击、查处。第一,应构建联合机构,完善农产品的地理标志产品产销监督体系,提高执法监管能力、农残检测能力和技术评价能力,为农产品的地理标志品牌发展提供持续保障。第二,要从源头遏制假冒现象,严格执行农产品地理标志产品的质量标准,对违规企业取消农产品地理标志使用资格。对3年不用标或存在严重违反相关规定的行为的,撤销对该农产品地理标志产品的保护,形成强大社会震慑。第三,构建由行业协会与消费者组成的评价制度,维护消费者的合法权益,保障广东省农产品的地理标志产品的品牌美誉度与知名度。增强社会舆论监督,广泛公布多种举报联系方式,鼓励人民群众积极举报农产品地理标志相关侵权行为,对典型案例进行曝光。必要时重新设计农产品地理标志标识,使用防伪标志技术,在产品上印制可跟踪防伪标签,防止假冒行为的同时便于消费者识别;第四,整合网络资源,搭建云数据平台,通过源头追溯、监测识别来强化农产品地理标志保护力度,能够解决维权成本高等一系列问题,及时发现、甄别违法行为,适时采取措施进行治理,精准有效打击犯罪行为。

九、强化行政和司法保护

依规对地标保护区内符合条件的规模生产主体开展授权,不断提高标志使用率。同时,加强对上市的农产品地理标志产品实施重点维权保护,打击假冒侵权。整合社会力量,共同加大对获得保护的地理标志农产品运行情况进行监督的力度。

积极采取司法手段打击侵权行为,以法律武器维护行业整体利益,使侵权人不能为、不敢为。加大打击与处罚力度,对于情节严重构成犯罪的,应依法追究刑事责任来达到震慑作用。根据《商标法》第59条规定,没有经过权利人的同意，在自有商品上使用其商标，擅自伪造商标标识或者销售伪造的商标标识，以及销售明知使用假冒商标的商品，构成犯罪的，依法追究刑事责任。由于注册商标不仅包括普通商标，还包括集体商标和证明商标，因此，对侵犯农产品地理标志的违法行为应追究侵权人的刑事责任。

司法领域的农产品地理标志纠纷解决机制应包含诉讼、调解、仲裁等多种方式，诉讼是解决纠纷的最终途径，但是相对于调解、仲裁、谈判及和解等机制，诉讼周期较长、专业性强且成本较高。多元化维权救济途径能够及时有效地解决纠纷，维护权利主体的合法权益，营造良好的产业生态，促进产业健康发展。当地政府应该根据实际情况建立可行性较强的农产品地理标志援助机制，如在必要时可提供与农产品地理标志权保护相关的法律咨询和资金支持等。

第五章　广东省农产品的地理标志的维权保护

第一节　广东省农产品的地理标志侵权概况

广东省农产品的地理标志侵权情形与全国其他地区相同。2018年机构改革以来，根据市场监督管理总局的部署，广东省市场监管系统执法稽查部门认真开展知识产权执法"铁拳"行动，聚焦广东省打假重点区域、重点市场，加大对节假日消费高峰时段以及农村和城乡接合部市场执法力度，以辖区特有的地理标志产品为重点，强化知识产权执法工作，紧紧围绕执法办案职能，狠抓案件查处工作，共查处地理标志知识产权案件7宗，查处了英德市大湾镇芳香茶庄擅自使用"英德红茶"地理标志名称及专用标志案等典型案件。

一、农产品的地理标志侵权行为表现

我国地理标志产业发展进程中存在着大量侵权现象，其主要行为表现为以下几点。

（一）假冒、仿冒他人的地理标志

地理标志代表着高质量和较好声誉，是一种天然的"驰名商标"，承载着巨大的商业信誉价值。也正是地理标志具有质量指示的这一重要功能，地理标志使用权人可获得市场竞争中的比较优势，因此区域外生产经营者以及区域内未达到相应质量标准的生产经营者就会违背其不作为的法定义务，假冒其生产的产品为地理标志产品，或者仿冒他人的地理标志，这种"搭便车"的违法行为造成消费者的混淆，从而获取了非法利益。例如，云南宣威火腿是我国著名的地理标志，享有"中华老字号""中国驰名商标""国家级非物质文化遗产"等众多荣誉。然而，近些年来，被称为"冷库腿"的速制劣质火腿在昆明市场上四处冒头，并冒充"宣威火腿"低价销售。宣威火腿被假冒、仿冒现象严重，这不仅降低了宣威火腿的声誉，侵害了宣威火腿生产企业的地理标志权益和市

场商誉，也对整个宣威火腿产业的健康发展构成严重威胁。

1. 对产地作引人误解的虚假宣传

一些无权使用地理标志的生产经营者为了获取高额利润，在商品的产地、来源上费功夫，专门用与地理标志相近、易产生误解的名称、标志、文字或图案，用语言修辞与外在形式突出表现自己生产的产品源自特定产地，以作引人误解的虚假宣传。如在杭州西湖龙井茶产业协会诉杭州巨佳茶业有限公司侵犯商标权一案中，北京市东城区人民法院认定：第一，杭州巨佳茶业有限公司生产、销售的标有"西湖龍井"及"西湖龙井"字样的礼盒装茶叶与"西湖龙井"证明商标产品为同类商品，仅是"西湖龍井"中的"龍"与"西湖龙井"中的"龙"简繁体不相同而已，但读音、含义并无差别，明显已构成与"西湖龙井"证明商标近似与类同；第二，该茶业有限公司在其商品显著位置标注"西湖龍井"及"西湖龙井"字样图案，这种突出的标注方式，会使消费者认为该商品是真正来源于西湖龙井茶区的茶叶；第三，因为该茶业有限公司不能提供有力证据证明涉案商品来源于西湖龙井茶区原产地，所以该公司擅自在商品上标注"西湖龍井""西湖龙井"字样的行为属于误导消费者的虚假宣传，不属于正当使用，侵犯了原告的证明商标专用权。

2. 把地理标志当成通用名称来使用

我国某些地方的特色产品本可成为地理标志，但因其保护不力，已经成为通用名称，如大理石。而有些已经成为地理标志的地方特色产品，因其监管和维权保护滞后，也同样面临着沦落为通用名称的危险，如普洱茶。把地理标志当成通用名称来使用的侵权现象，整体呈现减少趋势，但在个别产品如酒类领域依然突出。1997年山东烟台市某葡萄酒公司在自己生产的一种葡萄酒上非法使用"香槟"作为酒类的通用名称，在客观上侵犯了法国地理标志权人的利益，某葡萄酒公司的此种侵权行为也被原国家工商行政管理总局叫停。类似情况依然出现在2012年法国香槟酒行业委员会起诉北京一家进口销售苏打饮料的公司案件之中，该委员会提供相关证据证明香槟在中国范围内并非为葡萄酒类的通用名称，并不能擅自使用香槟和Champagne字样及图案，而该饮料公司销售的产品擅自使用了香槟和Champagne字样及图案，侵犯了其所拥有的香槟证明商标专用权，理应赔偿其所受损失。北京市第一中级人民法院经审理认为，被告该饮料公司在所售产品包装的显著位置标注使用了香槟和Champagne字样，虽然苏打饮料属于不含酒精的汽水饮料，但其与起泡酒在功能、用途等诸多方面存在着相近或具有相互关联性。该公司擅自使用香槟和Champagne字样图案行为，会使相关公众误认为该产品也来源于香槟省这一特定知名产地，从而产生混淆及误认，因此该饮料公司的行为构成对香槟证明商标的侵权。

（二）侵犯地理标志商标权

地理标志可由产地内商会或其他团体申请注册为原产地证明商标。侵犯原产地证明商标的行为可概括为四个方面的表现：一是未经原产地证明商标所有人许可，在同一种商品或类似商品上使用与其商标相同或者近似的商标的行为；二是销售明知是假冒原产地证明商标的商品的行为；三是伪造、擅自制造他人原产地证明商标标识的行为；四是给他人的原产地证明商标权造成其他损害的行为，如经销明知或者应知是侵犯他人原产地证明商标权的商品，在同一种或者类似商品上将与他人原产地证明商标相同或近似的文字、图形作为商品名称或装潢使用足以造成误认的行为；故意为侵犯他人原产地证明商标权的行为提供仓储、运输、邮寄、隐匿等便利条件的行为等。①

（三）地理标志商品的包装和标识侵权

1. 重新包装商品销售行为的类型

有的研究人根据目的及用途将商品的重新包装销售行为的类型分为四类：第一，因拆分销售需要将商品原包装拆开、重新包装；第二，由于需要注明商品来源，因此重新制作商品包装；第三，由于借助他人商标商誉需要而重新制作新商品包装；第四，将源自同一品牌的高等级商品的包装用于低等级的商品上。②史惠瑄、文江才分别根据商品实体重新包装后的客观变化对重新包装商品销售行为进行分类。史惠瑄认为重新包装商品销售行为存在三种类型：第一，改变商品的外层包装但不改变单独包装；第二，同时对商品的外层包装和单独包装作出变动；第三，改变包装同时对内部商品的存在形态作出实质改变，但是不改变商品性质与商品用途。③文江才依据包装学理论将商品包装首先分为两类："小包装"是单一商品最小单位的包装，其重新包装类型又可以细分为"分量包装"和"增量包装"；"中包装"是若干单个商品包装组合后再包装式的包装，其重新包装类型又可细分为"拆除包装"和"替换包装"。④

笔者认为，无论是根据目的及用途，还是根据商品实体重新包装后的客观变化对重新包装商品进行销售的类型进行划分，其本质都要求重新包装时不得直接或间接地影响商品的原始状况，不能漏掉重要信息或显示错误信息，必须明确声明商品的包装人和原产厂名称等。如果未经许可对购买的原商品的外包

---

① 新浪博客："论地理标志侵权行为的认定"，载新浪网 http：//blog.sina.com.cn/s/blog_550823ba01018akh.html，访问日期：2021年10月26日。
② 新浪博客："销售商改变商品包装的四种基本形态及性质"，载新浪网 http：//blog.sina.com.cn/s/blog_13c36ff600102wdc5.html，访问日期：2021年10月26日。
③ 史惠瑄："商品重新包装中商标权用尽原则的适用"，广东外语外贸大学2017年硕士学位论文。
④ 文江才："重新包装后转售行为的商标侵权认定"，华中科技大学2018年硕士学位论文。

装进行改变,或者在外包装上增加了部分信息,或者减少了部分信息,导致原商品与重新包装后的商品不一致,就有可能构成对原商品的侵权。

2. 重新包装商品销售行为的侵权认定

对正牌商品重新包装再次转售是否构成商品侵权,我国立法尚未作出规定。司法实践中,对该问题也存在着分歧,主要分为构成商标侵权和不构成商标侵权两种观点。一般而言,对所购买的正牌商品未作任何改变地进行再次销售,适用商标权利穷竭原则。但若对所购买的正牌商品进行重新包装后再次销售,是否适用商标权利穷竭原则,其与商标的质量保障功能的联系又如何,能否构成商标合理使用,是否构成商标侵权,尚存疑。

商标权的权利穷竭原则指,附有其商标的商品经商标权人同意投放市场后,他人得任意转销该商品,商标权人无权禁止。权利穷竭原则适用于"继续销售原商品"的情形。倘若再销售的商品与原商品在外观、性能、售后服务等方面已有较大不同时,则不宜机械地继续适用权利穷竭原则。[①] 商标权利穷竭原则仅豁免被动地销售商标权人的商品,不豁免积极改变商品再次销售的行为。购买商品的人,没有获得依附在商品上商标的所有权。其不可以在改变该商品后,仍使用原商标进行销售,因为改变之后的商品不具备原商品应有的全部特征与品质。若对具备实质差异产品仍以相同的商标进行销售,不能满足消费者对其购买的商品应有特征的期待,将使消费者对正牌商品某些特征产生混淆,有损商标权人的商誉。

重新包装可能对原商品的质量产生影响,如对商品信息的更改、抹去条形码等行为,使得消费者难以知晓产品的产地、保质期、真伪等情况,可能损害商标的质量品质保障功能。此外,对于一些对包装要求极其严格的商品,重新包装过程中细微的差异都可能对商品的质量产生影响。若重新包装行为导致原商品的质量产生差异,则侵犯了商标的质量保障功能,无论是否造成消费者混淆,均构成商标侵权。

3. 重新包装商品销售行为如何适用商标权用尽原则

国内法院及学者目前普遍认为,只要重新包装商品销售行为没有变动商品的原始状态,则可以以商标权用尽原则进行抗辩;若该重新包装行为过程中导致原商品的原始状态发生改变,则适用商标权用尽原则的抗辩不成立。袁博认为,商标权用尽原则仅指商标使用权的用尽。在重新包装商品时,如果经销商更改商品内容、添加新商标等,则超出了商标使用权的范围,不再适用商标权用尽原则,商标权人可以行使其商标禁止权对该商标予以保护。除此之外,他还认为商标天然具有指明来源的作用,使用该商标意味商品本身与包装来自于商标

---

① 杨源哲、杨振洪:"商品状况改变后的权利穷竭问题研究",载《知识产权》2014年第1期。

权人，或者系来自于由商标权人授权的企业或与商标权人存在商业联系的企业。若经销商无权重新包装时使用商标权人商标，因该行为实质上并非由商标权人实施，则不再适用商标权用尽原则。①徐新与刘方辉提出，重新包装商品销售行为适用商标权用尽原则需符合以下三个前提：第一，附着涉案商标的商品经合法渠道投入市场，必须是商标权人自己提供的商品，或是经商标权人同意进入流通领域的商品；第二，该行为系出于善意，其形式符合合理的商业活动的要求；第三，其已满足消费者的知情权，没有使消费者对商品来源产生混淆、误认，没有不当利用他人商誉而破坏市场公平竞争。即便对容易造成品质影响的商品进行重新包装时，只要在重新包装商品上对消费者明确披露关于重新包装的详细信息，如重新包装的时间、重新包装商品的信息、重新包装对商品可能的不利影响、重新包装与商标权人无关等，仍然可以在重新包装商品的包装上使用原商标，只要该包装不会因为信息缺失造成混淆误认的可能，即可适用商标权用尽原则。②

笔者认为，商标权用尽原则是指商标权人或经其授权的商标使用人将该商标所标记的商品或服务投入流通领域后，无权再禁止或阻碍他人使用附有的注册商标，这实际上是商品物权对商标权的一种限制。重新包装商品销售行为适用商标权用尽原则需符合以下条件：第一，商品必须是经过商标权人同意或者商标权人提供后进入市场流通的；第二，商品在流通过程中不能改变质量、包装原来的设计、成分等，如果对外包装进行改变，导致消费者对商品的来源产生混淆，则不能适用商标权用尽原则；第三，商品本身没有遭受损害，商品在运输途中或保存期间产品质量发生毁损，在司法实践中构成商标侵权，不适用商标权用尽原则。

二、广东省农产品的地理标志维权现状

（一）农产品的地理标志维权机构和依据

2018年3月国务院机构改革后，重新组建的国家知识产权局将原国家知识产权局的专利管理职责、原国家工商行政管理总局的商标管理职责，原国家质量监督检验检疫总局的原产地地理标志管理职责整合，负责商标、专利、原产地地理标志的注册登记和行政裁决，指导商标、专利执法工作等。目前，在国家知识产权局官方网站上的政务服务平台已经纳入了地理标志板块。地理标志板块有原产地综合服务平台和地理标志两个部分。在执法方面，新组建的国家

---

① 袁博："改变商品包装构成商标侵权吗？"，载《中华商标》2015年第3期。
② 徐新、刘方辉："如何判定商品分包装是否构成商标侵权"，载《中国知识产权报》2016年2月9日。

市场监督管理总局将原国家工商行政管理总局的职责，原国家质量监督检验检疫总局的职责，原国家食品药品监督管理总局的职责等整合。由此可见，在地理标志执法方面今后将会有统一的管理。

目前获得地理标志有三种途径，一是作为集体商标申请注册，或者作为证明商标申请注册；二是申请地理标志产品；三是申请农产品地理标志。在2018年3月国务院机构改革之前，三种保护体系的维权途径有其不同之处。取得集体商标、证明商标注册的时候，可以根据商标法向原工商行政管理部门进行投诉。商标法中对于如何判断侵权和怎样构成商标侵权都有非常详细的规定，这同时也是工商行政管理部门进行处理的主要依据。首先，商标法中对工商行政管理局执法的权限也有明确的规定。其次，权利人在向法院提起民事诉讼时，商标法中对于商标侵权赔偿的认定更加明确清晰。最后，根据商标法和刑法的规定，如果涉及商标侵权产品货值达到一定的金额，可以对侵权人进行刑事追诉。总之，根据商标法对于商标侵权维权已经形成了一套较为成熟的体系，权利人可以及时有效地制止侵权行为。在对地理标志产品的保护中，权利人可以向质量技术监督部门申请行政救济，同时，权利人也可以向出入境检验检疫部门申请行政救济。但是，《地理标志产品保护规定》中并没有明确执法部门执法的权限以及可以具体采取的处罚措施。同样，农产品地理标志在遇到被假冒或仿冒的时候，权利人虽然可向相关行政主管部门申请行政救济，但是具体救济的内容在《农产品地理标志管理办法》中没有规定。由于缺少对侵权行为、涉案金额以及损害赔偿的具体规定，权利人很难依据以上规定和办法进行民事索赔。

执法依据除了以上提及的外，《反不正当竞争法》《消费者权益保护法》《产品质量法》和《酒类流通管理办法》等也从公共利益的角度提供了一般性的保护。但是，对地理标志的保护，商标法依然是我国在实践中主要采用的法律，因为商标法是相对比较成熟的法律制度，依据商标法执法的有关部门相对经验丰富，而其他法律法规的相关规定不全面，会增加执法的难度，实践中较少作为维权的法律基础。同时，不同法律法规对地理标志进行规定也会产生一系列的权利冲突问题。

（二）农产品的地理标志维权保护方式

1. 行政保护

根据《商标法》的有关规定，侵权者有生产、销售等侵犯地理标志、集体商标、证明商标商标权的行为，权利人可以向市场监督管理部门（原工商行政管理部门）进行投诉。市场监督管理部门根据举报可以展开调查，对生产者、销售者进行查处。对于侵权产品可以予以没收，并处以货值五倍以下的罚款处罚。此外，市场监督管理部门的行政执法不仅可以针对流通领域，还可以针对生产领域。也就是说，基本上除了出口以外环节产生的侵权行为，市场监督管理部门都可以进行执法，其执法权相对比较广。在实务中，市场监督管理部门通常对举报线索的证据要求相对较低，维权人只需提供生产、销售等侵权行为的初步证据及侵权者的信息，市场监督管理部门便能立即采取行动、展开调查并进行现场检查以确认侵权行为。

根据《地理标志产品保护规定》，权利人发现侵权行为，可以向市场监督管理部门（原为质量技术监督局）或出入境检验检疫部门进行投诉。实践中，市场监督管理部门可以依据《产品质量法》对侵权产品进行扣押、没收侵权产品和作出罚款等处罚。然而，市场监督管理部门的执法范围仅限于生产领域，也就是说如果侵权行为发生在销售环节而非生产环节，市场监督管理部门无法对销售商进行执法，而出入境检验检疫部门的执法更是只局限于进出口环节。更重要的是，《地理标志产品保护规定》中并没有作出执法部门可以采取何种处罚的明确规定。此外，《农产品地理标志管理办法》中也没有规定相关的农业主管部门可以采取何种强制措施和处罚措施来对侵权行为采取行动。

例如，苏格兰威士忌于2008年在中国获得集体商标注册，并于2010年获得原国家质量监督检验检疫总局的地理标志注册，该地理标志也是原国家质量监督检验检疫总局继香槟和干邑后核准的第三个涉外地理标志。苏格兰威士忌协会作为地理标志的权利人每年投入大量资源对假冒滥用苏格兰威士忌地理标志进行打击。该协会在中国每年都要展开20起左右的行政查处案件以制止侵权行为。然而其所有的行政打击都是由向原工商行政管理部门进行投诉开始的，并得到了良好的效果，侵权人都被处以相应的行政处罚。苏格兰威士忌协会也曾尝试向质检部门投诉。然而，在某一案件中，原国家质量监督检验检疫总局由于该目标为销售者，并不属于其管辖的生产领域，并且在《地理标志产品保护规定》中没有规定如何对侵权行为进行处罚，随后该案件不得不移交给工商部门处理。由此可见，从实践看，《商标法》对集体商标、证明商标的保护更为有效，市场监督管理部门更有行政执法经验。

2. 司法保护

地理标志被侵权后，权利人可以诉讼的方式寻求司法保护。广东省比较典型的地理标志侵权案例当属"东陂腊味"案。

东陂镇是广东省连州市下辖的一个镇，当地的东陂大酒店于2002年4月28日申请"东陂DONGPI"商标，并于2003年4月21日核准注册，核定使用商品为第29类，即肉；香肠；板鸭；腊肉。2008年东陂腊味协会基于"东陂"为历史悠久的"东陂腊味"产地名称不应为一家所独占，且"东陂腊味"是地理标志（2006年由原国家质量监督检验检疫总局核准）从而提出对"东陂DONGPI"商标的撤销注册申请。但是，根据东陂腊味协会提供的证据材料可以证明"东陂腊味"与其产地东陂镇形成了一定的对应关系，腊味商品在这里，可以认定为当地形成的地理标志。东陂大酒店的经营者在当地经营酒店，明显能够意识到"东陂腊味"是当地特色，也就是可以成为腊味商品的地理标志，在这种情况下，如果仍将其注册为普通商标，易导致相关公众对其产品品质和来源产生误认，争议商标在腊肉及类似商品上的注册应予以撤销。东陂大酒店的经营者不服裁决，诉至北京市第一中级人民法院。本案中尽管"东陂腊味"地理标志由原国家质检总局公告的日期晚于"东陂"商标的申请日，但是，地理标志所标示的商品的特定品质是由该地区的自然因素和人文因素所决定的，并经长期的经营为相关公众所知晓，具有相对稳定性和明确性的特点。"东陂腊味"在争议商标申请日之前在工艺特点、品种、感官特色等方面已经形成了与当地自然因素、人文因素相关的相对确定的品质特点。因此，"东陂腊味"是符合《商标法》规定的地理标志条件的。

根据被告所提供的证据材料显示，"东陂腊味"的地理标志注册时间应当为2006年第11号公告发出之时，晚于争议商标的申请日。因此，笔者认为，原国家质量监督检验检疫总局的地理标志公告虽然于2006年发布，但其只是对业已成为地理标志的"东陂腊味"的事后确认。由相关的书籍、报刊所记载的内容可知，"东陂腊味"在争议商标申请日之前在工艺特点、品种、感官特色等方面已经形成了与当地自然因素、人文因素相关的相对确定的品质特点，作为东陂镇的特殊商品，"东陂腊味"和东陂镇产生了联系，因此，最终法院认定，商标法中关于地理标志的条件，也适用于"东陂腊味"是合适的。东陂大酒店位于东陂镇，其将"东陂"注册为商标并不会造成相关公众对带有该商标产品品质来源的误认，故原告申请注册争议商标是善意的。商标法中并没有禁止商标中含有商品的地理标志，只要该商品来源于该标志所标示的地区即可。因此，北京市第一中级人民法院据此撤销了商标评审委员会的裁决。本案体现的是地理标志和地名作为普通商标之间的冲突，由此可以得出，普通地名商标只要满足商品来源于该产地，即可和地理标志共存。根据2014年1月颁布的《北京市高级人民法院关于商标授权确权行政案件的审理指南》的规定可以得出，普通商标和集体商标、证明商标的审查是相对独立的，并不会因为有在先的普通商标而挡住在后的集体商标、证明商标的注册，反之亦然。该指南认为禁止混淆原则不适用于解决地理标志与普通商标的冲突。实际上，在2013年7月作出的"恩施玉露"一案判决中，北京市高级人民法院指明了地理标志和普通商标不能进行近似性比对的依据在于两者的功能不同。根据该规定，东陂腊味协会还可以申请注册"东陂腊味"作为集体商标或证明商标。届时，可能会产生东陂大酒店的"东陂"牌腊味产品和其他品牌的"东陂腊味"较为混乱的市场现象。

第二节　农产品的地理标志侵权典型案例分析

一、农产品的地理标志侵权典型案例

（一）地理标志商标侵权案

1. 西湖龙井

以地理标志作为证明商标注册的，如果相关自然人、法人或者其他组织能够证明其商品符合使用该地理标志的条件，即符合证明商标所标示的特定品质，那么证明商标的注册人不能剥夺其正当使用该证明商标中地名的权利。判断是否侵犯地理标志证明商标的权利，应当首先查清被控侵权商品的原产地，以其是否容易导致相关公众对商品的特定品质产生误认作为判断标准。譬如，杭州市西湖区龙井茶产业协会诉北京永辉超市有限公司、杭州巨佳茶业有限公司、北京四海源科贸有限公司侵犯商标权纠纷案中，涉案注册商标"西湖龙井"即为地理标志证明商标，即系证明茶叶的生产地域范围为划定的西湖龙井茶保护基地，西湖龙井茶区的自然因素决定了该产区的茶叶具有"西湖龙井"地理标志证明商标使用管理规则中所规定的特定品质。因此，西湖龙井茶协会作为该商标的注册人，应当允许自然人、法人或者其他组织在符合特定品质的茶叶包装上使用该证明商标；而且不能禁止虽没有向其提出使用该证明商标的要求，但茶叶确产于西湖龙井茶区的自然人、法人或者其他组织正当使用该证明商标中地名的权利；同时，西湖龙井茶协会有权禁止他人在并非产于西湖龙井茶区的茶叶包装上标注与该注册商标相同或近似的标识，并依法追究其侵犯证明商标权利的责任。

案中涉案商品的原产地是否为西湖龙井茶区成为争议焦点，而应由谁对此承担举证责任亦是关键。如果证明商标的权利人主张他人侵犯其涉案商标权利，就应当对侵权成立的要件，即他人使用地理标志的商品的原产地并非该地域承担举证责任。而且，证明商标的权利人作为对商品有监督能力的组织，其应当有能力提供证据证明某产品是否属于其地域范围的产品。然而，权利人虽负有监督管理的责任，但其只是对所在地域特定自然或人文因素所决定的商品应具备的特定品质具有较强的识别力和判断力，并非意味着其能够对不想了解的任意同类商品的产地等因素具有鉴别能力，因此，在其认定涉案商品不具有该区域的特定品质，进而否定商品源于该区域的情况下，应认为其已完成了初步举证责任。至于涉案商品的原产地等具体要素，作为生产者或销售者，其理应更加熟悉，具备更强的举证能力，因此，其对于涉案商品是否产自该商标涵盖的特定区域应负有举证责任。在生产者、销售者均不能提供证据证明涉案产品产

自西湖产区的情况下,其标注"西湖龍井""西湖龙井"的行为不属于正当使用,西湖龙井茶协会作为"西湖龙井"商标的注册商标专用权人,有权禁止它们使用该商标。

2. 阳山水蜜桃

无锡水蜜桃产业是惠山区重点打造的农业优势产业,"阳山水蜜桃"已入列中国国家地理标志产品,成为无锡市的一块"地方名片"。早在2013年,"阳山"商标就被原国家工商行政管理总局评为中国驰名商标,并多次在全国、全省优质桃评比中荣获金奖。不过,假冒、攀附阳山水蜜桃的问题也日益突出,尤其是假冒"阳山"商标的行为屡禁不止。2020年,被告无锡某纸制品科技有限公司未经原告"阳山"商标权利人无锡市惠山区阳山水蜜桃桃农协会(以下简称桃农协会)授权,违法生产大量印有"阳山"商标标识的包装盒等产品,并通过网络向不特定人群销售,扰乱市场秩序,侵犯了"阳山"商标。桃农协会通过控告"商标侵权"的方式维护品牌的合法权益,打击假冒和攀附品牌的违法行为。

法院认为,依据现有证据,应当认定四款被控侵权包装材料由被告方所制造,且四款被控侵权包装材料侵犯了涉案注册商标专用权。法院最终认定,纸制品公司未经许可,生产、销售被控侵权包装材料,故意为他人实施商标侵权行为提供便利条件,构成商标侵权,应当承担停止侵权、赔偿损失的民事责任。

3. 盱眙龙虾

原告龙虾协会经核准注册"盱眙龙虾 XUYILONGXIA 及图"注册商标,经持续的宣传和推广,"盱眙龙虾"品牌取得了较强的知名度,并于2009年被国家商标局认定为驰名商标。被告某饭店未经授权,在其经营场所内外悬挂带有"盱眙龙虾"商标的铜牌、字牌,使用了"盱眙龙虾"图形或字样,误导消费者,损害了"盱眙龙虾"的市场声誉。法院认定被告店内使用涉案标识的行为侵犯了原告注册商标专用权,判令被告立即停止侵权,赔偿原告经济损失及合理维权开支计人民币6 000元。

证明商标是指由对某种商品或者服务具有监督能力的组织所控制,而由该组织以外的单位或者个人使用于其商品或者服务,用以证明该商品或者服务的原产地、原料、制造方法、质量或者其他特定品质的标志。龙虾协会注册的"盱眙龙虾 XUYILONGXIA 及图"商标属于证明商标,其依法享有的商标专用权应受法律保护。

4. 法国香槟酒

香槟 Champagne 作为世界知名的地理标志之一,长期以来在中国获得了强有力的保护。2012年,法国香槟酒行业委员会向北京市第一中级人民法院起诉北京一家进口销售苏打饮料的公司,理由是这家公司销售的产品使用了香槟和

Champagne 字样，侵犯其地理标志商标专用权。

北京市第一中级人民法院在判决书中表示，香槟 Champagne 并非酒类商品的通用名称，而是作为原产地名称受到保护。经过香槟产区生产商在中国的大量宣传和使用，香槟作为起泡酒上的地理标志已在中国具有较高的知名度，我国相关公众已经将其作为标示来源于法国香槟省起泡酒的地理标志加以识别。而且，在中国加入 WTO 后，根据《与贸易有关的知识产权协定》，对合法有效的地理标志提供法律保护，也是中国作为 TRIPS 协定成员的义务之一。因此，不论香槟 Champagne 注册与否，都应予以保护。被告在所售产品的显著位置使用了香槟和 Champagne 字样，虽然它是属于不含酒精的汽水饮料，但与起泡酒在功能、用途和销售对象上相近或存在关联，会使消费者误认为该产品也来源于香槟省，从而产生混淆误认，因此被告的行为构成侵权。此案的判决不仅标志着地理标志可通过司法途径获得保护，而且对如香槟 Champagne 一样具有较高知名度的地理标志而言，注册与否不是获得保护的必要条件。

5. 盘锦大米

2007 年原国家工商行政管理总局商标局以商标驰字〔2007〕第 5 号文件认定"盘锦大米 PANJINDAMI 及图"商标为驰名商标。本案商标系作为证明商标注册的地理标志，对于其大米并非产于辽宁盘锦的自然人、法人或者其他组织在大米上标注该商标的，盘锦大米协会有权禁止，并依法追究其侵犯证明商标权利的责任。

被告人和居食品厂未能提交证据证明所生产的涉案商品大米的原产地来自辽宁省盘锦市，同时，其在涉案商品包装袋上标注使用"希美"商标，又使用"盘锦大米"文字，因该文字被以突出方式标注使用，已经起到标识大米来源的作用，具有商标性使用的效果，会使相关公众据此认为涉案商品大米系原产于盘锦市。在此情况下，其在涉案商品上突出标注"盘锦大米"文字的行为，不属于正当使用，构成侵犯涉案商标专用权的行为，应当就此承担停止侵权、赔偿损失的法律责任。

2014 年修订的《商标法实施条例》第 4 条第 2 款规定，以地理标志作为证明商标注册的，其商品符合使用该地理标志条件的自然人、法人或者其他组织可以要求使用该证明商标，控制该证明商标的组织应当允许。据此，判定地理标志证明商标的使用是否为正当使用的关键在于该商品是否符合使用该地理标志的条件，在使用者不能证明其商品符合地理标志条件的情况下，证明商标控制组织有权禁止其侵害商标权的行为，并有权依法追究其侵权责任。

6. 五常大米

五常市大米协会系第 1607996 号、第 5789043 号"五常大米"证明商标的注册人，其享有的商标专用权依法受到保护。使用五常市大米协会的证明商标，须同时满足以下两个条件：（1）其所生产、销售的大米商品必须来自黑龙江省五常市特定区域范围内且产品品质特征、加工制造符合特定要求与条件；（2）其必须向五常市大米协会提出使用申请并经许可使用。缺少上述任一条件，擅自在相同或类似商品上，使用与五常市大米协会注册商标相同或近似的商标的行为，均构成对五常市大米协会注册商标专用权的侵害。

案件争议的焦点问题是：（1）被告永超公司在其生产的大米上标注"五常"字样的行为是否侵犯了五常市大米协会的注册商标专用权；（2）如构成商标侵权，原审确定的赔偿数额是否适当。五常市大米协会系"五常大米"证明商标所有权人，其商标权依法应予保护。永超公司如需使用涉案两个证明商标，需向五常市大米协会提出申请并获得许可，且其生产的大米需符合证明商标特定的要求与条件。本案中，永超公司将"五常"二字突出标注于其生产的大米外包装上，构成商标意义上的使用，其既未提供证据证明其生产的大米符合涉案证明商标所要求的特定地域范围及生产加工条件，亦未提供证据证明其将"五常"作商标意义上的使用获得了五常市大米协会的许可，其行为构成在相同商品上使用与涉案商标近似的标识，易导致相关公众对被控侵权大米的来源产生混淆，侵犯了五常市大米协会的涉案商标专用权。

7. 安吉白茶

2001年1月21日，安吉县农业局茶叶站申请注册了"安吉白茶"中英文及图形证明商标，注册号为1511897号，核定使用类别为第30类（茶）。2008年3月，该商标被原国家工商行政管理总局商标局认定为驰名商标。国家标准《地理标志产品安吉白茶》（GB/T20354-2006）规定安吉白茶地理标志产品保护范围为安吉县现辖行政区域。2015年3月17日，安吉县农业局茶叶站公证购买了芜湖麒麟茶叶有限公司（以下简称麒麟茶叶公司）的"安吉白茶"茶叶包装礼盒一箱，于2015年4月15日向麒麟茶叶公司发出（2015）浩杭律函字第27号《律师函》，告知麒麟茶叶公司侵犯了其商标专用权，要求停止侵权并赔偿损失，但麒麟茶叶公司对其置之不理，安吉县农业局茶叶站遂诉至芜湖经济技术开发区人民法院。

芜湖经济技术开发区人民法院审理认为，安吉县农业局茶叶站经注册合法取得"安吉白茶"中英文及图形商标专用权，该权利依法应受保护。2008年3月，"安吉白茶"中英文及图证明商标被原国家工商行政管理总局商标局认定为驰名商标。作为地理标志证明商标，限定的使用范围是产自安吉县域内的白茶，作为驰名商标，其显著部分为中文"安吉白茶"。对于相关公众而言，看到"安吉白茶"通常会认为是产自安吉县的白茶。麒麟茶叶公司在未取得相关授权，且未限定包装产自安吉县的白茶的情况下，擅自针对不特定对象销售印有突出显示中文"安吉白茶"的包装袋、包装盒和包装筒，构成对安吉县农业局茶叶站商标专用权的侵犯及不正当竞争，应当承担停止侵权、赔偿损失的民事责任。

本案所涉及的"安吉白茶"证明商标在我国享有较高的知名度,是我国十大名茶之一。本案涉案一审法院首先对安吉县农业局茶叶站作为证明商标专用权人能否作为权利主体起诉的问题作出了肯定性确认,其次通过禁止在非来源于指定区域、不具备特定品质的商品上使用涉案证明商标,有效保护了涉案商标的商誉,维护了市场经济秩序。

8. 舟山带鱼

舟山水产协会为"舟山带鱼 ZHOUSHANDAIYU 及图"证明商标的注册人,核定使用商品为第 29 类带鱼(非活的)、带鱼片。舟山水产协会在华冠购物中心购买到申马人公司生产的"小蛟龙牌舟山精选带鱼段"一袋,该产品外包装标注"舟山精选带鱼段",同时有"小蛟龙及图®"标记,原料产地为浙江舟山。在向申马人公司、华冠公司发出警告函无果后,舟山水产协会诉至法院,认为"小蛟龙牌舟山精选带鱼段"外包装上突出使用了"舟山带鱼"字样,容易造成公众混淆,侵犯了原告的商标权,请求判令停止侵权,赔偿经济损失 20 万元。

法院经审理认为,"舟山带鱼"商标系作为证明商标注册的地理标志,该证明商标的注册人对于其商品并非产于该地域的自然人、法人或者其他组织在商品上标注该商标的,有权禁止,并依法追究其侵犯证明商标权利的责任。被告在涉案商品上使用的"舟山精选带鱼段"虽与涉案商标不完全相同,但其中包含了涉案商标,且以突出方式进行标注,会使相关公众据此认为涉案商品系原产于浙江舟山海域的带鱼,在被告不能证明其生产、销售的涉案商品原产地为浙江舟山海域的情况下,其在涉案商品上标注"舟山精选带鱼段"的行为,不属于正当使用,侵害了舟山水产协会的商标权,应承担相应的法律责任。据此,判决申马人公司停止侵权、赔偿经济损失及诉讼合理费用 3.5 万元。

是否侵犯证明商标的权利,不能以被控侵权行为是否容易导致相关公众对商品来源产生混淆作为判断标准,而应当以被控侵权行为是否容易导致相关公众对商品的原产地等特定品质产生误认作为判断标准。地名作为地理标志注册为证明商标的,无权禁止他人正当使用该地名。

本案主要涉及证明商标的保护问题,确定了证明商标权利人的权利边界及禁用边界,合理界定了作为证明商标的地理标志的合理使用范围,社会影响较大。通过该案生效判决,人民法院对此类案件的举证责任分配原则予以明确指引,对我国证明商标的注册与保护具有重要影响。

9. 库尔勒香梨

2017 年 12 月 1 日,华联超市哈第一分公司出售了包装箱正中标有"库尔勒香梨"字样,文字上方有"西域果王文字、拼音及香梨图案"的标识,包装箱未标注生产单位名称及地址等信息。库尔勒香梨协会认为华联超市哈第一分公司侵害了其案涉注册商标专用权,请求判令华联超市哈第一分公司停止侵权并赔偿损失。

法院经审理认为，"库尔勒香梨及图"商标经过商标权人的持续宣传及广泛使用，于2006年被国家商标局认定为驰名商标，具有较高的显著性和知名度。被诉侵权商品在包装箱上的显著位置标注"库尔勒香梨"，其目的具有彰显该商品原产地及特定品质的作用，属于对商标的使用行为。

案涉被诉"库尔勒香梨"与权利人"库尔勒香梨及图"商标中的文字部分内容、读音、文义、排序等完全相同，足以使相关公众产生混淆或误认，构成近似商标。超市被诉侵权商品没有标注生产单位、产地等商品必要信息，亦不能举示产品来源地的相关证据，其在被诉侵权商品包装上突出使用"库尔勒香梨"标识的行为，不属于正当使用，构成侵犯案涉证明商标专用权的行为，应承担停止侵权、赔偿损失的法律责任。

地理标志证明商标具有标识商品来源地的功能，其标识商品的原产地，以表明因原产地的气候、自然条件、工艺、制作方法等因素决定的商品具有的特定品质。本案中的"库尔勒香梨"即属于地理标志证明商标。经营者使用地理标志证明商标的，应对其生产、销售的产品来自该证明商标所标识的特定产地承担举证责任。如经营者无法充分证明产品来自于特定产地，应承担相应的侵权责任。

（二）冒用"中华人民共和国地理标志保护产品"专用标志案

2019年2月21日，攀枝花市市场监督管理局对攀枝花AA公司进行地理标志保护产品流通领域执法检查，在该公司包装车间内查见已装箱打包好的芒果干、草莓干、木瓜干各300袋，其包装袋上印制有"中华人民共和国地理标志保护产品"专用标志（以下简称地标标志），同时在包材车间内还发现各类果干包装袋共7 780个，包装袋上亦印制有地标标志，经查询"中国地理标志网"，攀枝花芒果干、草莓干和木瓜干都不是国家地理标志保护产品。经调查查明：攀枝花AA公司成立于2016年11月14日，2018年9月11日至2019年1月31日，该公司以印有地标标志的外包装对其生产的芒果干、草莓干和木瓜干进行包装并销售，共销售1 955袋（含现场查封的900袋），生产、销售的果干货值金额共计29 290元。经攀枝花市产品质量监督检验所和国家轻工业食品质量监督检测成都站检验，送检的4份芒果干、2份木瓜干和1份草莓干的"检验结论"均为"样品所检项目符合标准要求"。该公司提供的成本数据显示，其生产各类果干的成本价高于销售价。

攀枝花市市场监督管理局认为：攀枝花AA公司生产的芒果干、草莓干和木瓜干不是国家地理标志保护产品，该公司擅自在其产品上使用地理标志产品专用标志，其行为违反了《地理标志产品保护规定》第20条规定，即地理标志产品产地范围内的生产者使用地理标志产品专用标志，应向当地质量技术监督局或出入境检验检疫局提出申请。

（三）地理标志商标行政纠纷案

1. 祁门红茶

2004年9月28日，祁门红茶协会向原国家工商行政管理总局商标局提出第4292071号"祁门红茶及图"（指定颜色）商标的注册申请，后经核准，核定使用在第30类"茶、茶叶代用品"等商品上，专用期限自2008年11月7日至2018年11月6日。2011年12月27日，国润公司针对争议商标向商标评审委员会提出争议申请，认为"祁门红茶"的产区不仅包括祁门县，而且还包括临近的贵池、东至、石台、黟县等地，因此请求撤销争议商标的注册。

2015年10月19日，商标评审委员会作出商评字〔2015〕第84747号《关于第4292071号"祁门红茶"商标无效宣告请求裁定书》，认为祁门红茶协会以"祁门红茶"地理标志作为证明商标向商标行政机关申请注册时，将该地理标志所标示地区仅限定在祁门县所辖行政区划的做法，违背了客观历史，违反了申请商标注册应当遵守的诚实信用原则，因此构成2001年《商标法》第41条第1款所指以欺骗手段取得注册之情形。综上，商标评审委员会依照2001年《商标法》第41条第1款、2013年《商标法》第44条第1款、第3款和第46条①的规定，裁定争议商标予以无效宣告。

祁门红茶协会不服被诉裁定，向北京知识产权法院提起行政诉讼。北京知识产权法院一审判决：撤销被诉决定；商标评审委员会重新作出裁定。国润公司不服原审判决，提起上诉。

北京市高级人民法院经审理认为，祁门红茶协会在明知"祁门红茶"地域范围存在争议的情况下，未全面准确地向商标注册主管机关报告该商标注册过程中存在的争议，尤其是在国润公司按照安徽省工商行政管理局会议纪要的要求撤回商标异议申请的情况下，仍以不作为的方式等待商标注册主管机关核准该商标的注册，其行为已构成以"其他不正当手段取得注册的"情形。因此，法院二审判决：撤销一审判决，驳回祁门红茶协会的诉讼请求。

地理标志是指标示某商品来源于某地区，该商品的特定质量、信誉或者其他特征，主要由该地区的自然因素或者人文因素所决定的标志。本案的裁判，是法院在商标授权确权行政案件中对特定地理标志的地域范围进行司法认定的首次实践，而地域范围正是地理标志保护核心问题。

2. 东陂腊味

争议商标为第3162871号"东陂 DONG PI"商标，该商标指定颜色，其申请日为2002年4月28日，核准注册日为2003年4月21日，核定使用商品为第29类：肉；香肠；板鸭；腊肉。申请注册人为东陂大酒店。专用期限至2013年4月20日止。

---

① 现为2019年修订后《商标法》的第44条第1款、第3款和第46条。

2008年2月19日，腊味协会向商标评审委员会提出对争议商标的撤销注册申请。其理由为："东陂"为历史悠久的"东陂腊味"产地名称，不应为一家所独占。"东陂腊味"是原产地标志，争议商标注册人无权据为己有。东陂大酒店经营者关某欢任腊味协会的副会长，明知"东陂腊味"为地方特产，还以不正当手段取得注册，严重损害了公序良俗。据此，东陂腊味协会依据2001年《商标法》第10条第1款第（8）项、第16条、第31条、第41条第1款、第2款的规定，请求撤销争议商标的注册。

2001年《商标法》第16条第2款规定，地理标志，是指标示某商品来源于某地区，该商品的特定质量、信誉或者其他特征，主要由该地区的自然因素或者人文因素所决定的标志。地理标志所标示的商品的特定品质是由该地区的自然因素或者人文因素所决定的，并经长期的经营，为相关公众所知晓，具有相对稳定性和明确性的特点。因此该自然因素或者人文因素对于商品特定品质的影响、作用和塑造，存在历史积淀的过程。就本案而言，原国家质量监督检验检疫总局第11号公告虽然于2006年发布，但是其只是对业已成为地理标志的"东陂腊味"的事后确认。由第三人所提交的《故乡这方土》等书籍、报刊所记载的内容可知，"东陂腊味"在争议商标申请日之前在工艺特点、品种、感官特色等方面已经形成了与当地自然因素、人文因素相关的相对确定的品质特点。因此，"东陂腊味"与其产地东陂形成了对应关系，符合2001年《商标法》第16条第2款规定的地理标志条件。

二、涉及上述案例的主要法律规定

在《商标法》体系下，地理标志的权利保护类型有证明商标、集体商标两种，其中证明商标是主要的、重要的途径。地理标志证明商标非会员（自然人、法人或者其他组织）如果想要使用地理标志商标，只要能证明其商品的来源为指定生产区域以及产品符合该地理标志商标的品质要求的，可以要求使用该证明商标，这时候需要申请加入地理标志商标使用单位或向当地知识产权管理部门提出申请（具体看当地的地理标志商标管理情况），获得授权许可后才能使用，未经授权是不能随意使用的，否则如上述案例所示，涉及地理标志侵权问题。《商标法》对地理商标的权利保护主要有四个方面。

首先，在2019年《商标法》第16条明确了地理商标的概念，同时，为了避免误导性使用地理商标，还在第45条规定了误导性使用地理商标，利害关系人可以提起无效宣告。

其次，2019年《商标法》第10条规定了地理标志可注册成为证明商标或集体商标。在申请地理标志时需要说明地理标志商品有何特色，以及和当地人文环境、地理环境的联系。另外还要明确地理标志的适用规则，包含地理标志适用的商品质量、商标宗旨、使用人的权利与义务，以及违反规定时要承担的责任。这些都是为了确保地理标志商品质量的稳定性，同时禁止误导性使用也有利于通过司法手段保护商标权人的利益。

再次，根据2019年《商标法》第10条、第33条和第39条可以知晓，与普通商标相同，以集体商标、证明商标来申请地理标志的，有效期为10年，期满可以续期。同时任何个人、组织在地理商标初审公告3个月内都能提出异议。此外滥用冒用地理商标，出现侵权行为时，权利人可以向执法部门投诉来维护自己的合法利益，同时也能根据案件的具体情况，起诉要求民事赔偿或刑事赔偿。

最后，除法律有特别规定外，主张消极事实的一方不负有行为意义上的举证责任。司法实践中，强调商品品质及其地理来源的地理标志证明商标，权利人对被控侵权商品是否具备特定品质、是否来源于特定地域以及商品品质与地理来源的关系也不应负有举证责任，被控侵权人应对其行为构成合理使用或获得合法授权进行举证。

第三节　广东省农产品的地理标志维权保护的重点难点问题

常见的农产品的地理标志侵权现象有两类：擅自使用或伪造地理标志名称及专用标志；不符合地理标志产品标准和管理规范要求而使用该地理标志产品的名称。由于《商标法》《地理标志产品保护规定》《农产品地理标志管理办法》《集体商标、证明商标注册和管理办法》等规定不同，地理标志的申请、审查和救济等方面均有不同之处，造成了地理标志保护中的各种问题，在权利申请和执法维权上带来了一定的障碍。

一、法律术语不统一

就统一性来看，当前对地理标志我国没有统一的界定或称谓。但是《商标法》中有地理标志的定义，而《地理标志产品保护规定》中有原产地名称的定义，将这二者进行对比后发现，尽管名字不同，其表述的内涵事实上非常相似。而2001年《原产地标记管理规定》第4条有这样的表述：本规定所称原产地标记包括原产国标记和地理标志。原产国标记是指用于指示一项产品或服务来源于某个国家或地区的标识、标签、标示、文字、图案以及与产地有关的各种证书等。地理标志是指一个国家、地区或特定地方的地理名称，用于指示一项产品来源于该地，且该产品的质量特征完全或主要取决于该地的地理环境、自然条件、人文背景等因素。在这里，原产地标记、原产国标记和地理标志的概念被混淆了，极易引起争议，在适用上也容易引起混乱。因此，有必要对我国关于地理标志等术语进行统一和梳理。

二、法律适用冲突

我国的地理标志保护是一个松散的体系，制定政策、规章的部门不同，目的也不一致，在保护内容、申请程序、违法处置等方面又不相同，相互之间缺乏有机联系，容易引发权利纠纷和执法冲突。

由于法律规定商标注册与原产地产品保护分别由不同的行政部门来负责和实施，同一个地理名称，可能既受到商标保护，又受到原产地产品保护。上述法律依据、管理部门和利益主体的不同，导致两者之间产生激烈的利益冲突。

地理标志申请人可以选择向一个或多个主管机构申请地理标志。地理标志的申请人往往为各地的团体或协会，企业也可作为申请人根据《地理标志产品保护规定》申请地理标志产品。然而，该不同体系相互独立，不同的主体可以分别就地理标志向不同的部门提出注册申请，这也就造成了集体商标、证明商标与地理标志适用之间的冲突，《商标法》中的地理标志要受到保护，就需要满足三要素，并且要符合知名度等条件，但不要求地理标志是已经注册的。因此，地理标志也受到第16条的保护，即使它是未经注册的地理标志。由于县级以下地名，可以作为商标注册，也就是说，在我国诸多的地名当中，相当一部分可以出现在普通的注册商标中，因此也有可能造成集体商标、证明商标与普通商标使用相同地名的冲突。"浏阳花炮"一案正是此种冲突的典型。①

---

① 2003年7月浏阳市人民政府获得原国家质量监督检验检疫总局对"浏阳花炮"地理标志的注册，而浏阳市烟花爆竹总会于2004年2月取得"浏阳花炮"证明商标的注册。至2008年9月，"浏阳花炮"证明商标通过国际注册在全球近80个国家和地区进行了注册保护。浏阳市人民政府作为"浏阳花炮"地理标志的所有人对申请使用该地理标志的企业在生产规模、年产值、生产安全措施等方面有一定的要求，符合要求的企业才能使用该地理标志。因此，只有相对较大的企业才有能力申请使用该地理标志。而浏阳市烟花爆竹总会对于"浏阳花炮"证明商标的使用标准侧重于花炮本身的品质，并对生产技术和产品质量等各个方面作了详细的规定。浏阳市的各烟花爆竹生产企业只要符合其指定的要求都可以申请使用。
由此可见，如果两个标准不一致必定会对该地的特有产品产生一定的市场混淆。生产企业也面临着如何作出选择的难题。例如，对于未获批准使用"浏阳花炮"作为产品名称的企业，即使其产品显著地标注了自己的品牌，也会对"浏阳花炮"地理标志产生侵权的风险。同样，使用"浏阳花炮"证明商标的企业使用"浏阳花炮"作为产品名称也会构成相同的地理标志侵权的风险。此外，由于"浏阳花炮"证明商标在全球近80个国家和地区进行了注册保护。浏阳花炮大量的产品是用于出口，如果生产厂家想要把产品出口到这些国家和地区，就需要申请使用"浏阳花炮"证明商标。这无疑给生产厂家带来更高的地理标志使用和管理成本。这对于两种权利的主管部门执法也造成一定的冲突。

国务院机构改革后，地理标志的注册登记将由国家知识产权局进行统一管理，而执法职责将由市场监管综合执法队伍承担。

三、提起维权诉讼的主体不确定

地理标志是一种集体性色彩浓厚的知识产权，其权利结构具有一定的复合型，权利利益具有典型的分享性，权利主体具有一定的分散性。地理标志的权利主体分为所有权人、使用权人、禁止权人三种，在地理标志维权诉讼实践中，首先面临的就是由哪一主体来提起诉讼的问题。首先，所有权人。地理标志的所有权人是地理标志特定区域内的公众，其作为一种抽象的法律拟制主体，从我国司法诉讼实践的角度来看，显然不适合作为原告来提起维权诉讼，这也不符合我国民事诉讼法起诉的基本条件，不具有实践可操作性；其次，使用权人。按照目前我国法律规定，生产经营者若想成为地理标志使用权人，其生产经营的产品必须满足产地和质量两个基本条件，而满足此条件的企业往往有几十家甚至上百家。以西湖龙井茶为例，2015年年底，龙井茶证明商标授权使用企业达到364家。这364家生产企业是否都可以启动维权诉讼程序，如果提起诉讼是否有滥用诉权的嫌疑，维权诉讼成本和（部分）胜诉利益所得及败诉责任又应该如何承担与分享，这都是不得不面对的现实问题；最后，禁止权人。地理标志禁止权人通常是指地理标志的申请人，即相关行业协会或组织。此主体作为维权诉讼原告具有天然的适格性，尤其在证明商标案件中表现更为突出。从目前我国已经发生的证明商标侵权纠纷案件来看，证明商标注册人大都扮演着原告的角色，但这并不意味着注册人担任原告就没有任何瑕疵。而在专门法保护模式下的地理标志申请人是否理所应当成为地理标志维权诉讼原告也有待进一步研究。

四、地理标志侵权认定困难

对于地理标志侵权认定困难这一问题，主要体现为以下几个方面。

第一，理论层面。理论界对地理标志侵权认定标准这一问题的探讨还处于起步阶段，几篇少有的文献对于证明商标的侵权认定标准进行了初步探讨，即便在此情况下理论界对此问题的态度也分为两种主要观点。第一种，有学者认为证明商标的侵权认定标准完全可以依照一般商标侵权认定基本规则，即使涉案产品来源于法定的地域范围，但未经证明商标侵权人授权许可而擅自使用该标志，那么涉案产品的生产者或者销售者等主体仍然构成对证明商标专有权的侵犯；第二种观点则认为，只要该产品真实来源于特定产地，满足证明商标使用条件，达到相关质量标准，即使相关主体未得到证明商标注册人的授权许可，仍然可使用证明商标中的地名，此种情形下并未构成对证明商标专有权的侵犯。可见对于证明商标侵权认定是"按照"还是"参照"普通商标侵权认定标准仍然有不少争议，尤其是对于专门法保护模式下的地理标志侵权认定标准至今仍无系统研究，对此种模式下的地理标志侵权认定有待进一步深化认识。

第二，监管部门间的认识不一。我国地理标志保护政出多门，对于是否构成地理标志侵权，三个监管部门间往往按照各自部门的不同标准给出了不同的解释。以五常大米为例，五常市市场监督管理局认为"调和米"本是不同市场层次的需求，不存在违法的行为，而五常市农业局则认为"调和米"就是一种造假的行为，应该禁止大米加工企业在五常本地生产"调和米"。可见，五常大米执法部门对于五常大米侵权认定标准存在着不同的看法。

第三，司法部门对于侵权认定标准持不同观点。我国关于证明商标的纠纷案件也是近几年才逐步增多，司法部门对于审理证明商标纠纷案件经验还明显不足，司法部门对此问题的认识基本同理论界观点类似，同样分为两种观点。例如，在五常市大米协会诉李某同、北京金利兴盛粮油商贸有限公司侵权一案中，北京市朝阳区人民法院和北京市知识产权法院对于证明商标侵权认定标准这一问题，都坚持了理论界的第二种观点，而在舟山带鱼案件中，北京市高级人民法院在案件二审中也持类似观点。而在龙井茶协会诉杭州巨佳茶业有限公司侵权一案中，广州知识产权法院对此坚持了理论界第一种观点，可见我国司法机关对于证明商标侵权认定标准还未形成统一认识。

五、侵权损害赔偿的计算不明确

根据现行商标法的规定，侵害商标专用权赔偿数额是按照权利人因侵权所受到的实际损失、侵权人因侵权所获得的利益、最高300万元的法定赔偿依次适用来确定的。笔者认为，与普通商标不同的是，集体商标、证明商标的所有人为团体或协会，而商标持有人本身并不使用该商标，真正使用商标的是该集体的成员，因此理论上说权利人的实际损失根本无法计算。另外一部分业内人士认为实际损失可以按照团体各成员的损失总和计算，然而这种观点也有一定问题，地理标志是指示商品来源地的标识。除了使用集体商标或证明商标以外，通常情况下各成员单位对自己的产品还有独立的品牌。如苏格兰威士忌中有诸多知名品牌如Johnnie Walker、Chivas等，其中Johnnie Walker更是于2010年被上海市第二中级人民法院认定为驰名商标。侵权者擅自在其生产的酒类产品上使用苏格兰威士忌地理标志的行为给苏格兰威士忌协会成员如Johnnie Walker、Chivas造成的直接损失，这与假冒Johnnie Walker、Chivas商标相比是非常有限的。

再以西湖龙井为例，杭州市西湖区龙井茶产业协会取得"西湖龙井"的证明商标注册并于2012年5月被原国家工商行政管理总局认定为驰名商标。在杭州市西湖区龙井茶产业协会的 2014—2016 年维权的 27 起案例中，权利人均未能提出其受到损失的证据，而各地法院判决的经济赔偿数额为 15 000—30 000 元不等。如 2015 年杭州市西湖区龙井茶产业协会诉北京新都力盛烟酒商店销售带有"西湖龙井"字样茶叶一案，法院综合考虑西湖龙井协会商标的声誉和知名度、新都力盛商店的经营规模、销售侵权商品的持续时间及价格等因素，对于原告主张的赔偿西湖龙井协会经济损失 39 270 元及合理支出 21 460 元，法院最终判决新都力盛商店赔偿西湖龙井协会经济损失 20 000 元以及为制止侵权所支出的合理开支 5 000 元，但也没有明确说明该赔偿的计算方式。

六、侵权行为的举证困难

就一般商标而言，其起到的主要作用是指示商品来源，当权利人遇到侵权行为的时候，根据"谁主张谁举证"的原则，担负起对侵权行为、经济损失等方面的举证责任。普通商标的权利人通常对是否假冒了自己的产品有着一定的鉴定能力。权利人通常是从产品的外观，包装等予以鉴别。但是地理标志、集体商标、证明商标强调的是商品品质与地理来源的特殊关系，对于侵权产品是否来源于该地区，尤其是农产品很难从外观上得出鉴定结论，权利人如何对侵权产品进行鉴定是一个难题。一些权利人设立了专门的检验机构并通过一定的技术手段对产品进行鉴定。就苏格兰威士忌为例，苏格兰威士忌协会在英国有专门的实验室可以将疑似侵权的产品送到该实验室进行化学分析，将数据与苏格兰威士忌的指标进行对比，可以得出该产品是否符合苏格兰威士忌的标准。苏格兰威士忌地理标志的发展有着 100 多年的历史，然而对于国内大多数农产品生产企业、团体和协会来说，短期内要建立这样的鉴定机构在资金、技术上都有着非常大的难度，也对权利人的举证带来了相当大的困难。在舟山市水产流通与加工行业协会诉北京申马人食品销售有限公司未经授权使用"舟山带鱼"证明商标一案中，北京市高级人民法院认定举证责任应当由侵权人承担。这为之后的类似案件提供了参考。

七、维权意识不强

由于提起维权诉讼的主体不确定、地理标志侵权认定困难、侵权行为的举证困难等原因，地理标志权利人的维权意识不强。受害者在得知地理标志产品受到侵权后，往往不会追究侵权人的法律责任。

八、违法成本太低

比如《地理标志产品保护规定》对惩处地理标志产品假冒行为没有直接作

规定，而是要参考《产品质量法》等法律。根据《产品质量法》，伪造产品产地的，伪造或者冒用他人厂名、厂址的，伪造或者冒用认证标志等质量标志的，责令改正、没收违法生产、销售的产品，并处违法生产、销售产品货值金额等值以下的罚款；有违法所得的，并处没收违法所得；情节严重的，吊销营业执照。事实上，这种惩处并不严厉。

  预防地理标志侵权，我们除了立法，还可以从以下途径对地理标志进行保护。一是要发挥行业组织的带头作用，在完善行业管理制度的同时加强行业自律和生产标准把控、品质特色保障、品牌形象维护等各方面工作，积极配合当地政府主管部门的工作。二是在加大网络平台宣传力度的同时，在日常监管中线上线下同步走，联合市场监督管理、农业农村委员会等相关部门监督网络交易平台。

第六章 广东省农产品的地理标志分类研究

第一节 广东省粮食类地理标志

一、广东省粮食类地理标志发展状况

（一）数据统计（见表6-1，表6-2，表6-3）

表6-1 广东省已登记保护粮食类农产品地理标志名录

产品名称	产地	证书持有者	登记年份
炭步槟榔香芋	广东省广州市	广州市花都区炭步镇农业技术推广站	2014
台山大米	广东省江门市	台山市粮食行业协会	2016
龙门大米	广东省惠州市	龙门县农产品行业协会	2017
客都稻米	广东省梅州市	梅州市客都稻米协会	2017
恩平濑粉	广东省江门市	恩平市农业技术推广服务中心	2020
恩平大米	广东省江门市	恩平市农业技术推广服务中心	2020
海丰油占米	广东省汕尾市	海丰县农业科学研究所	2020
五华红薯	广东省梅州市	五华县农业科学技术研究所	2020

注：本表数据统计截至2021年11月。

表 6-2　广东省已登记保护粮食类地理标志商标名录

所属地市	所在县（区）	地理标志商标产品
广州市	增城区	增城丝苗米
江门市	台山市	台山大米
清远市	连山县	连山大米
韶关市	曲江区	马坝油粘米
阳江市	阳山县	阳山淮山
梅州市	蕉岭县	三圳淮山
韶关市	乐昌市	张溪香芋

注：本表数据统计截至 2021 年 11 月。

表 6-3　广东省已登记保护粮食类地理标志产品名录

所属地市	所在县（区）	地理标志商标产品
广州市	增城区	增城丝苗米
惠州市	博罗县	罗浮山大米
东莞市	东莞市	东莞米粉
清远市	连山县	连山大米
揭阳市	揭东区	吴厝淮山
韶关市	曲江区	马坝油粘米
阳江市	阳山县	阳山淮山
梅州市	蕉岭县	三圳淮山
韶关市	乐昌市	张溪香芋
河源市	河源市	河源米粉
湛江市	吴川市	苏村番薯
湛江市	遂溪县	下六番薯

注：本表数据统计截至 2021 年 11 月。

（二）特色粮食类地理标志

1. 增城丝苗米[①]

增城丝苗米，广东省增城市特产，中国国家地理标志产品。增城丝苗米是具有明显的地方特色的籼稻优质稻米，外观品质美观靓丽，长粒形、细长苗条、晶莹洁白、米泛丝光、玻璃质；直链淀粉含量中等，质地软硬适中，煮饭爽滑可口，具有清新香味，口感佳，饭粒条状而不烂。素有米中碧玉，饭中佳品的美誉。

2004年9月20日，原国家质检总局发布《国家质检总局公告2004年第128号》批准对"增城丝苗米"实施原产地域产品保护。

（1）产品区域独特性。增城是丘陵地带，北回归线由境内通过，地处南亚热带，属海洋性季风气候，气候温和，热量丰富，光照充足，雨量充沛，年平均气温为21.6℃。增城大部分耕地是珠江三角洲的冲积沉积土，土壤以壤土、沙壤土为主，田园土壤沙质地多，含多种稻类生长所需微量矿物质，增城丝苗结出的穗粒饱满，米质靓，这是丝苗靓米多出增城的缘故。

（2）品质特性。增城丝苗米禾苗茎叶幼细，抗旱力较强，秆较高，尤其适宜种植于山区沙质浅脚田或有山泉灌溉的梯田；谷壳金黄色，有的品种为黄褐色，谷身较修长，谷粒末端呈关刀尾状，米粒晶莹，泛丝光，无腹白，米粒细长苗条，油分及蛋白质含量丰富；米粒爽脆、润滑、松软，饭味芳香而特别可口，正宗增城丝苗米饭，加入上汤水搅动后，饭团散开，汤仍然清澈见底不混浊。

（3）历史渊源。研究表明，增城丝苗稻最初是由增城野生稻衍化来的高杆品种。增城野生稻已有9 000多年历史，原产自广州市萝岗区镇龙镇洋田河流域，洋田河自镇龙经中新、朱村汇入西福河。直到1980年，从洋田河到西福河30多千米的河边沼泽地都自然生长着茂盛的野生稻。经过不断优化培育，优质丝苗米品种达30多个。

"增城丝苗"种植历史悠久，已有400多年历史。清朝庚辰年（1820年）版的《增城县志》对增城丝苗已有记载："案近来，早熟有栋赤，有上造丝苗，有白谷仔颇佳，晚熟有泉水占，丝苗最佳。"由此可见，"丝苗"在当时已是最佳的稻米品种了，被誉为"米中碧玉"。

西边距离增城市城区16千米的朱村白水山是增城丝苗的原产地，清代增城县八景之一，名曰"白水丹邱"。据清宣统三年（1911年）《增城县农业志》记载："……近年早熟有栋赤，有上造丝苗，白谷仔颇佳；晚熟有泉水占丝苗最佳。"

民间流传朱村白水山的丝苗米是明代僧人育成的，相传在明朝嘉靖年间，法号栖云大师的高僧，四海云游，寻找传经修善的好归宿，他踏着雨后泥泞走

[①] 本部分内容参见360百科："增城丝苗米"，载360百科网 https：//baike.so.com/doc/6129722-6342882.html，访问日期：2021年11月3日。

近古增城八景之一的"白水丹邱"——白水山,只见此处山林茂盛,雨量充沛,一练瀑布从山顶飞泻而下,蔚为壮观,且山不高而秀雅,溪不深而清澈,鸟语花香,流水潺潺。栖云见果然好景致,决定在这里定居下来,修寺化缘耕田地,并把云游各处收集的优质稻谷品种杂种于此,逐渐形成一种优质的稻种,因其米粒苗条,米泛丝光,僧人及乡邻称作"丝苗米"。

增城丝苗米以传统矮脚丝苗著称。其特点是米粒晶莹洁白,油质丰富,成饭香气浓郁、柔软,口感独有风味,深受人们的喜爱。20世纪50年代,增城丝苗米种植面积较广,不少农家以丝苗作公粮交给国家。后因种植丝苗产量低,加上价格偏低,从20世纪60年代起,丝苗种植面积逐年减少,至70年代初,全增城不足500亩。进入80年代才开始复苏,特别是1985年,增城被原国家农牧渔业部定为优质米生产基地后,全市种植丝苗面积从原来2万亩增至4.5万亩,出现了千亩连片丝苗田"十里稻田,十里飘香"的诱人景象。

(4)生产方式。稻谷品种通常是丝苗米系列优质品种或品系。

春植(早造)在春分前播种,清明前后抛秧;秋植(晚造)在大暑前播种,立秋前抛秧。每平方米用种量2.25克,大田每亩基本苗数5万至6万,合理密植。

施放有机质基肥,合理追肥。合理排灌,薄水抛秧,浅水分蘖,够苗露田,中期适度晒田,浅水抽穗灌浆,湿润黄熟。

加工程序包括:除杂—去石—砻谷—谷糙分离—碾米—白米分级—色选—抛光—包装出厂。

(5)生产情况。

1986年,增城市丝苗米种植面积为4.5万亩。

1999年,达到16.6万亩。

2002年,优质丝苗米产量达19.85万吨,产值3.3745亿元。

2007年,增城丝苗米种植面积52.79万亩。

2017年,增城丝苗米种植占增城水稻种植面积的98%以上。

2. 龙门大米[①]

龙门大米,广东省惠州市龙门县特产,全国农产品地理标志。2017年12月22日,原中华人民共和国农业部发布《国家农业部2017年第2620号公告》,正式批准对"龙门大米"实施农产品地理标志保护。

(1)地域范围。

龙门大米产自广东省中部,增江上游,地处珠江三角洲边缘,东南与河源市、博罗县接壤,西南与从化市、增城市毗邻,北与新丰县相连的龙门县。龙门大

[①] 本部分内容参见360百科:"龙门大米",载360百科网 https://baike.so.com/doc/29482870-31004404.html,访问日期:2021年8月20日。

米保护区域范围为惠州市龙门县辖下的龙城街道办、龙田镇、平陵镇、龙江镇、龙华镇、麻榨镇、永汉镇、龙潭镇、地派镇、蓝田瑶族乡、南昆山旅游区。

（2）产品品质特性。

其一，外在品质特征：龙门大米米粒细长，粒长一般在 6~7.5 mm，长宽比值＞3.5，米粒晶莹剔透无心白，气味清香；米饭软滑可口，香气怡人。

其二，内在品质指标。龙门大米营养价值高，垩白度 1.6%~4.5%，垩白度粒率≤5%；直链淀粉 15%~18%，胶稠度 50~70 mm，碱消值 7 级。

其三，安全要求。龙门大米产地环境要符合无公害食品水稻产地环境条件的要求，产品质量符合无公害农产品标准要求，县内所有经营龙门大米的企业均入驻惠州市农产品质量安全监管与溯源平台。

（3）自然生态环境和人文历史因素。

其一，地形地貌情况。龙门县地处九连、罗浮两大山脉之间。九连山系伸入县境，向东和东南派分出分支与罗浮山脉连接。境内山峦起伏，群山重叠，纵横交错，构成"群山之地"。山川丘陵之间有 5~70 km² 的河谷盆地 10 个。拥有得天独厚的森林资源，森林覆盖率达 76.09%；空气质量达国家一级，其中有"北回归线上的绿洲"和"天然氧吧"之美誉的南昆山，空气中负离子含量最高达每立方厘米 11 万个。

其二，土壤条件。根据土壤普查，龙门水稻土的养分含量，除速效钾含量较低外，其他养分都比较适宜。有机质平均含量为 2.53%；水解氮平均含量为 99.93 ppm；有效磷为 21.39 ppm；速效钾的含量为 50.63 ppm；pH 值的变幅范围 5.0~7.0。

其三，水文情况。龙门县水资源丰富，龙门县的主要河流是增江，贯通县境南北。龙门县境内集雨面积 2 126 km²，河长 128.6 km。除增江干流外，集雨面积 100 km² 以上的河流有 7 条，全县有水文站 1 个、蒸发站 1 个、雨量站 11 个，径流系数 0.626，多年平均径流量 30.659 亿 m³，径流深 1 335.9 mm。地表水丰富，水质达国家一、二级饮用水标准，温泉带绵延百里，水质优、储量大、规模以上温泉 13 个，是全省首个"中国温泉之乡"。大部分稻田用水库水灌溉，其天然水质好、污染少，现有大小型水库蓄水工程 54 宗，灌溉库容 4.44 亿 m³，设计灌溉面积 1.45 万 hm²。

其四，气候情况。龙门县属南亚热带季风气候，由于山多，具有明显的山区气候特点，导致了县内气候的多样性和复杂性，南北温差较大，约 5℃。冬半年盛行干燥的偏北季风，夏半年盛行暖湿的偏南季风。春暖来得迟，春末升温快；夏季降雨多；秋凉来得早，秋季降温明显；冬季日温差大，有不同程度的低温、霜冻天气。由于地形的影响，使不稳定的暖湿气团形成对流发展的天气系统，造成龙门县雷雨天气较多，年均雷暴日为 78 天。日照充足，气候温和，年平均日照时数 1 750.3 h。年平均气温 21.0℃，历年平均无霜期 355 天。雨量充沛，年平均降雨量 2 147.1 mm，全年降雨多集中在 4 月至 9 月，占年降雨量的约 80.8%。

（4）特定生产方式。

其一，产地选择。龙门县 2015 年荣获"广东省生态县"荣誉称号，目前正在创建国家生态文明建设示范县。龙门大米选择境内无大型工厂，无"三废"排放和空气污染，土壤质地肥沃，有机质含量 2.5% 以上，土壤呈微酸性，pH 6.0~6.5；土层深厚，耕作层在 20 cm 以上，地下水位 60 cm 以下区域作为生产基地。大气、土壤、水质条件均符合无公害食品水稻产地环境条件的要求。

其二，品种选择。选用优质高产、抗病性强、抗逆性好、适应性广的水稻优质良种，种子符合 GB 要求。

其三，特定的种植方式。龙门大米特定的种植方式是应用测土配方施肥技术、水稻三控施肥技术、水稻机械化生产技术、水稻病虫害专业化统防统治。①测土配方施肥技术。在水稻生产过程当中应用测土配方施肥技术，在合理施用有机肥料的基础上，施用专门针对龙门县土质配制的 53%（23∶11∶19）龙门县水稻测土配方施肥认定配方肥。②水稻三控施肥技术。通过控制总施氮量和基蘖肥施氮量，提高氮肥利用率，减少环境污染；通过控制基蘖肥施氮量，控制苗峰，提高成穗率和群体质量，实现高产稳产；通过控制苗峰，增加群体通透性，控制病虫害发生和农药用量。③水稻机械化生产技术。水稻生产从育苗、整地到收获归仓，以机械化生产技术为依托，完成水稻生产的先进技术模式。④水稻病虫害专业化统防统治。在农业生产的全过程，以农业防治为基础，协调运用物理、生物病虫防控技术，使用高效、低毒、低残留的化学农药，禁止使用剧毒、高毒和国家禁止使用的农药。采用市场化的运作模式，推广以承包为主要服务形式的病虫专业化防治服务，利用先进的设备和方式，将农作物病虫危害控制在经济允许水平以下，以实现"保益控害、安全高效、资源节约、环境友好"的目的，确保农业生产安全、农产品质量安全和农业生态安全。

其四，特有的加工工艺。大米加工实行传统加工工艺，一般需经清理、去石、磁选、砻谷、谷糙分离、白米分级、色选、包装等工序。龙门大米的加工采用了三道砂辊组合、直排筛眼等特有的加工工艺。①碾米工序。加工短粒型大米时，米机碾白多采用一砂二铁（指米机中磨辊的材质）的组合方式，这样利用二、三道的铁辊才能将粳米中的胚芽有效地去除。而加工长粒型大米时，米机碾白采用三道砂辊组合，不采用铁辊，避免在碾白过程中产生较多碎米，从而提高出米率。②抛光工序。加工短粒型大米选用的抛光机碾白室的筛网，筛眼的排列是采用斜排方式，这是根据大米的粒型特点（米粒本身结构强度大，含糠量较少）而定的。而加工长粒型大米时的抛光机碾白室的筛网，筛眼的排列则采用直排方式，利于排糠的顺畅，使大米外观更整洁，达到光泽自然的效果。

其五，产品收获及产后处理。当籽粒的90%以上充黄成熟，穗轴有三分之二，基部有很少一部分绿色籽粒存在时进行收获；采用人工或机械收割，要求不同品种单独收割、单独运输、单独脱粒、单独贮藏，严禁品种间混杂。脱粒后，晾晒数日，以降低含水量，含水量小于13.5%时，再进行扬场或机械清选。要求统一分级过筛，清除杂质和瘪稻，达到粒度均一，破碎率小于2%，杂质小于1%，虫蚀率小于1%。保证纯度、提高商品质量。

其六，生产记录要求。按照农产品质量安全的要求建立生产记录档案，详细记录生产投入品，特别是化肥、农药的名称、来源、用法、用量和使用、停用的日期；病虫害的发生和防治情况、收获日期、质量检测情况、销售情况，保证产品质量可追溯性。生产记录档案应当保存两年以上。

（5）包装标识相关规定。

在保护区域内的龙门大米生产经营者，在产品或包装上使用已获登记保护的农产品地理标志，需向登记证书持有人龙门县农产品行业协会提出申请，申请通过后方可采用龙门大米农产品地理标志公共标识字样和标志图案，并按照本规范要求生产，并按照《龙门大米农产品地理标志使用管理办法（试行）》使用标志，统一采用龙门大米农产品地理标志公共标识相结合的标识标注。

二、广东省粮食类地理标志存在的问题

（一）消费者购买粮食类地理标志农产品的意愿不强烈

购买地理标志大米的意愿受价格、购物环境等条件影响，存在很大的不确定性。购买意愿是购买行为的基础，是衡量消费者是否会产生进一步消费行为的指标。研究表明，如果消费者增加对地理标志产品的相关知识，相应地会增加其购买意愿，研究证明，如果知道大米获得过地理标志认证，绝大多数消费者有意愿购买，且愿意为略高的价格买单。说明地理标志大米也存在一定的市场空间，具备扩大消费需求的可能。

（二）产品价格过高影响消费者的购买意愿

国内外的相关研究均表明，地理标志产品具有溢价效应，而消费者支付溢价的意愿影响其购买意愿。有学者指出，消费者一般愿意为地理标志产品支付10%~20%的溢价。在价格相同的条件下，近9成的受访者会选择购买地理标志大米，而如果价格略高，消费者的购买意愿则会降低，但仍有近一半的消费者会选择购买。调查表明价格是影响消费者购买意愿和行为的重要因素。理论上，与同类产品相比，地理标志产品具有独特的需求曲线，这种独特性源于地理标志产品的品质。因此需要依据自然环境、历史传统及生产工艺，凝练大米的独特品质，这是保证和提高地理标志产品价格的前提。

三、广东省粮食类地理标志发展建议

（一）加大宣传力度，提高消费者的知晓度

要加大"地理标志"大米的宣传力度。宣传策略上，扩充信息提供渠道，利用多样的宣传手段，如利用线上线下传播渠道，线上如利用电视、广播、网络、新媒体、各种终端媒体。线下如张贴海报，参加农博会、展销会、主题促销等。针对不同类型的消费群体，采取传统与新型传播方式相结合的方式，对大米地理标志进行大力宣传。宣传上要突出地理标志大米的特色和个性，如突出大米的生产环境，主打营养牌，抑或突出"绿色健康"，加深消费者对地理标志大米的了解程度，理解地理标志大米与普通大米的区别。

（二）多途径增强消费者购买意愿

消费者是大米的需求者，消费者的购买意愿决定了大米的市场潜力，是企业进行市场决策的重要依据，也是影响优质大米发展的重要因素。研究表明，影响消费者购买意愿的因素主要有消费者个体特征，产品内部线索，产品外部线索，消费情境因素和社会经济因素。消费者个体特征主要包括性别、年龄、职业、收入和教育水平等。就食品而言，产品的内部线索主要指产品的内部属性，包括口味、营养价值、质量特性等。外部线索主要包括产品保证、产品品牌、价格等。消费情景因素主要指产品包装设计、购物场所氛围等因素。社会经济因素主要指人口、购买力水平。综合以上复杂多样的因素，增加消费者购买意愿需要做好多方面的努力。具体如打造优质大米，突出产品的特征因素。丰富产品类型，满足不同类型消费者的需求。优化市场环境因素，激发消费者的购买意愿。

（三）合理制定价格

价格是产品质量的标志，高价格会导致更高的产品质量直觉，会产生更强的购买意愿。但高价格也会导致购买意愿减弱。虽然价格不是大米消费唯一的参考，但以中青年为主要人群的调查表明，消费者对价格具有较高的敏感度，生活中大米的实际购买者还有很多是妇女和老人，更属于价格敏感人群。因此在塑造以质取胜的大米核心竞争力的基础上，为唤起更多的潜在消费需求，增加购买意愿，激发购买行为，生产者和经销商应该遵循一定的定价原则，如按质论价，优质优价，最好是品质高于价格，让消费者感受到物有所值，物超所值。

（四）加强品牌建设和营销

地理标志是产品产地和身份的标记，是产品质量和声誉的象征，也是一种新型知识产权。从知识产权保护的角度，受到国家法律和政策的重视。因此，目前政府和地理标志权的所有者倾向于关注制定地理标志的保护法规和保护制度，比如划定地理标志保护范围，确定生产的工艺方法，制定生产标准，确定

产品质量特性等。但法律制度保护只是确定了地理标志具有商业价值，如果不进行品牌建设、市场拓展和市场营销，就无从挖掘其经济效益和商业价值。因此相关利益主体应该摒弃"酒香不怕巷子深"的观念，在充分考虑消费者消费意愿的基础上，加强地理标志大米的品牌建设。具体路径是进行商标注册，选择适宜的品牌发展模式。做好产品规划、产品营销传播，根据不同年龄阶层、不同职业和收入水平的消费群体，家庭消费偏好和购买目的，锁定目标人群，细分目标市场，实行精准营销。在生产和流通的方方面面，增加品牌与消费者的接触点，增强消费者对品牌的认知。同时因为广东省内有多个大米地理标志，因此既要保证每个品牌在市场上有一席之地，也要避免陷入同质化竞争。[①]

第二节 广东省水果类地理标志

一、广东省水果类地理标志发展状况

（一）数据统计（见表6-4，表6-5，表6-6）

表6-4 广东省已登记保护水果类农产品地理标志名录

产品名称	产地	证书持有者	登记年份
大埔蜜柚	广东省梅州市	大埔县蜜柚行业协会	2015
连州水晶梨	广东省清远市	连州市水果技术推广总站	2016
镇隆荔枝	广东省惠州市	惠州市惠阳区镇隆镇荔枝生产协会	2016
麻涌香蕉	广东省东莞市	东莞市麻涌镇农业技术服务中心	2016
东莞荔枝	广东省东莞市	东莞市荔枝协会	2017
黄田荔枝	广东省深圳市	深圳市宝安区航城街道黄田荔枝发展协会	2019
徐闻菠萝	广东省湛江市	徐闻县农业技术推广中心	2019
丹霞贡柑	广东省韶关市	仁化县农产品质量安全监督检验测试站	2019

[①] 王国华："消费者对地理标志农产品的认知情况及购买意愿研究——以辽宁省大米地理标志产品为例"，载《商业经济》2017 第6期。

续表

产品名称	产地	证书持有者	登记年份
麻榨杨桃	广东省惠州市	龙门县农产品行业协会	2020
神湾菠萝	广东省中山市	中山市神湾镇农业服务中心	2020
德庆贡柑	广东省肇庆市	德庆县农业技术推广中心	2021
东源板栗	广东省河源市	东源县船塘镇板栗协会	2020
雷州青枣	广东省湛江市	雷州市农业技术推广中心	2020

注：本表数据统计截至2021年11月。

表6-5 广东省已登记保护水果类地理标志商标名录

所属地市	所在县（区）	地理标志商标产品
广州市	增城区	增城荔枝、增城挂绿荔枝、增城桂味荔枝、增城糯米糍荔枝
	从化区	从化荔枝蜜、从化荔枝
深圳市	南山区	南山荔枝
佛山市	三水区	乐平雪梨瓜
惠州市	惠阳区	镇隆荔枝
中山市	中山市	神湾菠萝
江门市	新会区	新会柑
肇庆市	高要区	高要佛手
	怀集县	谭脉西瓜、汶朗蜜柚
	德庆县	德庆贡柑、德庆肉桂、德庆鸳鸯桂味荔枝、德庆广佛手
潮州市	潮州市	潮州柑
	潮阳区	金玉三捻橄榄

续表

所属地市	所在县（区）	地理标志商标产品
揭阳市	普宁市	普宁蕉柑
湛江市	徐闻县	徐闻菠萝
云浮市	郁南县	郁南无核黄皮、郁南无核沙糖桔
	新兴县	新兴香荔
茂名市	高州市	高州荔枝、高州香蕉、高州龙眼
	信宜市	三华李大果红
	茂名市	茂名荔枝
韶关市	仁化县	长坝沙田柚
	翁源县	九仙桃
梅州市	梅县	梅县金柚
	平远县	平远慈橙

注：本表数据统计截至2021年11月。

表6-6　广东省已登记保护水果类地理标志产品名录

所属地市	所在县（区）	地理标志商标产品
广州市	增城区	增城荔枝、增城挂绿荔枝、
	萝岗区	萝岗糯米糍、萝岗甜橙
	从化区	从化荔枝蜜、钱岗糯米糍
深圳市	南山区	南山荔枝
佛山市	三水区	乐平雪梨瓜
惠州市	惠阳区	镇隆荔枝
	龙门县	龙门年桔
	博罗县	罗浮山荔枝
中山市	中山市	神湾菠萝
江门市	新会区	新会柑

续表

所属地市	所在县（区）	地理标志商标产品
肇庆市	高要区	高要佛手
	四会市	四会贡柑、四会沙糖桔
	怀集县	谭脉西瓜、汶朗蜜柚
	德庆县	德庆贡柑
潮州市	潮州市	潮州柑
	潮阳区	金玉三捻橄榄
揭阳市	普宁市	普宁蕉柑、普宁青梅
	惠来县	惠来荔枝
清远市	连南县	连南无核柠檬
	清新县	清新冰糖桔
湛江市	徐闻县	徐闻菠萝
	廉江市	廉江红橙
	雷州市	覃斗芒果
	徐闻县	愚公楼菠萝
阳江市	阳春市	马水桔
汕头市	潮阳区	金玉三捻橄榄、西胪乌酥杨梅
汕尾市	陆河县	陆河青梅
河源市	连平县	连平鹰嘴蜜桃
	紫金县	紫金春甜桔
云浮市	郁南县	郁南无核黄皮、郁南无核沙糖桔、庞寨黑叶荔枝
	新兴县	新兴香荔、新兴话梅
	云安区	南盛沙糖桔

续表

所属地市	所在县（区）	地理标志商标产品
茂名市	高州市	高州桂圆肉
	罗定市	罗定肉桂
	茂名市	茂名白糖罂荔枝、茂名储良龙眼、茂名高脚遁地龙香蕉
韶关市	仁化县	长坝沙田柚
	新丰县	新丰佛手瓜
	翁源县	九仙桃、三华李
梅州市	梅县	梅县金柚
	平远县	平远脐橙

注：本表数据统计截至 2021 年 11 月。

（二）广东省特色水果类地理标志

1. 增城荔枝①

增城荔枝，广东省增城市特产，中国国家地理标志产品。增城是全国著名的荔枝之乡，是"中国荔枝邮票"原发地。增城荔枝以品种多、品质优、口感佳和历史悠久而驰名中外，尤以"增城挂绿"最为珍贵。2012 年，"增城挂绿""增城荔枝（桂味、糯米糍、仙进奉、水晶球）"被原国家质量检验检疫总局评为国家地理标志产品。2012 年 08 月 23 日，原国家质检总局发布《国家质检总局公告 2012 年第 125 号》批准对"增城荔枝"实施地理标志产品保护。

（1）产地范围。增城荔枝产地范围为广东省增城市现辖行政区域。

（2）专用标志使用。增城荔枝产地范围内的生产者，可向原广东省增城市质量技术监督局提出使用地理标志产品专用标志的申请，经原广东省质量技术监督局审核，报原国家质量检验检疫总局核准后予以公告。增城荔枝的法定检测机构由广东省质量技术监督局负责指定。

（3）质量技术要求。

①品种。桂味、糯水糍、水晶球、仙进奉。

②立地条件。土壤类型为红壤、赤红壤；土层厚度 ≥ 60 cm，土壤有机质含量 ≥ 2%，pH 5~6.5。

---

① 本部分内容参加 360 百科："增城荔枝"载 360 百科网 https://baike.so.com/doc/5604127-5816736.htm，访问日期：2021 年 8 月 20 日。

③栽培管理。苗木繁育,采用怀枝、山枝等实生苗为砧木嫁接繁殖或压条繁殖。定植,春植3—5月,秋植9—10月;成龄园栽植密度≤400株/公顷。施肥,以有机肥为主。环境、安全要求,农药、化肥等的使用必须符合国家的相关规定,不得污染环境。

④果实采收。采收期为6月中旬至7月中旬。雨天、烈日中午不宜采收,采收后24小时内进行果品分级、分装、贮存、保鲜。

⑤质量特色。着色均匀,果身饱满,果肉乳白色或白蜡色,具特殊风味。

(4)安全及其他质量技术要求。产品安全及其他质量技术要求必须符合国家相关规定。

(5)增城荔枝的优势分析。[①]

增城荔枝自身有着诸多优势,这些优势主要包括深厚的文化底蕴(包括城市景观地名携带"荔"字、相关的图书杂志等)、荔枝节会、拍卖荔枝提高知名度、地方标准、政府扶持,等等。

其一,文化优势。增城荔枝的栽培从北宋至今,具有近一千多年的历史。其中何仙姑关于挂绿荔枝的传说在增城家喻户晓。历史上著名的文学家或学者诸如苏东坡、澹归、屈大均、陈恭尹、朱彝尊、温汝适、钱以垲、全祖望、翁方纲、阮元、谭莹、裴景福、高鲁甫、钟敬文、秦牧等,均留下有增城荔枝诗文或相关的文字叙述。在增城城市地名命名中,全区带有"荔"字的地名就有近130个(如荔城、荔湖等)。地方书籍、报纸、杂志、诗歌集等也多带有荔枝元素,如《增城荔枝谱》《历代荔枝诗词选》《增城挂绿》《挂绿沧桑录》《增城荔枝》,以及《增城日报》还设有"挂绿副刊"。杂志有《荔都》《荔乡情》《丹荔》,在以上文本中,其中与增城荔枝题材相关的诗歌、辞赋至少有90多首。关于《何仙姑与挂绿的传说》还申请了广东省非物质文化遗产项目。以上这些都是与增城荔枝深厚的文化底蕴分不开的。

其二,荔枝节会。同时,关于古代民间荔枝会,清乾隆年间文人赵希璜的诗作中就有"难忘增城荔子会"之语。从1990年以来,增城荔枝文化旅游节就一直在举办,并成为增城向外宣传增城荔枝的一个窗口。

其三,拍卖扬名。在2002年、2003年,连续两年举办了增城荔枝的拍卖会。在2002年一颗"挂绿"果被拍出55.5万元,被认证为世界吉尼斯历史上最昂贵的水果,从而实现了拍卖扬名。

其四,地方标准。增城荔枝地方标准《挂绿荔枝生产技术规程》文件的建立,为增城荔枝品牌的建设迈出了关键的一步,并成为增城荔枝的一个重要优势。最后,政府对增城荔枝的扶持,也成为增城荔枝发展的一个重要优势。主要体

---

① 郑佳纯、雷百战:"试论广东增城荔枝品牌的建构",载《农村经济与科技》2020年第16期。

现在制定标准化生产技术规程、优化品种结构、开展技术培训、协助果农申办无公害认证、建示范点、加大媒体宣传、举办旅游文化节、开辟绿色通道（协助物流检疫外销出口等）、设置专卖市场，等等。以上这些优势，为增城荔枝的品牌建构奠定了坚实的基础。

2. 德庆贡柑①

德庆贡柑，广东省肇庆市德庆县特产，中国国家地理标志产品。

德庆贡柑是德庆县的传统名优农产品，有着悠久的栽培历史。据史书记载，德庆古称端溪、康州，早在唐代开元年间，农业已相当发达，以种植业为主，在县境内尤其是当今马圩、官圩、新圩等镇一带，就大量种植贡柑、沙糖桔。德庆贡柑果形靓丽、果色金黄、皮薄核少、肉脆化渣、清甜香蜜、高糖低酸、风味浓郁，它集中了橙类外形美和柑桔肉质细嫩、易剥皮的双重优点，为其他柑桔品种难以比拟，被誉为柑桔之皇。

2004年10月21日，原国家质检总局发布《国家质检总局2004年第152号公告》批准对"德庆贡柑"实施地理标志产品保护。2019年11月15日，入选中国农业品牌目录。2020年5月20日，入选2020年第一批全国名特优新农产品名录。

（1）产地环境。德庆地处广东省中西部，属低纬度地区，是典型的丘陵低山地区，南临西江，河道遍布全境，气候温和，雨量充沛，无霜期长，年平均气温在21℃左右，森林覆盖面积大，从而形成常年昼夜温差大的特有气候。加上德庆的山地、耕地土壤以砂壤土为主，经长期的科学改良，形成了土层深厚、疏松透气，保水保肥性好，有机质含量丰富的土质。这得天独厚的地理环境、土壤和气候条件，十分适宜贡柑的生长，既可满足其生长的有效积温，更能实现恰到好处的昼夜温差，从而使贡柑的果皮着色、组织软化程度、可溶性固形物、糖分、维生素、有机酸、微量元素和矿物质等的含量都达到最佳标准。

（2）产品特点。德庆贡柑是岭南佳果之首，果色金黄，肉质脆嫩，清甜无渣，香蜜浓郁，有别于其他地方种植的贡柑，具有独特的品质和风味特色。其花、果、根、茎、叶都可入药作膳，为昔日宫廷御宴，集甜橙、糖桔、蜜柚三者优点于一身，被水果业界推称为当今健康时尚的水果新贵。

德庆贡柑是橙与桔的自然杂交种，其果形果色似橙，果头适中（单果重120~150克），果皮薄，色泽金黄，果面洁净光滑；其果肉还富有宽皮柑类肉质细嫩爽口、果汁多的优点，而且果肉细嫩、透明清脆而爽口无渣，这点是其他桔与橙无法相比的；其味清香绵蜜，甜爽可口，是当今少有的高糖低酸优良品种；

---

① 此部分内容参见360百科："德庆贡柑"，载360百科网 https://baike.so.com/doc/6263368-6476789.html，访问日期：2021年8月20日。

其营养保健价值高，含有大量的有机果糖糖分和有机无菌水分，富含多种维生素、有机酸、微量元素、矿物质等。营养上能以有机果糖的成分有效补充人体的碳水化合物，不会像一般食用糖那样增加人体血糖。含大量各种营养保健成分的果汁，更能有效补充秋冬干燥季节人体所需的大量水分和营养物质。

（3）生产情况。"德庆贡柑""德庆沙糖桔"2007年注册后，种植面积和农民收入逐年增加，成为农民增收主渠道。2010年，德庆县人均柑桔纯收入从2007年的2 627元增加到2010年的3 804元，增长近五成；柑、桔平均售价达4.30元/公斤，销售额19.2亿元，全县有近九成农户从事柑桔生产。2016年，德庆县贡柑种植面积10.2万亩（其中复种贡柑面积约2万亩），年产量3.5亿斤。德庆县贡柑在全国200多个大中城市已建立300多个销售网点、40多个大型果业公司、500多家柑桔加工场。截至2017年，德庆县累计推广无（少）核贡柑新品种11.5万亩以上、推广关键栽培新技术93万亩以上，在广东贡柑产区应用覆盖率约80%。累计取得新增产值12.2亿元，新增纯收入5.4亿元。

（4）历史渊源。历史上，德庆贡柑栽培始于唐开元年间，距今已有1 300多年的历史。

宋绍兴年间，宋高宗到德庆府，品尝了德庆的地方特产柑桔后，连连称赞，此后德庆柑桔被尊为御用贡品，贡柑之称由此而来。

（5）产品荣誉。德庆贡柑相继获得中国柑王、中华名果、中国绿色食品A级产品、原产地保护标记注册认证号、中国名优品牌水果、北京奥运会推荐果品评选一等奖、进入钓鱼台国宾馆绿色食品柑桔、贡柑荣膺岭南十大佳果之首等荣誉称号。

2000年，德庆贡柑荣获"中华名果"称号。

2002年，德庆贡柑通过中国绿色食品A级产品认证，被第二届世界华人广东同乡联谊大会指定为专用果品。

2003年，德庆贡柑夺得"中国生产率科学成果奖"，成为国内获此殊荣的首个柑橘类产品。

2019年11月15日，德庆贡柑入选中国农业品牌目录。

2020年2月26日，广东省德庆县德庆贡柑中国特色农产品优势区被认定为第三批中国特色农产品优势区。

2020年5月20日，入选2020年第一批全国名特优新农产品名录。

二、广东省水果类地理标志存在的问题

（一）产业基础薄弱，规模化程度低

目前，广东省地理标志果品保护区内产业发展各环节的生产技术、基础设施仍比较落后。保护区产业集群大都是建立在劳动密集型的基础之上，且低成

本运营，产品与市场开发能力尤为薄弱，产业链之间也缺少链接。另外，由于果树集约化栽培、机械化操作、规范化管理很难实现，导致果园科技水平仍较低。许多果农缺乏现代栽培技术理念，导致精品果偏少。在销售环节上，缺乏现代果品分级包装生产线和冷藏运输设备，果品的商品化程度偏低。

（二）加工能力不足，产品附加值较低

我国果品消费主要是鲜食水果，广东省也不例外，其深加工产品占比极小。2020年年初，广东省的水果在不同区域都遇到了不同程度的滞销，虽有新冠肺炎疫情影响，但也反映出当前水果深加工能力有限的问题。发展水果深加工产业，一方面有利于缓冲水果集中上市的压力，降低滞销风险，平衡市场供给；另一方面，水果产业链条的延长，可提高水果产品的附加值，不仅能够增加农民的收入，同时有利于实现大量农民就地转移就业。

（三）龙头企业带动能力不足

龙头企业在服务农业、带动农民，促进农村产业融合发展，构建乡村产业体系等方面发挥着重要作用。在广东省部分地理标志果品保护区，龙头企业数目较少，发挥的作用甚微。现有的多家涉农企业均起步较晚、规模较小、实力较弱；龙头企业与生产基地的联系也相对比较松散，生产的组织化程度较低，龙头企业的带动作用并没有充分体现出来。

（四）品牌宣传力度不够

广东省地理标志果品大都在省内及周边有一定的知名度，但与福建的琯溪蜜柚、江西的赣南脐橙相比仍有较大的差距。广东省地理标志果品的营销半径普遍较小，导致其市场占有率低。即使部分果品能依靠旅游产业带动，但大部分产品网络营销不足，导致供销链长、批发商利润低、农民收益少。

（五）农村现代服务体系不健全

农村现代服务业依托于信息技术和知识经济发展起来，其应包含金融、信息科技咨询与服务、保险、餐饮、物流和休闲旅游等行业。目前金融、保险、信息科技等行业在农村地区发展相对较慢。由于农业生产成本高、利润率相对较低、回收周期长、自然灾害频繁、种类多、分布广、风险高、极易受气候变化、收入不稳定等因素影响，导致农村金融资源投入较少。农户和农业企业可贷款的数额少，同时金融服务机构往往要求贷款人提供抵押物或联保、小型信用担保来降低自身的经营风险，增加了融资的成本和难度。信息科技服务行业发展不足，缺少为水果类地理标志产品提供咨询、策划、代理的服务机构，尤其是缺乏能够拟订技术标准、生产工艺和操作流程的人才和机构。随着市场竞争的加剧，今后水果市场的竞争不再是拼价格、拼地段，而是精细化的科学生产运营管理，品种选育、果园修理保养管理、采摘、仓储、产品结构、定价、包装、配送、营销设计、人员管理等产销链中的每一个环节都需要信息技术来支撑，并能够有服务机构和人员来提供相应的服务。

三、广东省水果类地理标志发展建议

（一）提升果实品质，提高营销核心竞争力

地理环境的独特性赋予了地理标志果品一定的特质，因此，应在保持地理标志果品特质的基础上，在生产中提升果实品质。

1. 标准化种植

通过健全科技支撑体系，不断优化果业发展环境。通过制订标准有效监督果品生产的全过程，从而提升果品质量。可以大力发展特色水果产业，在贫困地区广泛开展测土配方施肥、高效节水灌溉、水肥一体化、树体养分综合管理等集约高效绿色生产技术，建立标准化的生产基地，让现代化水果产业拥有更多发展机遇，能够为当地村民创造更高收益。

2. 建立果品质量安全追溯制度，强化果品质量安全管理

详细记录生产过程中农用投入品的使用频次、用量等，逐步在生产、包装、加工、销售等环节建立可追溯的质量安全档案。不断健全和完善对肥料、农药、果品保鲜剂等投入品的质量监测制度，提高优质果品的市场占有率。从种植端到流通端，再到销售端建立良性循环，杜绝以次充好现象的发生，规范市场秩序，形成良好的市场环境。

3. 发展果品深加工，延长产业链

深加工是延长果品上市期、提高产品附加值、提升产品品质和产业竞争力的重要途径。政府部门应积极扶持深加工企业进行技术升级改造、设备更新和新产品研发，延长果品的上市周期，及时解决短期果品滞销问题，提升产品附加值。

（二）鼓励规模化、产业化发展

可以推动果品产业的集聚，将传统的果业生产与旅游业相融合，将果品品牌开发与旅游产品开发相结合，不断挖掘果品的产业价值。积极鼓励地理标志果品建立品牌生产基地，重点培育农村新型集体经济组织、家庭农场、现代农庄等，并积极推广"市场经营主体+农户+农业标准化+地理标志果品"的生产经营模式，扩大种植规模、延伸产业链，推进地理标志果品向规模化、产业化发展，为品牌营销竞争提供基础条件。

（三）打造产业循环模式

农业循环经济是指在可持续发展思想的引导下，运用生态学理论，以"减量化、再利用、资源化"为原则，以生态保护和资源的高效循环利用为核心，实现物质反复循环流动，建设资源环境友好型农业的发展模式。可利用资源优势，推广以畜牧业为核心的水果种养循环模式、以林果种植为中心的生态种养

循环模式或观光生态农业发展模式，提高产品的附加值。循环农业前期投入大，回报周期长，政府部门应加大资金扶持，有条件的设立专项资金，同时完善相关法律法规，保障循环农业健康发展。

（四）完善地理标志果品营销体系

1. 小众化精准传播

品牌整合营销以消费者为核心，建立品牌与消费者之间长期密切的关系。因此，在互联网时代，需要及时掌握消费者行为的变化。一是要建立消费者资料库。这包括消费者年龄、职业、地域、购买习惯等基本信息、消费者购买心理统计信息及以往购买记录等信息，充分了解消费者的兴趣、信息获取与分享方式、心理对品牌的预期等信息；二是细分消费者群体。面对国内水果和进口水果的众多选择，水果市场已转变为买方市场，消费者的个性需求日益凸显，需要细分消费群体。可以按照年龄、职业、地域等细分，也可以按照爱好、兴趣、需求、获取与分享信息方式等因素细分，以保证传播内容的有效性；三是精准送达信息。针对不同的细分消费群体，将合适的内容在合适的时间选择合适的方式传递给精准的人群。

2. 构建消费者互动平台

传统媒体"我说你听"的单向传播模式，生产经营者既不能保证信息及时到达消费者，也无法获取消费者的反馈信息。消费者也只能接触信息却没有渠道表达自己的心声，使得品牌与消费者沟通互动之间出现了障碍。互联网时代应建立"有来有往"的双向传播模式，实现品牌与消费者的对话，直接倾听消费者的声音。可以通过留言评论、转载转发、有奖投票等福利活动，刺激消费者积极参与互动平台中，获取消费者反馈的信息并及时作出相应的策略调整。

3. 整合传播媒介工具

一是以新型媒体为主导。通过网站、论坛、搜索引擎等互联网媒体和微信公众号、微博、抖音等新媒体准确锁定传播目标并进行有效传播。如开设微信公众号，定期发布地理标志水果宣传软文、地理标志水果大事记，鼓励原产地居民积极转发，利用各路人脉来扩大公众号的影响力。同时，适当增加电视广告投放和平面媒介投放的力度。二是以移动媒介为补充。即通过公交车、地铁、动车冠名的形式进行品牌推广。移动媒介推广直观，覆盖面广与传达率高，非常符合水果品牌传播策略的诉求。三是以口碑传播为助力。口碑传播虽是一种非正式的人际传播活动，但其具有强大的市场控制力，被誉为"零号媒介"，其成本低、可信度高、效果好。可以通过游客、原产地居民的人际关系网，进行口碑传播。

随着乡村振兴战略全面开启，质量兴农、绿色兴农、品牌强农成为转变农业发展方式，提升农业竞争力、实现乡村振兴的重要抓手。以消费者为导向的全产业链理论对发展水果类地理标志品牌有着非常重要的指导作用，广东省要建立水果类地理标志品牌强区，需要各建设主体积极参与品牌创建、运用科学技术推动产销链过程的标准化、建立"大区域"地理标志水果产业链、加强品牌整合营销传播策略。

（五）加强地理标志果品的品牌文化建设与宣传

创建农产品地理标志品牌的市场形象是增加农产品市场竞争力的主要手段之一。近年来，广东省各地为保护地理标志产品，出台了一系列鼓励地理标志产业发展的政策和措施，为地理标志品牌创建和产业壮大营造了良好的发展环境。政府部门应强化监督管理，杜绝乱用、滥用地理标志产品品牌的现象。各地区应不断拓宽宣传渠道，积极整合现有的品牌，结合地区传统文化，进行多种形式的宣传推介活动。可将果品的生产过程制作成纪录片，丰富消费者的感性认识。利用网络、电视、广播等多种平台，推广普及地理标志果品的有关知识。如通过视频播放平台大力宣传地理标志果品的特色。同时充分发挥龙头企业、行业协会的作用，通过博览会、特色节庆活动、产品展销会、农产品交易会等多种营销活动进行品牌的整合传播，提高公众对品牌形象的认知度和美誉度，做大做强果品品牌。

（六）积极推进果品网络营销

建议通过与高校合作，组织各类培训，培养农产品电商人，创建农村电商孵化基地，引导现有的农村经纪人转型电商。开拓微信公众平台、微博、淘宝、聚划算等网络营销方式，扩大产品销售渠道和范围，提高市场占有率。鼓励大学毕业生、农村返乡创业青年等群体自主创业，创办小微农产品电子商务企业或农产品网店，开展果品网上营销。构建农产品网络营销物流配送体系，配套建设冷链物流项目，尽快建立更大范围的农产品绿色通道。

（七）加强政策扶持

政府部门应加大对地理标志果品的财政投入力度，扶持水果基地建设和科技创新，支持果品产区发展现代农业。为切实解决经营大户、龙头企业融资难的问题，政府可通过政策引导，鼓励金融机构扩大果业信贷规模，为果业发展提供资金保障。还可协调保险机构丰富保险业务，通过加大保险保费补贴，增强果业的抗风险能力。培育和发展一批有优势、有特色、竞争力强的龙头企业，通过规模经营，辐射和带动周围农户，稳定农村经济。①

---

① 刘春明："福建省水果类地理标志品牌全产业链发展路径"，载《三明学院学报》2019 年第 36 卷第 5 期。

第三节　广东省蔬菜类地理标志

一、广东省蔬菜类地理标志发展状况

（一）数据统计（见表6-7，表6-8，表6-9）

表6-7　广东省已登记保护蔬菜类农产品地理标志名录

产品名称	产地	证书持有者	登记年份
高堂菜脯	广东省潮州市	饶平县高堂菜脯加工企业协会	2012
杜阮凉瓜	广东省江门市	江门市蓬江区杜阮镇农业服务中心	2013
连州菜心	广东省清远市	连州市农作物技术推广站	2014
恩平簕菜	广东省江门市	恩平市农业科学技术研究所	2015
三水黑皮冬瓜	广东省佛山市	佛山市三水区农林技术推广中心	2016
福田菜心	广东省惠州市	博罗县福田镇农业技术推广站	2016
甜水萝卜	广东省江门市	江门市新会区崖门镇农业综合服务中心	2017
阳山西洋菜	广东省清远市	阳山县农业科学研究所	2018
惠东马铃薯	广东省惠州市	惠东县马铃薯协会	2020
鹤山粉葛	广东省江门市	鹤山市双合镇农业综合服务中心	2020
矮陂梅菜	广东省惠州市	惠州市惠城区菜篮子工程科学技术研究所	2020

注：本表数据统计截至2021年11月。

表6-8　广东省已登记保护蔬菜类地理标志商标名录

所属地市	所在县（区）	地理标志商标产品
广州市	增城区	增城菜心
	南沙区	新垦莲藕
佛山市	高明区	合水粉葛
	三水区	三水黑皮冬瓜

续表

所属地市	所在县（区）	地理标志商标产品
清远市	连州市	星子红葱
	英德市	西牛麻竹笋
	阳山县	阳山淮山
韶关市	乐昌市	北乡马蹄
揭阳市	揭东区	埔田竹笋
湛江市	徐闻县	徐闻良姜
汕头市	南澳区	南澳紫菜

* 本表数据统计截至 2021 年 11 月。

表 6-9　广东省已登记保护粮食类地理标志产品名录

所属地市	所在县（区）	地理标志商标产品
广州市	增城区	增城迟菜心
	南沙区	新垦莲藕
佛山市	高明区	合水粉葛
惠州市	惠城区	惠州梅菜
清远市	连州市	星子红葱
	英德市	西牛麻竹笋、西牛麻竹叶
	阳山县	阳山淮山
	连山县	连山大肉姜
	佛冈县	竹山粉葛
韶关市	曲江区	火山粉葛
揭阳市	揭东县	埔田竹笋、吴厝淮山
梅州市	蕉岭县	三圳淮山、蕉岭冬笋
湛江市	徐闻县	徐闻良姜

续表

所属地市	所在县（区）	地理标志商标产品
汕头市	澄海区	潮汕橄榄菜、潮汕贡菜
茂名市	电白县	水东芥菜
汕尾市	陆丰市	虎瞰金针菜
	陆河县	陆河木瓜

注：本表数据统计截至2021年11月。

（二）蔬菜类地理标志典型案例

1. 增城迟菜心[①]

增城迟菜心，广东省广州市增城区特产，中国国家地理标志产品。2010年11月23日，原国家质检总局发布《国家质检总局公告2010年第133号》批准对"增城迟菜心"实施地理标志产品保护。2019年11月15日，入选中国农业品牌目录。2020年5月20日，入选2020年第一批全国名特优新农产品名录。[②]

增城迟菜心，因其有着悠久的种植历史和经验，素有"菜心之王"的美誉，同时也是国家地理标志产品。增城迟菜心虽以其优良品质、香甜可口的味道传颂四方，却有着极大的季节限制性。据原增城区农业局种植业科负责人介绍，增城迟菜心的生长对温度有着一定的适应条件，生长适温在5~25℃，因此要在增城种植迟菜心，只能于每年8月至翌年1月播种，11月至翌年4月上市，制约了增城迟菜心的发展。近年来，经过增城区农业部门的积极引导，利用"一带一路"的发展倡议，鼓励当地企业积极走出去，很多企业开始在宁夏、甘肃等地建立异地蔬菜种植基地，极大地推动了增城迟菜心的发展，促使增城迟菜心目前可以在市场上实现全年供应。

（1）地域范围。增城区位于广东省中部，珠江三角洲东北角，地域面积为1 616.47 km^2。其区内经流珠江支流东江水系，流域面积超过500 km^{2}的河流有东江、增江、西福河3条。增城区的农业用地有13.72万hm^2，占84.91%，而增城迟菜心的地理标志产品保护产地范围涵盖增城区派潭镇、小楼镇、正果镇、中新镇、朱村街道办事处、荔城街道办事处、增江街道办事处7个镇街道现辖行政区域。

（2）独特的自然生态特征。增城区属南亚热带海洋性季风气候，气温高、

---

① 此部分内容参见吴彩玉、陈敏忠、宋海凤等："菜心盈翠冬日迟，天赐丰饶胜奇葩 农产品地理标志保护产品——增城迟菜心"，载《长江蔬菜》2019年第6期。

② 360百科："增城迟菜心"，载360百科网 https://baike.so.com/doc/2908261-3068985.html，访问日期：2021年8月20日。

雨量充沛、土壤肥沃，适宜热带、亚热带作物生长，是著名的荔枝之乡、鱼米之乡。全市森林覆盖率达48%，拥有蕉石岭、大封门、南香山等森林公园和自然生态保护区，而农业种植区域以丘陵山地和珠江三角洲平原为主。特殊的地理位置，优越的气候条件，成就了增城的农业，仅耕地面积就达2.99万hm^2，其中水田2.46万hm^2，粮食种植面积达4.14万hm^2，蔬菜复种面积2.71万hm^2，水产养殖面积0.44万hm^2。

（3）历史人文渊源。增城迟菜心产地大部分集中于增城东北部的罗浮山脚下，这里自古就是山水胜地，有历史考证，东晋时期著名药学家葛洪就曾在此采砂炼丹。增城迟菜心的由来，据民间传说跟八仙中的何仙姑（据传何仙姑就是增城人，民间称为七姐）有关。在唐朝早年，天下大旱，中暑而亡者不计其数，何仙姑为拯救各地百姓，将篮中仙草结成草马，使其下界化身为凉粉草，让人熬制成药，去暑降温。然而草马下凡之时，身上还沾了1粒种子，最后变成1棵清甜、多汁的野菜，在凡间和凉粉草生长在一起，即现在的增城迟菜心。而增城迟菜心之名的由来，却与一首诗有关。诗云："流水桥深一径斜，仙人移出白云家。浪游远迹张骞石，清燕遥传葛令砂。洞里龙文开五色，岩前珠树散三花。七姐洞中神仙草，辗落名山显物华。菜心盈翠冬日迟，天赐丰饶胜奇葩。"该诗作者是一位叫张度的尚书。据说在元末明初之时，贤人张度等学子为躲避战乱曾避难于罗浮山下的增城，正值寒冬季节，张度等人所带口粮早已吃完，正在路边休息之时，见到路旁有一种长得很高大且青翠盈盈的野菜，张度难忍饥饿，便将这些野菜采来烹食，结果发现这种野菜爽口清甜，食用后饥渴尽消，精神饱满。后来张度考上进士当了尚书，重游增城山岩的农田间，得知当日充饥的野菜就是传说中何仙姑的草马带落凡间的菜种，顿时诗意大发，便写了此诗。自此，这种青菜便得名增城迟菜心。

（4）生产栽培技术。

一是产地环境要求。增城迟菜心的根系较浅，须根多，宜选择土质疏松、通透性好、有机质含量丰富、排水性能良好的壤土或砂壤土。可根据播种季节来选择适合当地种植的优良品种。春季栽培应选择中熟、抗病品种；夏秋栽培选择早熟、耐高温、抗病品种；秋季栽培选择中熟、高产品种。

二是田间管理。定植后，及时除草，避免草荒。菜心的施肥应采取勤施、薄施、早施的原则。一般以速效性氮肥为主，并适当加施磷钾肥。3~5天后追肥，每667 m^2需施用充分腐熟的农家肥500~700 kg或蔬菜专用复合肥5~10 kg。植株进入叶片旺盛生长期和现蕾期时，每667 m^2追施蔬菜专用复合肥15~20 kg。主薹采收后，可追施重肥促进侧薹生长。菜心不耐旱也不耐涝，生产上应采用少量多次浇水的原则。

三是产品品质特色及深加工开发。菜心根系浅，须根多，根群主要分布于土内 3~10 cm 深。叶片绿色或浅绿色，叶宽卵形或椭圆形，叶脉明显，叶缘波状；叶片、叶柄、菜薹披蜡质白色粉状物。花薹为食用部分，有沟纹，主薹长 35~45 cm、直径 2.0~3.3 cm，质量约 250 g，绿色或淡绿色，花蕾多，清甜少渣，品质脆嫩。菜心的营养保健价值十分高，富含维生素 C，每 100 g 鲜食部分中含有粗蛋白 2.2 g，脂肪 0.5 g，碳水化合物 2.8 g 及多种微量元素，而且含有多种氨基酸，其中谷氨酸的含量最高。

菜心的深加工根据其营养特性主要分为两类。一类是传统的菜心食用产品，一般作为餐饮食用，主要可加工的食品有：传统烹饪菜心、罐头菜心、酸泡菜心、菜心饮料、粉末菜心等。另一类是作为休闲的菜心食品食用，现加工成的主要食品有：菜心脯、菜心蜜饯、菜心脆片、菜心糖、颗粒菜心、膨化菜心等。深加工拓宽了菜心产品的应用范围，提高了其经济价值，而今菜心的综合利用开发范围更广，大大提高了它的附加值。如可制成洗护用品，加工的肥料用于沼气的制备或是制成生物乙醇等。

（5）品牌建设和发展。为了推广迟菜心这个品牌，增城现每年冬至前后都会举办增城菜心美食节。增城菜心美食节新闻发布会 2007 年走进北京人民大会堂、2008 年走进广州正佳广场、2009 年走进我国香港地区。2013 年第十届广州增城菜心地理标志节开幕式秉承节俭办会的要求，一盆盆迟菜心摆放在现场显眼处作为装饰，会场既简朴又别出心裁，据主办方统计，增城菜心美食节首日迎客达 3 万人次。由于增城迟菜心已家喻户晓，即使同是迟菜心，在广州市场的销售价格却相差很多。超市里卖的盒装增城迟菜心，在广州及珠三角地区的一些超市可以高达 40 元 /500 g。

增城已制定《增城菜心生产技术规程》并进行广泛推广，严格按照无公害蔬菜生产标准种植，统一使用农家肥和无公害农药，从而保证了产品的质量和安全，成为增城打造绿色农业品牌的一大亮点。目前，种植增城菜心面积达 2 000 多 hm^2，年产值 3 亿元。从 2008 年开始，增城市质量技术监督局与农业等相关部门以及小楼镇政府，紧紧围绕实现农业增效、农民增收的目标，在小楼镇的腊布村建立 40 公顷的迟菜心标准化示范区。

一项项标准化种植技术，从点到面，被固化成作业标准卡，走进了每一块地，每一条垄，每一棵菜心。广州绿聚来农业发展有限公司发挥示范带动作用，以"公司 + 基地 + 农户"的模式，不仅"链接"着几百农户开展标准化种植，解决剩余劳动力 5 000 多人，而且发挥农业龙头企业作用，一头联系农户，一头联系市场，每年为当地农民增收 3 000 多万元。在小楼镇示范区旁设立的蔬菜农药残留检测站，承担着整个示范区迟菜心每次农药用后和上市的监测。为实现无公害生产，小楼镇政府农业办公室监管着整个示范区，将育苗、种植、施肥、用药的"绿色"和"质量安全"标准技术贯穿于迟菜心种植的全过程。将成熟的标准化地理标志种植模式集成起来，统一写进农户生产责任的合同文本里，并纳入分片干部的目标考核体系之中，实现了蔬菜的绿色种植，取得了无公害农产品认证和地理标志保护产品，大大提高了产品的附加值，不仅实现了农超对接，而且还大量出口到我国香港和台湾等地区，增加了农民收入。

2. 甜水萝卜[①]

甜水萝卜，广东省江门市新会区特产，全国农产品地理标志。

新会区崖门镇地处北回归线以南，属于亚热带海洋性季风气候，热量足，雨量充沛，气候温和，多年平均气温22.4℃，极端最高气温38.3℃，极端最低气温为0.1℃，多年平均降雨量2 379毫米，适宜种植萝卜。甜水萝卜茎块大、直立、近圆柱状，长35~45 cm、直径8~10 cm、重2.5~3 kg，皮色雪白、口感清甜爽口、嫩滑无渣。

2017年12月22日，原中华人民共和国农业部发布《国家农业部2017年第2620号公告》正式批准对"甜水萝卜"实施农产品地理标志登记保护。

（1）产地范围和环境。甜水萝卜的地理标志保护的区域范围为江门市新会区崖门镇的甜水村、明苹村、黄冲村、龙旺村、京梅村、京背村、横水村共计7个行政村。

崖门镇地形复杂，有丘陵山地及平原，西面有古兜山脉，山边是丘陵和台地，东南部有银洲湖环绕，靠近古兜山处地势较高，靠近银洲湖的地势较低，形成由西向东倾斜。盛产甜水萝卜的地域范围位于崖门镇的中部，地处珠江三角洲的大山脉——古兜山脚的盆地上。

崖门镇多为砂壤土，土壤肥沃，土质疏松，土壤pH平均值6.0~7.0，土层疏松肥沃。

崖门镇位于珠江三角洲西部，地处珠江水系崖门出海口，水资源丰富，湖岸线长26公里，有大中小型水库17座，总库容量达2 540.6万 m^3。

（2）品质特性。甜水萝卜茎块大、直立、近圆柱状，长35~45 cm、直径8~10 cm、重2.5~3 kg，皮色雪白、口感清甜爽口、嫩滑无渣。内在品质指标：甜水萝卜营养价值丰富，总糖≥2.22%、蛋白质0.79%~0.86%、维生素C 14~15米克/100克、钙98~209米克/千克、磷251~259米克/千克、铁2.83~3.03米克/千克、碳水化合物3%~5%、膳食纤维0.8%~1.6%。

（3）药用价值。中医认为，萝卜性凉，味辛甘，无毒，入肺、胃经，能消积滞、化痰热、下气、宽中、解毒，治食积胀满、痰咳失音、肺痨咯血、呕吐反酸等。萝卜具有很强的行气功能，还能止咳化痰、除燥生津、清热解毒、

---

① 此部分内容参见360百科："甜水萝卜"，https://baike.so.com/doc/355686-376753.html，访问日期：2021年8月20日。

利便。萝卜可增强肌体免疫力，并能抑制癌细胞的生长，对防癌、抗癌有重要意义。萝卜中的 B 族维生素和钾、镁等矿物质可促进胃肠蠕动，有助于体内废物的排出。常吃萝卜可降低血脂、软化血管、稳定血压，预防冠心病、动脉硬化、胆石症等疾病。

（4）历史渊源。新会区崖门镇甜水萝卜的种植历史传承已有 200 多年，据《江门市志》记载，甜水萝卜在清嘉庆四年（1799 年）开始栽种。

2014 年，崖门以甜水村委会及甜水萝卜种植户为主体，成立了甜水萝卜种植专业合作社，在原本"农户＋基地"的基础上，增添了"专业合作社"，实行"专业合作社＋农户＋基地"的经营模式发展甜水萝卜。

（5）生产情况。2017 年，广东省江门市新会区崖门镇甜水村甜水萝卜种植面积约 300 亩，亩产量 2 000 kg 到 3 000 kg。

（6）产品荣誉。

2004 年，"甜水萝卜"商标成功注册。

2006 年，甜水萝卜申报为无公害农产品。

2015 年，甜水萝卜被评为"江门市名特优新农产品"。

2017 年 12 月 22 日，原中华人民共和国农业部正式批准对"甜水萝卜"实施农产品地理标志登记保护。

（7）标志使用规定。地域保护范围内的"甜水萝卜"生产经营者，在产品或包装上使用"甜水萝卜"农产品地理标志及图案，必须字迹清晰，容易辨认，必须向崖门镇农业综合服务中心提出申请，申请通过后方可采用甜水萝卜农产品地理标志公共标识字样和标志图案，并按照要求规范生产和使用标志。

二、广东省蔬菜类地理标志的优势

（一）政策环境向好

在我国，蔬菜是"菜篮子工程"的重要组成部分，是农民增收致富的重要经济作物。2017 年以来的中央一号文件多次对蔬菜等特色产业发展、地理标志保护提出明确要求；2019 年中央一号文件明确因地制宜发展多样性特色农业，强化农产品地理标志和商标保护，创响一批"土字号""乡字号"特色产品品牌，果菜茶位列首位；2020 年中央一号文件明确要求"加强绿色食品、有机农产品、地理标志农产品认证和管理，打造地方知名农产品品牌，增加优质绿色农产品供给"。同时，作为劳动密集型产业，特色蔬菜和农民利益联结紧密，在我国脱贫攻坚战中也发挥着重要作用。2019 年政府工作报告又明确实施地理标志农产品保护工程。2021 年国务院印发《知识产权强国建设纲要（2021—2035）》提出要打造特色鲜明、竞争力强、市场信誉好的产业集群品牌和区域品牌。推动地理标志与特色产业发展、生态文明建设、历史文化传承以及乡村振兴有机融合，提升地理标志品牌影响力和产品附加值。实施地理标志农产品保护工程。可以说，目前正处于发展蔬菜类地理标志农产品良好政策机遇期。

（二）市场空间广阔

蔬菜不仅是人们的重要食物之一，也是维持人体健康所必需的维生素、矿物质和膳食纤维的主要来源。一方面，蔬菜作为人们生活不可或缺的部分，其行业发展在较大程度上受社会因素，尤其是人口因素的影响，即人口数量和结构、人们的饮食结构都可直接影响蔬菜行业的市场发展。近年来，我国人口总量整体呈上升趋势，根据2021年最新公布的第七次全国人口普查结果，我国人口总量已达到14亿多，特别是随着人口的老龄化、"三高"和肥胖症等富贵病人群的壮大，"清淡饮食、多食蔬菜"日渐成为健康饮食的共识，这为蔬菜行业的发展提供了巨大的市场空间。另一方面，随着我国社会主义基本矛盾的转变，人们对美好生活的向往已成为广泛关注的焦点和热门话题，作为美好生活的重要组成部分，饮食消费已经处于口福消费与营养保健消费共存的阶段。人们的饮食消费理念悄然转变，如今不仅要吃得安全、吃得放心，还要吃得可口、吃得营养，吃出特色、吃出健康，吃出文化、吃出乡愁，这为集品质特色和乡土文化于一身的蔬菜类农产品地理标志的发展提供了广阔空间。

三、广东省蔬菜类地理标志存在的问题

（一）种质资源保护利用不充分

独特的产品品质是农产品地理标志的"魂"，在决定产品品质特色的诸多因素中尤为重要的一个就是品种，对于农产品地理标志产品品质特色保持来说，传统种质资源的保护与利用显得尤为重要。我国蔬菜种质资源研究利用工作起步较晚，基础较薄弱，从中华人民共和国成立到20世纪末，国家层面主要开展了蔬菜地方品种资源的考察搜集、繁种编目、入库保存和鉴定评价工作；进入21世纪后，才在继续拓展国家蔬菜种质资源库的同时，逐步注重优异资源的挖掘和创新利用工作。种质资源保护利用大多都是基础性工作，周期长又纷繁复杂，需要消耗大量人力、物力、财力，又不能直接取得经济效益，科研人员的积极性受到严重影响，加之科研机构之间以及科研机构和经营主体之间尚未形成畅通的种质资源信息共享渠道，相当一部分蔬菜种质资源仅仅停留在保存和更新阶段，尚未得到有效的创新利用。

（二）生产管理水平参差不齐

特异性、一致性和稳定性是农产品地理标志产品作为一种特色商品必须具备的"三性"，与此"三性"密切相关的因素除了独特品种、独特产地环境外，就是特定生产方式，即生产管理水平这一关键要素。广东省虽城市化程度较高，

但农村人口仍不在少数，耕地资源有限，农业生产特别是蔬菜生产大多以小农户为单位，近些年广东省各地重点培育和支持专业大户、家庭农场、农民合作社、农业产业化龙头企业等新型农业经营主体，制订了生产技术规程，但受组织化、规模化程度和从业人员素质等诸多因素的影响，在同一生产区域中，不同主体对传统特定生产方式的运用和传承程度参差不齐，生产管理水平也是高低不一，导致部分地方蔬菜产品特异性和一致性保持不佳，进而被挡在了农产品地理标志登记申报门槛之外。

（三）思想观念和认识不到位

在农产品地理标志登记工作实践中，一些地方对登记保护的认识还不够全面，如不重视与过度重视两极分化、重登记而轻保护现象比较突出，这两点在蔬菜产品上表现尤为突出。目前广东省内各地登记蔬菜类农产品地理标志数量存在不平衡现象。除了资源禀赋和历史人文因素外，主要与各地重视程度有关。一些地方不切实际设置登记数量指标，有关部门全力组织申报，获证后偃旗息鼓，政府不打造产业，证书持有人不授权用标，从而导致"僵尸证书"的出现，这样不仅造成公共资源的浪费，也对农产品地理标志登记事业造成了不良影响。

（四）溢价效应不明显

一是特色产品泛化，缺少忠实消费群体。一些地方政府急于发展特色产业，无法同时兼顾数量和质量，获得农产品地理标志登记证书后一味地扩面积、增单产、提总量，忽视了质量控制技术规范的落实，产品的独特品质得不到有效的保证，加之标志授权使用把关不严、普通产品冒用滥用标志等现象的存在，严重影响了消费者的购买体验，一次体验没有达到预期，再次消费的意愿势必会消减。此外，如果产品产量提升了，但单价并未提升甚至下降，农民受益并不明显，也会产生恶性循环。二是产业链条不完善，直接影响产品溢价。我国特色蔬菜种类多、面积大，产量也比较可观，但总体上产业链结构还不够完善，如生产环节标准体系缺失、监管手段偏弱、监测与追溯体系不健全，流通环节预冷、冷藏设施设备配套差，包装标识比率低，运输配送时限长，加工环节技术研发滞后，质量标准不统一等，这些都严重影响了产业链延伸，进而导致产品溢价不明显。

四、广东省蔬菜类地理标志发展建议

总体上看，我国蔬菜类农产品地理标志登记保护内部优势大于劣势，外部发展机遇远大于威胁。为了更好地提升蔬菜类农产品地理标志登记质量，今后可着重加强以下几个方面的工作。

(一)加大蔬菜品种的保护和利用力度

决定蔬菜产品品质好坏最主要的因素就是品种。由于我国针对特色蔬菜种质资源的收集储备研究起步较晚,许多野生资源和地方品种资源没有得到有效的整合保护,因此种质资源研究存在创新性不足、利用程度过低等问题。为了更好解决以上问题,可以采取以下4项措施:一是建立畅通的蔬菜种质资源交流途径和完善的种质资源保护制度,进一步统一、规范蔬菜种质资源入库保存工作;二是集中开展特色蔬菜产品种质资源调查,建设一批特色种质资源保护库,挖掘培育一批原生态品种,使优异传统蔬菜资源得到充分保存和利用;三是在蔬菜类农产品地理标志保护培育工作中,加强良种繁育基地建设,重点做好传统特色优质蔬菜品种的繁育、提纯、复壮,提升特色品种的供给能力;四是加强科技成果转化能力,以社会需求为导向,促进品质独特的优良品种转化为市场化蔬菜产品,为登记工作打下基础。

(二)提升蔬菜类产品标准化生产水平

针对当前部分蔬菜产业生产主体水平差距较大,从而导致产品品质特异性和一致性保持不佳的情况,提出以下几项措施供选择参考:一是充分发挥地方农业农村部门技术优势,组织行业专家和一线生产技术人员,制订统一的产品质量控制技术规范;二是加强技术指导和培训,将质量控制技术规范转化为简便易懂的操作图、计划书和短视频,加大对各类生产主体和农民的宣传培训,确保各类生产者都能按规定生产;三是建立健全地理标志农产品生产记录档案管理、产品追溯等制度,生产主体应真实、完整地记录生产过程中投入品使用、病虫草鼠害防治、产品流通去向等情况,保证产品可追溯。

(三)提高对农产品地理标志工作的认识

理念先导,思想先行。现阶段部分地方农产品地理标志登记保护工作中存在的重登记、轻保护和过度重视与不重视两极分化等现象,主要是由于对农产品地理标志登记保护认识不全面、不充分造成的。农产品地理标志产品依托于当地自然资源与种质资源,与农民利益联结紧密,蔬菜类产品登记保护主要是为了促进区域特色蔬菜产业发展,推动特色标准化生产、产业化经营和品牌化营销,传承发展传统中华农耕文明、促进农民增收,登记工作要立足于当地自然资源禀赋、人文历史传承和产业发展规划,成熟一个,登记一个,切忌盲目追求数量,将一些没有特色的产品进行申报和登记,偏离了登记保护的目的和初衷,证书仅仅是登记保护的一个环节,更多的时候是第一个环节,后续的产业提升、品牌宣传和农民增收才是重点。

(四)增强蔬菜类地理标志产品市场竞争力

在实际工作中,很多蔬菜类产品通过农产品地理标志登记保护实现了很好的社会效益和经济效益,也有部分地方反映登记后产品并未实现溢价,销量也未能大幅增加。品质独特是地理标志农产品的核心竞争力，对于蔬菜类产品，相关方面应重点围绕"小""特""精"来发展产业，重点打造品质优良、口感独特的产品，切忌盲目扩大生产面积，地方政府应严格制定特色蔬菜类农产品地理标志产业发展规划，提供必要的政策和资金支持，搭建品牌宣传平台；农业农村部门应发挥技术优势，重点做好产品质量控制技术规范落实工作，加强对品质跟踪监测，指导和监督农产品地理标志公共标识使用；证书持有人和生产经营主体在严格做到全产业链按规生产的基础上，应重点加强品牌宣传和市场营销，使产品走出产地，促进特色蔬菜产业发展和农民增收，实现蔬菜类农产品地理标志登记保护的固有意义。①

第四节　广东省畜禽类地理标志

一、广东省畜禽类地理标志发展状况

（一）数据统计（见表6-10，表6-11，表6-12）

表6-10　广东省已登记保护畜禽类农产品地理标志名录

产品名称	产地	证书持有者	登记年份
饶平狮头鹅	广东省潮州市	饶平县农业技术推广中心	2012
马冈肉鹅	广东省江门市	开平市禽业协会	2013
清远黑山羊	广东省清远市	清远市畜牧技术推广站	2016
阳山鸡	广东省清远市	阳山县畜牧技术推广站	2018
龙门蜂蜜	广东省惠州市	龙门县养蜂协会	2019
龙门三黄胡须鸡	广东省惠州市	龙门县农产品行业协会	2019
石岐鸽	广东省中山市	中山市农业科技推广中心	2020

注：本表数据统计截至2021年11月。

---

① 赵坤、宫凤影、孙志永等："我国蔬菜类农产品地理标志发展SWOT分析及对策建议"，载《中国蔬菜》2021第2期。

表 6–11　广东省已登记保护畜禽类地理标志商标名录

所属地市	所在县（区）	地理标志商标产品
清远市	清新县	清远鸡
阳江市	阳江市	阳江黄鬃鹅
茂名市	信宜市	信宜怀乡鸡

注：本表数据统计截至 2021 年 11 月。

表 6–12　广东省已登记保护畜禽类地理标志产品名录

所属地市	所在县（区）	地理标志商标产品
清远市	清新县	清远鸡
清远市	连南县	清远乌鬃鹅
肇庆市	怀集县	桥头石山羊
韶关市	南雄市	南雄板鸭
阳江市	阳江市	阳江黄鬃鹅
茂名市	信宜市	信宜怀乡鸡

注：本表数据统计截至 2021 年 11 月。

（二）畜禽类地理标志典型案例

1. 石岐鸽[①]

石岐鸽是我国广东省中山市最早培育成功的肉鸽优良品种。由于大量集中产于广东省中山市石岐区，故名为石岐鸽。石岐鸽由鸾鸽、卡奴鸽、王鸽与本地鸽经多元杂交而成。2020 年，国家农业农村部批准对"石岐鸽"实施农产品地理标志保护。

（1）地域范围。石岐鸽地域保护范围为中山市所辖石岐区、东区、南区、西区、小榄镇、沙溪镇、古镇镇、火炬区、港口镇、神湾镇、大涌镇、板芙镇、横栏镇、民众镇、黄圃镇、阜沙镇、南头镇、东凤镇、五桂山镇、三角镇、三乡镇、南朗镇、东升镇和坦洲镇共计 24 个镇（区）277 个村（居）委会。地域保护面积 1 800 平方公里，现年出栏 210.44 万只，年产量 1 000 吨。

---

① 此部分内容参见百度百科："石岐鸽"，载百度百科网 https：//baike.baidu.com/item/石岐鸽/5805525，访问日期：2021 年 8 月 20 日。

（2）产品品质特性。①外在感官特征。石岐鸽体型长，形如芭蕉蕾，羽毛以白色为主，体型较大。平头光胫，眼睛较细，鼻长嘴尖，鼻瘤和嘴均为粉白色，胸圆，脚红色。石岐鸽宰后皮肤浅米黄色，皮下脂肪少，肌肉淡红色、有光泽且富有弹性。公鸽头较圆，额稍凸出，颈较粗，鼻瘤较大，基部具有皱纹，嘴甲较阔，成年公鸽体重700~750 g。母鸽头较细，额不凸出、较斜，颈较细，鼻瘤较小、较嫩，成年母鸽体重650~750 g。石岐鸽乳鸽肉质嫩、多汁、味鲜美、带有丁香味。②内在品质指标。石岐鸽蛋白质含量较高，脂肪含量较低，经抽验检测，蛋白质≥ 20 g/100 g，脂肪为≤ 2.6 g，还富含维生素B2和维生素B5。③安全要求。石岐鸽养殖环境和产品质量均符合国家标准。

（3）自然生态环境和人文历史因素。一是地域保护范围地形地貌。由大陆架隆起的低山、丘陵、台地（24%）和珠江口的冲积平原、海滩（68%）组成，河流面积为8%。养殖基地主要在低山、丘陵、台地，其土壤为赤红壤，赤红壤富含沙石有利于石岐鸽生长。

二是地域保护范围气候特征。地处低纬度区，北回归线以南，属亚热带季风气候，太阳辐射量丰富，光热充足，终年气温较高，历年平均日照时数为1 843.5 h，全年最热为7月，日均温度28.4℃，最冷为1月，日均温度13.2℃，历年平均温度为21.8℃。年相对湿度81%左右。适宜鸽子生长。境内三面环水，西江、北江经流，濒临南海，夏季风带来大量水汽，成为降雨的主要来源，年降雨量达1 738 mm，降水量达29.18亿 m³，在低山、丘陵、台地的常绿季雨林间多见山涧、溪流、水库，为养殖业提供天然山泉水。

（4）特定生产方式。

①产地选择。在"石岐鸽"保护区域范围内，"石岐鸽"养殖基地应避开自然保护区的核心区和缓冲区，选择阳光充足，水电、交通方便，有可饮用的天然山泉水，地势平缓，干燥通风处建造鸽舍，符合动物防疫条件和环保要求。②品种选择。选用传承"石岐鸽"品质的品种，并历经数十年的选育，具遗传稳定好、适应性广、耐粗饲、抗病力强、生产性能高以及适宜中山生态环境的优质石岐鸽。③特定的养殖方式。石岐鸽饲养管理严格按照广东省地方标准《石岐鸽饲养技术规程》（DB 44/T200）、中山市农业地方标准《肉鸽人工孵化技术规程》（DNB 44200/T19）、《种鸽生产技术规程》（DNB 44200/T25）和《鸽场防疫技术规范》（DNB 44200/T19）。④产品上市。石岐鸽饲养至18—30日龄出栏上市，主要以活鸽方式销售。⑤生产记录要求。按照农产品质量安全的要求建立生产记录（包括免疫用药）记录档案，所有记录应保存两年以上，以备查阅。

（5）包装标识相关规定。在保护区域内的石岐鸽养殖者，在产品或包装上使用已获登记保护的农产品地理标志，需向登记证书持有人中山市农业科技推广中心提出申请，按照本规范要求生产，并按照《石岐鸽农产品地理标志使用管理办法（试行）》使用标志，统一采用石岐鸽农产品地理标志公共标识相结合的标识标注。

2. 马冈肉鹅[①]

马冈肉鹅，广东省江门市开平市特产，全国农产品地理标志，是广东省地方优良鹅种之一，其种源于开平市马冈镇，故名"马冈鹅"。马冈鹅体型适中，头、嘴、脚皆乌黑色，羽毛灰黑色，头大颈粗、胸宽、脚高，皮薄，肉纹纤细，肉质好，脂肪适中，味道鲜美，是制作传统烧鹅的好材料。此外，马冈鹅抗病力强，粗食早熟、易长，产蛋较多。

2013年9月10日，原中华人民共和国农业部发布《国家农业部第1989号公告》，正式批准对"马冈肉鹅"实施农产品地理标志登记保护。

（1）产地范围和环境。马冈肉鹅农产品地理标志地域保护范围为开平市所辖的15个街道办事处和乡镇，226个村民委员会。地理坐标为东经112°13′00″~112°48′00″，北纬21°56′00″~22°39′00″。

开平市地处亚热带，属南亚季风气候区，濒临南海，有海洋风调节，雨量充沛，阳光充足，季风明显，夏长冬暖，无霜期长。光、热、水资源丰富，年平均气温21.3℃~22.6℃，年平均日照时数2 009 h，年平均降雨量1 887 mm，气候温和，雨量充足，气候条件对农业生产有利，青绿饲料资源丰富，可全年提供优质的青饲料，为放牧养鹅提供有利的条件。开平市处于潭江中游，市区潭江、苍江相伴，两江江水穿城而过，水深河宽，环境优美；境内河流纵横、库塘面积宽大，有著名的大沙河水库、立新水库、镇海水库、龙山水库等，水量丰盈，水质优良，为开平人民提供良好的生活用水和农业用水。开平市境内南北西部多低山丘陵，东、中部多丘陵平原，潭江自西向东横贯市腹，地势自南北两面向潭江河各地带倾斜，海拔50 m以下的平原面积占全市面积的69%，丘陵面积占29%，山地面积占2%，全市土地面积1 659 km^2，以山地、丘陵为主，耕地面积42万亩，其中水田36万亩，旱地6万亩，人均0.62亩，素有"六山一水三分田"之称。土壤多为黄壤土和水稻土，pH为6.5~7.2，含丰富的氮、磷、钾，土壤肥沃，适宜农作物生长，所以农业、畜牧业发达。

（2）产品特点。马冈肉鹅体型中等，结构匀称，出栏的肉鹅头大颈粗、胸宽、脚高、腹部丰满、羽毛光滑、无疾病。

适时出栏的肉鹅，屠体皮色浅白有光泽，肌肉结实有弹性，纤维幼细，皮下脂肪积贮中等，皮光滑无皮褶，加工后皮薄肉嫩，味道鲜美，蛋白质含量高，

[①] 此部分内容参见百度百科："马冈肉鹅"，载百度百科网 https://baike.baidu.com/item/%E9%A9%AC%E5%86%88%E8%82%89%E9%B9%85/23289873?fr=aladdin，访问日期：2022年4月22日。

每100克鹅肉含蛋白质10.8克，脂肪低，不饱和脂肪酸含量高达66.3%，特别是亚麻酸含量高达4%，对人体健康有利。

鹅肉味甘平，有补阴益气、暖胃开津、祛风湿防衰老之效。由于马冈肉鹅采用原始的方式放牧饲养，肉鹅上棚后，以纯谷喂养，所以它的肉质纤维比较纤细，吃起来口感嫩滑，鹅肉的味道也比较浓，其肝较大，约100克重。

（3）历史渊源。马冈镇农户饲养马冈鹅有近百年的历史。中华民国十四年（1925年），开平县马冈公社翠山大队荣岭村的梁奕德引用高明三洲公鹅与阳江母鹅杂交，在当地育出具有乌头、乌喙、乌背、乌脚"四乌"特征的肉鹅，因产自马冈镇，故名"马冈鹅"。马冈鹅因肉纹纤细、脂肪适中、味道鲜美而受到欢迎，被列为广东"四大名鹅"之首。

（4）生产情况。2011年，马冈全镇饲养量1 000只以上的种鹅饲养场地超120个，母鹅存栏量约16万只，年产鹅苗约360万只，年饲养数量超1万只肉鹅的饲养场地有50个，马冈鹅年上市肉鹅超250万只，年产值近1亿元。

2013年，开平全市饲养马冈肉鹅447多万只，年产量7 872吨。

（5）产品荣誉。马冈肉鹅获得国家无公害农产品认证，并被列入开平市非物质文化遗产名录。

2013年9月10日，原中华人民共和国农业部正式批准对"马冈肉鹅"实施农产品地理标志登记保护。

（6）质量安全规定。产地环境符合《无公害食品畜禽饮用水水质》（NY5027）和《无公害畜禽加工用水的标准》（NY5028）的标准，硝酸盐、总大肠杆菌群、氟化物、氰化物、铅、砷、铬、镉符合国家畜产品安全标准。

生产过程执行《畜禽饲养兽药使用准则》（NY5030）、《无公害食品畜禽饲料和饲料添加剂使用准则》（NY5032）、《无公害食品畜禽饲养兽医防疫准则》（NY/T5339）、《畜禽病害肉尸及其产品无害化处理规程》（GB16548）。

兽药的使用应遵守《兽药管理条例》的规定，严格执行休药期；饲料、饲料添加剂的使用应符合《饲料、饲料添加剂》的规定；应严格按《中华人民共和国动物防疫法》的规定进行免疫预防；病害动物和产品按规定进行无害化处理。

产地检疫执行《畜禽产地检疫规范》（GB16549），上市的马冈肉鹅来自于非疫区，精神状态良好。

（7）专用标志使用。

使用地理标志的单位和个人必须符合下列条件：

①生产经营的马冈肉鹅产自登记确定的地域范围；

②已取得登记马冈肉鹅相关的生产经营资质；

③能够严格按照规定的质量技术规范组织开展生产经营活动；

④具有地理标志马冈肉鹅市场开发经营能力的。符合上述条件的单位和个人可以向登记保护马冈肉鹅地理标志证书持有人提出申请，使用已登记的马冈鹅农产品地理标志，严格按《农产品地理标志管理办法》的规定规范生产和使用标志，统一采用"马冈肉鹅"名称和中华人民共和国农产品地理志标识，自觉接受监督检查，保证马冈肉鹅的品质和信誉。马冈肉鹅地理标志使用人印刷使用马冈肉鹅地理标志的，应当按照《农产品地理标志公共标识使用规范手册》进行设计；全国可追溯防伪加贴型马冈肉鹅地理标志由农业部农产品质量安全中心统一设计、制作。

二、广东省畜禽类地理标志存在的问题

地理标志知识产权保护力度不够。我国的地理标志保护现状堪忧，许多著名的地理标志与商标混用，造成原本应当属于产地企业集体所有的地理名称被某一企业独占垄断，使得地理标志这一集体性权利变为少数人排他使用的商标权，从而剥夺了该地区其他生产者的合法生产权利。部分地理标志权人对地理标志的保护意识差，一方面有价值的地理标志被作为一般的商标使用，逐步使其蕴涵的地理特色淡化；另一方面，在维护产品品质方面力度不够，粗制滥造，影响了地理标志产品的市场形象，削弱了产品竞争力。更重要的是一些不法厂商为谋求利益对地理标志进行恶意伪造、仿制、滥用，对地理标志造成很大损害。龙口粉丝、金华火腿等已注册地理标志的产品因部分企业粗制滥造、以次充好导致自毁声誉就是一个很大的教训，这些也表明我国在地理标志保护方面加强立法的紧迫性。①

三、广东省畜禽类地理标志发展建议

畜牧企业地理标志保护是一项复杂而系统的工作，同时也是一项长期而艰巨的任务，需要政府和企业相互配合，努力提高企业地理标志知识产权保护的意识和效果。从企业和政府两个层面提出如下对策建议：

（一）增强畜禽类企业地理标志保护意识

作为市场主体的企业，要进一步提高认识，把地理标志保护，同提高经济运行质量结合起来，从加快自身发展、提高竞争能力、保护合法权益出发，积极申请地理标志注册。要重视地理标志的设计、注册、使用和保护等环节的工作，把实施地理标志战略工作落到实处。

---

① 赵东艳："地理标志保护方式及在我国畜禽产业经济发展中的作用"，载《中国禽业导刊》2007年第8期。

（二）强化企业地理标志建设工作

畜牧企业尤其是种畜禽饲养企业、商品畜禽饲养企业和肉类加工企业等应认真了解有关地理标记注册的规定，把地理标志运作和管理作为企业经营的主线，贯穿于企业生产经营、市场营销、广告宣传、产品开发、市场维护的全过程。企业应集中必要的人力、物力、财力去培育发展企业地理标志，把培育一个成功的著名地理标志品牌作为企业的经营目标。

（三）加强企业地理标志自我保护

企业要学会综合利用各种手段维护自身的合法权益。首先要善于运用法律手段。一旦发现自己的地理标志专用权受到侵害，要及时向主管机关投诉，提供有利线索和提出自己的合法要求。其次要及时到国外注册地理标志，寻求国际保护。要把地理标志无形资产运作和管理纳入企业资产管理的重要内容，充分发挥和利用好地理标志无形资产的作用。

（四）重视对消费者的引导和教育

通过对消费者的引导和教育，可以提高消费者保护畜牧企业产品地理标志的主观能动性。第一，利用典型事例，引导和教育消费者认识假冒畜牧企业地理标志的严重危害性（如近期频发的食品安全问题）和对自身利益的紧密相关性；第二，引导和教育消费者树立"消费安全食品和论质消费"的新消费理念；第三，引导和教育消费者树立维权意识。其意义在于通过消费者的维权行为，增加制假企业的违规成本，从而在保护消费者自身利益的同时，促进畜牧企业减少或消除侵权行为；第四，建立和完善消费者信息系统平台并广为宣传，便于消费者和社会的互动。平台的功能是为消费者理性地购买产品和正确识别假冒伪劣产品提供便利条件：既能使消费者掌握和查询必要的产品知识，又能向消费者及时、准确、全面、公正地发布信息。

（五）加大对地理标志保护的宣传

目前，我国开展地理标志注册保护工作的时间还不长，许多企业对地理标志注册还不太清楚，申请动物产品地理标志注册保护的还不多。为了使更多的畜牧企业了解和加入地理标志注册保护的行列，政府应进一步加大宣传力度，采取各种形式，宣传地理标志注册的重要性，提高广大企业和消费者的地理标志意识和地理标志法律观念，同时，加强调查研究，深入有关企业，积极开展工作，树立和宣传使用地理标志创建名优品牌的典型，帮助企业准备审核资料，认真审核认定，并尽快上报审批，争取使更多的畜牧企业产品获得地理标志注册保护。[①]

---

① 徐光明："对两起国外涉及地理标识问题的分析"，载《动物科学与动物医学》2005 第 10 期。

第五节 广东省水产类地理标志

一、广东省水产类地理标志发展状况

（一）数据统计（见表6-13，表6-14，表6-15）

表6-13 广东省已登记保护水产类农产品地理标志名录

产品名称	产地	证书持有者	登记年份
信宜凼仔鱼	广东省茂名市	信宜市大地凼仔鱼专业合作社	2011
台山青蟹	广东省江门市	台山市青蟹养殖协会	2017
顺德鳗鱼	广东省佛山市	佛山市顺德区水产商会	2018
客都草鱼	广东省梅州市	梅州市渔业技术推广与疫病防控中心	2019
台山蚝	广东省江门市	台山市蚝业协会	2020
清新桂花鱼	广东省清远市	清远市清新区农业综合服务中心	2021
金湾黄立鱼	广东省珠海市	珠海市金湾区农机服务中心	2021
大桥石鲤	广东省韶关市	乳源瑶族自治县大桥镇畜牧兽医水产站	2021

注：本表数据统计截至2021年11月。

表6-14 广东省已登记保护水产类地理标志商标名录

所属地市	所在县（区）	地理标志商标产品
广州市	从化区	从化流溪娟鱼
珠海市	斗门区	白蕉海鲈
佛山市	三水区	三水芦苞鱼干
中山市	中山市	中山脆肉鲩
湛江市	徐闻县	徐闻良姜
阳江市	阳江市	程村蚝

注：本表数据统计截至2021年11月。

表 6-15　广东省已登记保护水产类地理标志产品名录

所属地市	所在县（区）	地理标志商标产品
珠海市	斗门区	白蕉海鲈
中山市	中山市	中山脆肉鲩
江门市	台山市	台山鳗鱼
汕头市	南澳县	南澳牡蛎
肇庆市	高要区	麦溪鲤、麦溪鲩
肇庆市	鼎湖区	文　鲤、文　鲩
阳江市	阳江市	程村蚝

注：本表数据统计截至 2021 年 11 月。

（二）水产类地理标志典型案例

1. 台山蚝[①]

广东省江门市台山市特产，国家农产品地理标志产品。

（1）地域范围。台山市地处广东省中南部，珠江三角洲西南部，东北与新会区接壤，西北与开平市相邻，西南与恩平市和阳江市毗连，东南隔崖门海口与珠海市相望，南面是南海。台山蚝保护区域包括台山所辖的深井镇、汶村镇、北陡镇、海宴镇、川岛镇、广海镇、都斛镇、赤溪镇，共 8 个镇。养殖面积 6 200 hm^2，年产量 85 300 t。

（2）产品品质特性。

①外在感官特征。生长于咸淡水交汇海域的台山蚝具有"一大、二肥、三白、四嫩、五脆"的特征。"一大"指蚝壳凸起显著、个体大，最大个体可达 40 cm 以上，普遍上市规格为 15 cm；"二肥"指蚝体肥满、出肉率高（16.5% ± 3.9%）；"三白"指蚝肉色泽光洁、呈乳白，煮熟后仍饱满白净；"四嫩"指蚝肉嫩滑爽口、味道鲜甜、无渣；"五脆"指蚝肉脆口、富有弹性。

②内在品质指标。台山蚝营养丰富，富含蛋白质、各类氨基酸和人体所需的各类金属元素。根据测定，台山蚝蛋白质 ≥ 8.51%，脂肪 ≥ 0.11%，必需氨基酸 ≥ 1.93%，呈味氨基酸 ≥ 2.63%，钙 ≥ 14.6 mg/100 g，铁 ≥ 2.12 mg/100 g，锌 ≥ 21.7 mg/100 g，硒 ≥ 0.038 mg/100 g。

[①]　此部分内容参见 360 百科："台山蚝"，载 360 百科 https：//baike.so.com/doc/2354287-2489623.html，访问日期：2021 年 8 月 20 日。

③安全要求。台山蚝在养殖生产过程中严格执行《海水水质标准》（GB 3097）、《渔业水质标准》（GB 11607）、《无公害食品 海水养殖用水水质》（NY 5052）、《无公害食品 水产品中渔药残留限量》（NY 5060）、《无公害食品 有毒有害物质限量》（NY 5072）、《中华人民共和国农产品质量安全法》等相关要求。

（3）自然生态环境和人文历史因素。

①水文水质条件。台山蚝采苗和养殖育肥区在镇海湾、广海湾西部和黄茅海海域，三个海域均位于咸淡水交汇且交换大的河口浅海水域。镇海湾是那扶河的出海口，广海湾是由大隆河、斗山河、谭誉河汇合成的三夹河的出海口，黄茅海则是潭江的出海口。这些海域海面辽阔、潮汐规律、海流通畅，无赤潮，少污染源，加上河水带来丰富的营养物质和矿物质，形成了连片生态优良的咸淡水交汇海域。

②气候条件。台山市属亚热带海洋性季风气候，阳光充足，年日照时数约 2 000 h；气候温和，年平均气温（21.6~22.8℃），四季少霜无雪；雨水充沛，年均降雨量 1 936 mm。台山蚝天然采苗、养成和育肥的三个海域表层水温年度变化范围在（15~32℃），处于蚝生长的适宜水温区间。

③水生生物资源状况。台山市拥有海域总面积约 2 627 km^2，其中 20 m 等深线以内的浅海 2 290 km^2。全市海（岛）岸线长 649.2 km，大小岛屿 265 个，面积 251.1 km^2，潮间带 170.7 km^2。多样的海域环境为各类水生生物提供了适宜的繁殖生长环境，是鱼类、甲壳类、软体类、浮游生物等栖息、繁殖和抚育的天然场所。这些海域有鱼虾蟹共计 800 余种；镇海湾、广海湾海域共有浮游动物 51 种属和浮游植物 54 种属，其中硅藻门最丰富，与有机碎屑等为蚝提供了充足的饵料。

（4）特定生产方式。

①产地选择。应选择风浪小，潮流畅通，无污染源，海水中含丰富单胞藻种类，饵料生物丰富，咸淡水交汇并交换量大的港湾；水质应符合 NY 5052 的规定；底质宜为泥沙底；沿岸高潮区局部应有红树林及草滩分布；海水盐度 8‰~25‰为宜，水温（15~33℃）为宜。

②采苗和培苗。台山蚝天然苗采集区主要在镇海湾（深井镇、汶村镇）和黄茅海（赤溪镇、都斛镇），其中深井镇采苗量最大，年产约 1.9 亿板（约合 19 亿粒蚝苗）。蚝苗附苗器包括水泥板、水泥圆饼和绳结，以水泥板适用最普遍。采苗分春夏季和秋季，春夏苗在每年 4 月至 5 月，即清明节前后投放附苗器；秋苗则是每年 9 月至 10 月。天然蚝苗采集过程中，需定期检查附苗器，观察附着数量和大小，选择壳长 5 mm 以上，颜色以褐色为宜，平贴生长，壳缘不翘起的苗种，当稚贝壳长度达到 5 mm 以上时，及时转移至暂养区进行挂吊暂养。

苗种壳长规格达到 1~3 cm，每片水泥片附苗 12 个以上时，将 6 片水泥片串成一串进行中培。中培多采用筏式、延绳式以及少量插桩法，台架由水泥桩、浮球、橛缆、竹筏等构成。一般每根橛缆 50~100 m，缆间距为 8~10 m，苗串间距为 40 cm；每个筏长 100 m，筏排间距为 30~40 m，苗串间距为 30 cm。中培苗种壳长达到 8 cm，可移至养成场养成。

③养成控制。采用吊养和插桩养殖，以吊养为主。根据不同的水文特点，吊养又可采取浮筏式和延绳式。养成台架由水泥桩、浮球、橛缆、竹筏等构成。桩架、浮筏相互间的距离需在 50~100 m 之间，每个筏长 100 m，筏排间距为 50~100 m，苗串间距为 30~50 cm；延绳式一般每根橛缆 50 m，缆间距为 6~8 m，苗串间距为 40~60 cm。吊养苗绳的着苗段长约 1 m，设置 8~9 个粘苗点，相邻粘苗点的间距 12~15 cm，每个粘着点粘 2~3 个蚝苗，相邻吊的间距 30~50 cm。具体布局视海域水体交换情况而定。

④产品收获和产后处理。蚝苗经养成至壳长 15 cm 以上，可择机进行收获。上市前的秋冬季（8~12 月），可选择饵料丰富的海湾、咸围或接近河口的水域育肥。在蚝软体部最饱满的冬春季，即当年 10 月至翌年 4 月，视市场行情收获上市。蚝收获后应暂养于盐度为 8‰~30‰ 的水中，蚝鲜肉需浸泡于盐度为 8‰~30‰ 的水中；蚝鲜肉装于无毒无味以及便于清洗的箱子或保温箱中，贮存于清洁库房，防止有害物质的污染，鲜肉保持温度为 0~4℃，冷冻品中心温度应低于 −18℃。

（5）包装标识相关规定。在保护地域范围内的台山蚝生产经营者，在产品或包装上使用已获登记保护的农产品地理标志，须向登记证书持有人台山市蚝业协会提出申请，获得许可后方可采用台山蚝农产品地理标志公共标识字样和标志图案，并按照《台山蚝质量控制技术规范》生产和按照《台山蚝农产品地理标志使用管理办法（试行）》使用标志，统一采用台山蚝农产品地理标志公共标识相结合的标识标注方法。

2. 台山青蟹[①]

台山青蟹是广东省台山市特产，全国农产品地理标志。

台山市地形呈中部高，南北低，是富硒地区之一，属于亚热带海洋性季风气候，地处低纬度，是光、热、水源特别丰富的地区，是南海各种经济鱼虾洄游、栖息、产卵的天然场所，沿海鱼虾蟹丰富，台山青蟹，个体大，呈金黄色，蟹肉肉质白净细嫩，爽滑清甜；蟹膏丰满质优，口感香醇，细滑，鲜甜。

2017 年 9 月 1 日，原中华人民共和国农业部发布《国家农业部 2017 年第 2578 号公告》批准对"台山青蟹"实施国家农产品地理标志登记保护。

---

① 此部分内容参见 360 百科："台山青蟹"，载 360 百科网 https://baike.so.com/doc/29415589-30930391.html，访问日期：2021 年 8 月 20 日。

(1) 产地环境。

①地形地貌情况。台山市地形呈中部高，南北低。境内主要有两条山脉，东部与新会区交界的古兜山脉，东南铜鼓山延伸，西南有大隆洞山系向紫罗山系伸展。大隆洞山系与古兜山系之间在横塘、大塘处分成南部与北部两个地形。北部地势由南向北倾斜，大江镇、水步镇、台城街道等属于潭江平原，地势较低，而四九镇、三合镇、白沙镇等地势较高，其余大部分为丘陵地带，小山岗密布；南部地势则分别向东南和西南沿海逐渐倾斜，位于南部沿海地区的赤溪镇、都斛镇、广海镇、海宴镇等地势较低。

②土壤条件。根据土壤普查，台山市土质养分含量，除了速效钾含量较低外，其他养分都比较丰富。有机质平均含量为3.41%；全氮平均含量为0.20%，碱解氮平均含量为123 ppm；全磷平均含量为0.119%，速效磷为28 ppm；全钾平均含量为2.38 %，速效钾的含量为55 ppm；pH的变幅范围为5~7.0。土质达到国家一级、二级土壤标准；根据2009年4月，广东省国土资源部地质调查厅、中国地质调查局对外公布的关于珠三角富硒土壤的调查报告，珠三角经济区分布着面积达25 511 km^{2}的富硒优质土壤，其中硒含量高于每克0.60微克（富硒土壤的标准为大于每克0.40微克）的土地面积达11 617 km^2，其中台山是富硒地区之一，排名珠三角第一。

③气候情况。台山市属于亚热带海洋性季风气候，地处低纬度，是光、热、水源特别丰富的地区，物质能量转化迅速。年平均气温为21.6~22.8℃。无霜期长达363天；全年≥10℃以上积温为7 654℃。台山市地处低纬度，全年太阳照射角度大，太阳辐射热能丰富，累计年平均达111.8千卡/cm^2。日照充足，年日照时数为2 000 h左右，最多可达2 430 h，最少1 719 h，年日照量在1 800 h以上。台山市雨量充沛，全市年降雨量1 800~2 700 mm。全年降雨多集中在4月至9月，占年雨量的85%。

(2) 产品特点。

以台山海域盛产的蓝蛤为饵料的台山青蟹，个体大，雄蟹可达500 g以上。外观除具有锯缘青蟹的特征外，体表极光滑发亮，头胸甲及附肢呈淡青绿色，螯足大，甲壳薄，出肉率高；活力强，常温离水存活时间长达7天。烹饪后外观色泽鲜艳，呈金黄色，蟹肉肉质白净细嫩、纤维清晰、结实富有弹性，爽滑清甜；蟹膏丰满质优，雌蟹膏呈橘红色，滋味浓香，雄蟹膏呈金黄色，口感香醇、细滑、鲜甜，地域特色鲜明。

台山青蟹脂肪含量低，蛋白质含量丰富。富含多种氨基酸，人体必需氨基酸种类齐全，特别是谷氨酸、天冬氨酸、赖氨酸、亮氨酸、精氨酸等含量较高。微量元素种类丰富，特别是硒、钙、铁等含量较高。经测定，台山青蟹蛋白质占18.38%~25.43%、脂肪占0.45%~0.53%、谷氨酸占3.38%~3.81%、天冬氨酸占2.08%~2.58%、赖氨酸占1.64%~1.96%、亮氨酸占1.62%~1.88%、精氨酸占

1.62%~1.96%，每百克台山青蟹含钙 104~122 毫克、镁 2.01~2.49 毫克、钾 276~346 毫克，每千克台山青蟹含硒 1.65~2.23 毫克、锌 40~65 毫克。

（3）历史渊源。台山市养殖青蟹，最早是在海边附近的水稻田里。清光绪十九年（1893 年）编纂的《新宁县志》（台山原称新宁）有记载，每年的四五月，农户会打开田间渠道，让青蟹幼苗爬进水稻田内，并在田间自然生长。因此台山青蟹又有禾蟹的别称。而到了 20 世纪 80 年代，台山青蟹才开始大面积养殖。

（4）生产情况。2016 年，台山市都斛镇就有专业养殖青蟹大户 100 多家，养殖面积超过 2 万多亩，每年可养殖两造各类青蟹。

2017 年，台山青蟹养殖面积约 2.3 万亩，年产量超过 7 600 吨，年产值高达 12.2 亿元。仅都斛镇就有专业青蟹养殖大户 100 多家。台山青蟹养殖保护面积 5 203.4 公顷，年产量 7 633 吨。

（5）地理标志。

①地域保护范围。

台山青蟹保护区域与台山蚝相同包括都斛镇、赤溪镇、广海镇、海宴镇、川岛镇、汶村镇、北陡镇、深井镇，共 8 个镇。

②质量技术要求。场地选择。所选位置风浪不大，水流畅通，有淡水源，地处中潮线上下的海岸或鱼塭内；水质要清，无工厂化废水及生活用水污染，养殖用水盐度保持在 2‰~20‰，pH 7.6~8.6，溶解氧 0.5 mg/L 以上，氨氮 0.5 mg/L 以下，硫化氢 0.1 mg/L 以下，池塘水位 0.8~2.0 m，其他指标应符合 GB 11607 的要求；池塘水质以沙泥或泥沙土质为宜；远离污染源、交通便利、种苗资源及饲料来源丰富的地方。

③苗种选择。以当地海区种苗为首选，放养外购或人工培育的种苗，必须适合放养池塘的水质要求。甲壳青绿色，十足齐全，无损伤、体表干净、反应敏捷不易捕捉，步足基部肌肉蔚蓝色，肢体关节肌肉不下陷。

④主要生产控制。池塘建造形状为方形或长方形，池底平坦向闸门方向倾斜，能彻底排干。池塘对角分别设有一道宽为 0.8~1.2 m 进、排水闸，闸设三道槽，外槽设拦杂网，中槽设木板闸控制池塘水位，内槽设锥形滤水网（孔径 0.05~0.18 mm），池塘四周设防蟹外逃设施。池底适当放置供青蟹藏身的隐蔽物。从池塘清理到收获全部采用人工方式，生产管理严守"锯缘青蟹养殖技术规范"，对养殖场地、养殖户、收获、上市时间、销售、日期等进行详细的记录。放、养、收三个环节实现原始、自然、科学化，规范化。

⑤产品收获及产后处理。台山青蟹的收获时间依据放养时间、放养种苗规格和市场要求而定，根据上市或交售、存活时间适时收获，收获后应放在有青草或带叶小树枝的笋筐、木桶或网笼中，避免蟹相互钳咬损伤。将合格的青蟹捆绑好后，背向上叠放在笋筐或网笼里，连同笋筐或网笼一起，浸入清新的海

水数分钟,清洗青蟹身上的污泥,让蟹吐出被捉时吸入的污水,然后起运出售。

二、广东省水产类地理标志的优势

(一)较大的地理标志水产品品牌开发潜力

广东省水产生物资源种类繁多、品种丰富,海水、淡水养殖发展迅猛,食物生产潜力巨大。自改革开放以来水产品产量一直保持稳速增长,市场消费前景十分可观,促进了企业创建水产品品牌的积极性。各个渔区由于自然地理条件、气候环境和消费习惯的不同形成了众多具有地方特色的水产品,为发展地理标志水产品品牌创造了有利条件。

(二)具有打造地方特色地理标志水产品品牌的先天优势

广东省水域面积辽阔,很多水产品品种都有其最佳的生长区域,而该地区的地理条件和文化特质是很难移植和模仿的,因此,水产品相对于其他工业品更容易形成地理标志水产品品牌,获得原产地保护,同时这种地缘优势增强了水产品品牌的市场竞争力,如清新桂花鱼、台山蚝等,其原产地本身就具有一定的品牌价值,消费者的认同度较高。

(三)渔业一二三产业加速融合为地理标志水产品品牌的发展创造条件

随着地理标志水产品品牌受到的关注越来越多,各地政府和相关部门积极打造独具地方特色的地理标志水产品品牌,利用各种专业合作社、水产品生产与销售协会等多种组织形式,发展以地理标志水产品品牌为纽带,生产、加工、物流、商贸、旅游、餐饮等一二三产业深度融合,带动渔民增收的新型产业化经营模式,增加了水产品附加值,提高了渔民的组织化程度,促进了地理标志水产品品牌的进一步发展。

(四)城乡居民消费结构不断升级和市场需求的新变化

随着我国城乡居民收入逐年增加,生活水平不断提高,人们的消费习惯也在发生转变,居民的膳食营养结构更趋于合理和均衡化,肉、蔬、果、奶、水产品的消费总量逐渐上升。消费者对水产品的消费更加注重品质和特色,在绿色、安全、健康、特色等消费观念的引导下,水产品品牌对消费者购买行为的指导功能加强,地理标志品牌作为生产经营者给消费者的一个承诺,让消费者在面对市场上种类繁多的水产品时可以进行快速便捷的选择性购买,成为消费者识别优质特色水产品的重要标志。

(五)"互联网+"等新型产销经营方式为地理标志水产品品牌发展带来了便利条件

信息网络化的快速发展为我国水产品品牌营销带来了较低的进入成本,缩小了地域限制,尤其是近年来电子商务、线上采购等新型产销经营方式在水产行业方兴未艾,对生产、流通、消费等环节开始产生显著的影响,特别是电子商务和冷链物流的发展打破了传统采购与销售之间的地域限制,促进了生产与消费的对接,减少了中间环节,节约了流通成本,并对水产品生产和消费形成了一定的引导,为我国水产品品牌发展"互联网+"等新型产销经营方式带来了便利条件。信息网络化的快速发展为我国水产品品牌营销带来了较低的进入成本,缩小了地域限制,尤其是近年来电子商务、线上采购等新型产销经营方式在水产行业方兴未艾,对生产、流通、消费等环节开始产生显著的影响,特别是电子商务和冷链物流的发展打破了传统采购与销售之间的地域限制,促进了生产与消费的对接,减少了中间环节,节约了流通成本,并对水产品生产和消费形成了一定的引导,为我国水产品品牌发展带来了便利条件。

三、广东省水产类地理标志存在的问题

(一)品牌意识薄弱,经营投入不足

受消费习惯的影响,中国消费者群体对鱼、虾、蟹等没有深加工的初级水产品,一般通过判断其新鲜度、残留药物等情况来进行选择,基本没有较高的品牌需求,这也直接导致大部分水产品经营者和一些地方政府部门创建品牌的意识不强,对申请注册地理标志有所顾虑;甚至不了解相关政策,即使已经注册了地理标志水产品品牌的合作社或协会也只注重品牌的识别功能和促销功能,缺少品牌的经营理念,或没有充足的资金来为产品打品牌、做宣传,导致品牌知名度低,产品销售不畅,品牌产生的经济效益无法保障,反过来又影响对产品品牌的广告宣传。

(二)地理标志产品产业集聚效应较弱

目前已注册的地理标志水产品品牌主要集中在生产和产品初加工阶段,精、深加工水产品少,产业链延伸程度较低,产品附加值低,产品科技研发投入不足,整个产业链中流通、营销环节相对薄弱。从实践中看,作为地理标志水产品品牌申请载体的渔业专业合作经济组织和行业协会总体实力仍然较弱,带动能力不强,连接小生产与大市场的作用发挥有限,而大部分生产经营主体生产规模偏小,与合作社或行业协会的联系较为松散,未能形成完全融合的利益共同体,各经济主体之间无法有效地整合资源。

(三)品牌维护缺少服务支撑

首先,目前地理标志水产品品牌的保护机制建设和服务手段相对滞后,一些地方性的政策和指导意见难以落到实处,缺乏规范性的技术标准、生产操作规范,信息管理平台建设不完善。其次,地理标志属于知识产权,我国知识产权保护制度存在的缺陷以及品牌防伪技术落后,致使一些已经发展起来的地理标志品牌也容易受到假冒伪劣产品的市场干扰,制约了渔民创建和管理水产品品牌的积极性;同时,由于品牌水产品假冒行为技术门槛较低,给执法保护带

来了相当的难度；另外，在缺乏有效质量安全标准和监管体系的情况下，生产经营的分散性和已有的质量安全事件都会影响消费者的品牌信任度。

（四）缺乏品牌管理相关人才

一方面，目前渔民专业合作社和行业协会是地理标志水产品品牌的主要承载者，承担着品牌创建、维护和经营的职责，但由于水产合作社和行业协会规模有限，资金实力不足，内部管理体系不健全，缺乏品牌管理、产品营销、企业策划等方面的专业人才，合作社和协会大部分成员是个体养殖户，品牌建设和管理经验不足，不利于合作社或协会地理标志水产品品牌的长期经营发展；另一方面，现有的法律法规尚不能很好地明确渔民合作组织或行业协会持有商标的主体地位，对地理标志水产品品牌的保护仍然存在交叉管理、责任主体不明确的现象。

（五）水产品价格市场的整体低迷

受宏观经济环境、在外消费减少、居民消费信心不足以及产业自身发展变化等因素影响，近年来水产品国内需求不振，高端水产品价格大幅度下跌，大宗水产品等淡水产品出现价格下跌，水产品价格行情不容乐观，渔业生产成本持续增加，价格和成本的双重挤压使得渔业生产效益下降；同时，资源与环境对渔业生产可持续发展的制约明显增强，渔业发展空间急剧萎缩。海洋开发、陆源污染物的排放、水产养殖自身污染等导致渔业水域生态环境日趋恶化，尤其是对近海传统网箱养殖、水库网箱养殖的局部污染反响较为强烈。产业发展的资源环境基础受到严重威胁。

四、广东省水产类地理标志发展建议

（一）强化经营主体的品牌意识

通过地理标志品牌知识的培训、典型示范以及相关政策法规的宣传等方式提高渔民对品牌创建和品牌战略的认识，鼓励支持水产品生产经营主体进行地理标志品牌注册；同时，加强已有地理标志水产品品牌的宣传营销，充分利用各种网络、广播、电视和杂志报纸等媒体宣传手段，由政府协助举办和参加各种农产品展销会、博览会等，加大广告投入，在产品设计上注入地缘优势和文化特色，提升品牌的内在价值，扩大品牌的知名度，拓展水产品营销空间，提高消费者对品牌的感知和认同，把品牌优势转化为市场优势。

（二）建立品牌质量标准体系

质量管理是品牌建设的基础工作，必须制订地理标志水产品生产技术标准，建立水产品生产、加工、储藏、流通、销售全过程及质量安全检测等方面的标准体系。同时，加强技术培训，指导和鼓励养殖户规范生产方式，由合作社或协会对品牌使用者的产品质量进行监督，严格按照地理标志品牌水产品质量标准和生产模式化标准对水产品质量状况进行评价、认证,以确立其地理标志水产品的身份,引导督促专业合作社或协会加快建立健全地理标志水产品生产经营档案制度、标识制度和质量自控体系。

(三)整合各种市场主体资源

支持家庭农场、专业大户、渔业企业等具有较强市场开发能力和拓展功能的水产品品牌经营主体发展,整合资源、扩大规模,强化专业合作社和行业协会的品牌载体支撑功能,加强联合,构建多功能、多层次、全方位的专业合作组织体系,充分发挥地理标志的核心和纽带作用,创新品牌经营管理模式,借助品牌化发展产业化,通过培育一个品牌带动一个产业,不但能够有效引导渔民分散生产向组织化生产转变,促进区域经济结构调整和产业升级,而且有利于形成规模经济效益,提高品牌价值,让渔民共享品牌提升带来的效益。

(四)充分发挥政府公共职能

政府应在基础平台搭建品牌培育、营销服务、质量升级等方面发挥更大的作用。一是要做好水产品发展规划,并把地理标志水产品品牌建设纳入当地经济发展规划中,组织相关部门参与水产品品牌建设;二是建立健全各类地理标志品牌化的服务体系,加强金融、税收、科技、财政对合作组织和行业协会创建地理标志水产品品牌的政策扶持;三是加强协调引导,协助创品牌专业合作组织进行品牌宣传推广和维护活动组织品牌建设培训,建立和完善水产品品牌发展的激励机制;四是加强对地理标志的质量管理和有效监督,建立健全品牌的使用许可制度和使用管理规范,加大执法保护力度。

(五)完善法律保障体系

我国先后出台的《商标法》《商标法实施条例》和《农产品地理标志管理办法》等均在法律法规的层面上正式确立了地理标志的商标保护制度,但还需进一步细化,增加可操作性。与此同时,现行经济领域中的很多法律并未涉及有关地理标志方面的内容。因此,还需要扩大对地理标志保护的法律范围,尽快完善如《反不正当竞争法》《产品质量法》《消费者权益保护法》等相关经济法以实现共同保护地理标志的目的。[①]

---

① 赵蕾、孙慧武、郑思宁:"基于地理标志的我国水产品品牌化SWOT分析",载《中国畜牧杂志》2016年第12期。

附　录

Ⅰ　农产品的地理标志相关国际条约节选

1.《与贸易有关的知识产权协定》
（中国2007年10月28日加入）

第3节：地理标识

第 22 条　地理标识的保护

1. 就本协定而言，"地理标识"指识别一货物来源于一成员领土或该领土内一地区或地方的标识，该货物的特定质量、声誉或其他特性主要归因于其地理来源。

2. 就地理标识而言，各成员应向利害关系方提供法律手段以防止：

（a）在一货物的标志或说明中使用任何手段标明或暗示所涉货物来源于真实原产地之外的一地理区域，从而在该货物的地理来源方面使公众产生误解；

（b）构成属《巴黎公约》（1967）第10条之二范围内的不公平竞争行为的任何使用。

3. 如一商标包含的或构成该商标的地理标识中所标明的领土并非货物的来源地，且如果在该成员中在此类货物的商标中使用该标识会使公众对其真实原产地产生误解，则该成员在其立法允许的情况下可依职权或在利害关系方请求下，拒绝该商标注册或宣布注册无效。

4. 根据第1款、第2款和第3款给予的保护可适用于虽在文字上表明货物来源的真实领土、地区或地方，但却虚假地向公众表明该货物来源于另一领土的地理标识。

第 23 条　对葡萄酒和烈酒地理标识的附加保护

1. 每一成员应为利害关系方提供法律手段，以防止将识别葡萄酒的地理标识用于并非来源于所涉地理标识所标明地方的葡萄酒，或防止将识别烈酒的地理标识用于并非来源于所涉地理标识所标明地方的烈酒，即使对货物的真实原产地已标明，或该地理标识用于翻译中，或附有"种类""类型""特色""仿制"或类似表达方式。

2. 对于一葡萄酒商标包含识别葡萄酒的地理标识或由此种标识构成，或如果一烈酒商标包含识别烈酒的地理标识或由此种标识构成，一成员应在其立法允许的情况下依职权或在一利害关系方请求下，对不具备此来源的此类葡萄酒或烈酒，拒绝该商标注册或宣布注册无效。

3. 在葡萄酒的地理标识同名的情况下，在遵守第 22 条第 4 款规定的前提下，应对每一种标识予以保护。每一成员应确定相互区分所涉同名标识的可行条件，同时考虑保证公平对待有关生产者且使消费者不致产生误解的需要。

4. 为便利葡萄酒地理标识的保护，应在 TRIPS 理事会内谈判建立关于葡萄酒地理标识通知和注册的多边制度，使之能在参加该多边制度的成员中获得保护。

2. 中华人民共和国政府与欧洲联盟地理标志保护与合作协定

（2020年9月14日签订）

第一条　协定范围

一、本协定适用于原产自双方领土范围内的地理标志产品相关合作，以及对此种地理标志的保护事宜。

二、双方同意在考虑双方立法发展的情况下，在本协定生效后，考虑将本协定覆盖的地理标志范围延伸至第二条所列各项法律规定的范围并未覆盖的地理标志类别，特别是手工艺品。

为第一条第二款第一项所指之目的，双方在附录七中确认的原产自其领土范围内并受到保护的产品，在本协定保护范围扩大后，应根据本协定第三条所列程序给予优先保护。

双方应在本协定生效后两年内审查扩大本协定保护范围的进展，并于此后每两年审查一次。

第二条　地理标志的确立

一、双方认定附录一中列出的双方各自的法律确立了与《与贸易有关的知识产权协定》第二十二条第一款所定义的地理标志有关的注册和保护程序的基本要素。

双方同意第二条第一款第一项所指基本要素为如下所述：

（一）列明相关领土内受保护之地理标志的一个或多个登记簿；

（二）证实地理标志证明了某产品原产自一方领土范围内或是该领土的一

个地区或地点且该产品的某种质量、声誉或者其他特性在本质上取决于其产地的一套行政程序；

（三）规定注册名称应与出台了产品规范的某一具体产品或某些产品相对应的要求，且规范只能通过正当行政程序进行修订；

（四）适用于生产的控制条款；

（五）政府部门为落实注册名称保护所采取的妥善的行政行动；

（六）任何生产商在这一领域所拥有的向管理体系提出申请以将带有受保护名称标识的产品投放市场的权利，前提是该生产商须遵循相应产品规范；

（七）无论产品名称是否作为知识产权的一种形式受到保护，都应考虑该名称在先使用者合法利益的一套异议程序。

二、在审查了以附录二所列形式提交的附录三中国地理标志的技术规范后（这些中国地理标志根据附录一所提到的中国相关法律规定注册），欧洲联盟承诺按照不低于本协定规定的保护水准对这些地理标志提供保护。

三、在审查了以附录二所列形式提交的附录四欧盟地理标志的技术规范后（这些欧盟地理标志根据附录一所提到的欧盟相关立法规定注册），中华人民共和国承诺按照不低于本协定规定的保护水准对这些地理标志提供保护。

四、本条款的各项规定不应有损双方此前根据有关国民待遇的《与贸易有关的知识产权协定》第三条所做出的承诺。

第三条 地理标志的新增

一、双方理解，对于附录五和附录六所列的地理标志，将根据本协定条款在本协定生效后的第一个四年期内进行处理[①]。

二、附录三和四列出的地理标志列表中新增的地理标志，应在审查了按附录二所列形式提交的技术规范后，再根据第十条第三款所述的相关流程进行办理[②]。

第四条 地理标志的保护范围[③]

一、对于附录三和附录四提到的地理标志，包括其后根据本协定第三条新

---

① 双方理解，除极端或特别复杂的情况以外，当已经完成地理标志的审查、公开、异议、上诉或为达到保护地理标志的目的而设立的其他任何程序，且已做出驳回或保护地理标志的行政决定时，应被视为已对地理标志进行了处理。

② 双方同意列入附录五和附录六中的地理标志将于本协定生效之日根据第十条第三款所述的程序处理。

③ 双方确认将通过执行附录一中所列的法律来满足其在本协定项下的义务。双方注意到在实施本协定所列对方地理标志的保护时，当事方可以使用其全部或任意国内体系。双方注意到任意一方都将不使用其相关的商标法律法规公示对方地理标志或给予本协定附录所列名称以地理标志地位。当事方如何使用其商标法律法规执行本条款规定列于第六条。

增的地理标志，双方应给予保护，打击以下行为[①]：

（一）在产品名称或描述中使用任何方式指示或暗示所涉产品源自非其真正产地的某一地理区域，以此误导公众对该产品地理来源的认识；

（二）任何使用地理标志指示并非来自该地理标志所指示产地的某一相同或近似产品的行为，即便已指示了该产品的真实原产地或在使用上述地理标志时运用了意译、音译[②]或字译，或同时使用了"种类"、"品种"、"风格"、"仿制"等字样；

（三）任何使用地理标志指示不符合受保护名称的产品规范的某一相同或相似产品的行为。

二、对于全部或部分同名的地理标志，应对每个地理标志都给予保护，但字面上真实显示产品原产地所在的领地、地区或位置却仍误导公众认为产品来自另一领地的标志不应受到保护。

在对区分相关同名标志所采用的实际条件做出决定前，一方应尽可能征询另一方的意见，并将确保公平对待相关生产商、保证消费者不被误导的必要性纳入考虑范围。

三、根据第三条新增的地理标志名称，一方不应被要求保护与某一植物品种或动物育种名称相冲突并可能因此对消费者认识产品的真正原产地产生误导的地理标志名称。

四、一方在与第三方国家进行谈判时，如提议对该第三方国家的地理标志给予保护，且该名称与受本协定保护的另一方的地理标志同名，则另一方应被告知并应有机会在该第三方标志被保护前发表评论意见。

五、本协定任何内容都不应强迫一方保护另一方的在原产国或原产地不受保护或已停止保护、或在另一方已不再使用的地理标志。双方应将地理标志在原产国停止保护或在原产国不再使用的信息告知对方。

六、本协定在任何方面都不应有损任何人在贸易中使用自身姓名或该人在

[①] 就本条而言，且在不违反《与贸易有关的知识产权协定》第二部分第3节条款的情况下，双方同意"任何使用"或"使用任何方式"可以包括对受保护名称的任何直接或间接商业使用（包括仿冒），或将暗示或显示某产品与受保护名称之间存在联系或关联的使用。"产品名称或描述"可以包括在内部或外部包装、广告材料或与产品相关的文件中对产品起源、原产地、性质或主要品质做出的任何其他虚假或误导性标注，以及容器内产品的包装容易传达一种对原产地的错误印象。

[②] "音译"一词一方面包括将受本协定保护的以拉丁或非拉丁字母写就的地理标志音译成中华人民共和国汉字，另一方面也包括将受本协定保护的以中华人民共和国汉字写就的地理标志音译成欧盟所使用的拉丁或非拉丁字母。附录三、四、五和六明确列出了受本协定保护的原产地名称及其音译及供参考的意译形式。

业务中的前任者的姓名的权利,除非使用此类姓名可产生误导公众的效果。

第五条　地理标志的使用权

一、本协定项下受保护的地理标志可被用在任何符合该地理标志技术规范以及遵守附录一所列地理标志原产国相关法律要求的合法产品上。

二、如果某一地理标志得到本协定的保护,在遵循附录一所列的另一方相关法律的前提下,该地理标志所覆盖的产品在另一方领土范围内可使用另一方的官方标志。

附录三所列地理标志应于本协定生效之日纳入欧盟相关登记簿。[①]受本协定保护并列入附录三(包括根据本协定第三条增补至附录三的地理标志)中的地理标志所覆盖的产品可以在欧盟领土内享有相应的受保护的原产地名称(PDO)或受保护的地理标志(PGI)欧盟官方标志。欧盟在个案评估后,应就附录三(包括根据本协定第三条增补至附录三的地理标志)中所列地理标志是以受保护的原产地名称(PDO)还是以受保护的地理标志(PGI)纳入相关欧盟登记簿做出决定。这些地理标志应于此等决定的适用之日纳入登记簿并生效。

对于附录四所列的地理标志,可使用中华人民共和国法律规定的地理标志产品的专用标志。

如果某一地理标志在本协定项下受到保护,在符合另一方对标签的一般要求的前提下,该地理标志所覆盖的产品可在另一方领土范围内使用符合附录一所列原产方法律规定的官方标志。

这不应有损任何一方采用或维持一套授权他人使用该国地理标志官方标志的体系的权利。

三、如果某一地理标志在本协定项下受到保护,那么任何使用者在另一方领土范围内对该受保护地理标志的使用都不得被要求进行任何使用者行政审批,也不得被进一步收取行政费用。鼓励地理标志的权利人或者管理机构向另一方的主管机关提供使用人名录,以便执行本协定。

第六条　与商标的关系

一、如果某商标包括[②]某一地理标志或其意译或音译,而此等相同或相似产品并不源自该产地,并且该商标注册申请于附录三或附录四中所列地理标志受

[①] 附录五中第55—68项地理标志享有与本协定为其项下所有其他地理标志所提供的保护同样的保护,包括根据本协定第五条在欧盟领土内享有相应的受保护的原产地名称(PDO)或受保护的地理标志(PGI)欧盟官方标志。如果欧盟法律扩大范围覆盖此等地理标志时,附录五第55—68项地理标志应进入登记簿。

[②] 就本条而言,关于地理标志的保护,"包括"应视为"相同或几乎相同"的同义词。

保护之日之后提交,或于本协定第三条所指地理标志申请保护之日之后提交,双方应根据其相关规则,依职权或依某一利益相关方的申请,在相应领土范围内拒绝注册该商标或使该商标的注册无效。

二、如果某一商标表明,所涉产品来源于相同或相似产品真正产地之外的某个地理区域,且该商标注册申请于附录三或附录四所指地理标志受保护之日之后提交,或于第三条所指地理标志申请保护之日之后提交,双方应在某一利益相关方的要求下在相应领土范围内拒绝注册该商标或使该商标的注册无效。①

三、如果因为某一知名或驰名商标的存在而使得对某一地理标志的保护会在产品真实产地方面误导消费者,那么本协定任何内容都不得迫使一方根据本协定保护另一方的地理标志。

四、本协定对附录三和附录四所列地理标志的保护,不损害在本协定附录三或附录四所列地理标志受保护之日之前、或在本协定第三条所提及的地理标志申请保护之日之前已被善意申请、注册或通过使用确立的商标(如果相关一方在其法律中规定了此种可能性)的继续使用和续展。

如果双方的商标法中不存在使此类商标失效或撤销此类商标的依据,那么第六条第四款第一项中所指的商标仍可继续使用或续展。双方理解,可在商标法律法规之外的法律项下规定地理标志的保护,如专门的地理标志保护法律。

受保护之日和申请保护之日将根据本条第五款的内容确定。

五、本条第一款、第二款和第四款中的"受保护之日"和"申请保护之日"应为:

附录三或附录四中所列地理标志的受保护之日不得晚于本协定的生效之日。

附录五和附录六中所列地理标志的申请保护之日应为本协定的生效之日,并且其受保护之日不得晚于双方对附录三或附录四的修改生效之日。

有关第三条第二款所指的地理标志,就地理标志保护进行公示的日期应作为该地理标志申请保护之日,并且其受保护之日不得晚于双方对附录三或附录四的修改生效之日。

六、在本协定生效后申请且符合第一款提及情形之一的有关本协定生效之时附录五和附录六中所列地理标志的商标应被拒绝注册。

在异议公告之日与本协定生效之日之间在欧盟申请或注册、并且符合第一款提及的情形之一的有关本协定生效之时附录三中所列地理标志的商标应被认定为恶意申请或注册的商标。

---

① 当某一申请人为相同产品申请与其所有的注册商标相同的商标时,第六条第一款不适用。

2017年6月3日后在中华人民共和国申请注册并且符合第一款中提及的情形之一的有关本协定生效之时附录四中所列地理标志的商标应被拒绝注册。

第七条　实施保护

双方的主管部门应采取适当行动以实施本协定规定的保护。双方还应根据利益相关方的要求实施此类保护。这并不损害利益相关方寻求司法保护的权利。

第八条　总则

一、本协定各条款的适用不应损害双方在之前国际协议中对地理标志保护和执法的承诺。

二、带有附录三或附录四所述地理标志的产品的进口、出口和销售应符合该产品销售地所属一方的法律法规。

三、任何源自注册产品的技术规范问题应交由第十条所规定的联合委员会处理。

四、包括未来任何修订在内的地理标志信息，尤其是附录二所列地理标志注册所需的技术规范，应为经该地理标志原产国一方的主管部门审查和批准的信息。

第九条　透明度和信息交换

一、双方应通过根据第十条所建立的联合委员会，或在联合委员会闭会期间直接通过已成立的联络点，就涉及本协定的任何实施与运行问题保持联络。特别是，一方可要求从另一方获知相关法律法规信息、有关地理标志的信息、地理标志的修订及控制条款联络点的信息。联络点还应负责接收与各附录所列举的名称有关的必要文件。

双方应就处理第一项所述事宜的联络点进行确认与沟通。

对中华人民共和国政府而言，联络点是中国商务部条约法律司。

对欧盟而言，联络点是欧盟委员会农业与农村发展总司。

二、双方可公开第八条第四款所指地理标志信息，包括受本协定保护的另一方的地理标志的规范或概要以及控制条款的联络点信息。

第十条　联合委员会

一、双方同意成立由双方代表组成的联合委员会，其目的是监督本协定的实施以及加强双方就地理标志的合作与对话。

二、联合委员会经协商一致采纳决定。委员会应规定自己的议事规则。委员会应至少每年一次或于双方同意的任何时间召开会议，会议轮流在中华人民共和国和欧洲联盟举行，时间和地点及方式（可包含视频会议）由双方决定，但不得晚于请求之日后90天。

三、联合委员会还应负责本协定的正常运行，应考虑任何有关本协定实施和运作的事宜。具体而言，委员会应负责：

（一）修订关于双方适用法律的附录一以及本协定的其它附录；

（二）交换地理标志立法和政策发展相关信息，以及地理标志领域任何其他的关乎双方利益的信息；

（三）交换地理标志相关信息，目的是考虑依据本协定对该标志进行保护。

第十一条 合作

双方同意为支持本协定规定的承诺与义务的实施而开展合作。合作领域包括但不限于以下活动：

（一）为了支持联合委员会的运作而交换信息；

（二）应另一方请求，交换执法经验；

（三）在执法保护和商标与地理标志关系方面的能力建设；

（四）为优化本协定的运作而交换信息；以及

（五）尤其在企业界和民间社会团体宣传和传播地理标志信息，提高消费者和权利人的公众意识。

第十二条 领土范围

一方面，本协定应适用于《欧洲联盟条约》和《欧洲联盟运行条约》所适用的领土以及该等条约所规定的条件；另一方面，关于中华人民共和国，本协定应适用于中国的全部关税领土。

第十三条 作准文本

本协定以中文和英文拟定，一式两份。本协定还将被翻译成保加利亚语、克罗地亚语、捷克语、丹麦语、荷兰语、爱沙尼亚语、芬兰语、法语、德语、希腊语、匈牙利语、意大利语、拉脱维亚语、立陶宛语、马耳他语、波兰语、葡萄牙语、罗马尼亚语、斯洛伐克语、斯洛文尼亚语、西班牙语和瑞典语。以上所有文本应同等作准。如遇解释上的分歧，以中文和英文文本为准。

第十四条 生效、修改和终止

一、双方应通过外交途径以书面形式互相通知已完成本协定生效所需的法律程序，本协定自收到后一份通知之日的第二个月的第一天起生效。

二、双方可以通过相互书面同意的形式修改本协定。协定的修改自双方以书面形式表达同意后的第二个月的第一天起生效。附录的修改应当由根据第十条成立的联合委员会做出决定生效。

三、任何一方可通过外交途径提前一年书面通知另一方终止该协定。

特此作证，下列签字全权代表经相关正式授权后，在本协定上签字。

附录一

双方法律

第一部分　中华人民共和国法律

《中华人民共和国民法典》

《中华人民共和国商标法》

《中华人民共和国产品质量法》

《中华人民共和国标准化法》

《中华人民共和国农业法》

《中华人民共和国农产品质量安全法》

《中华人民共和国商标法实施条例》

《集体商标、证明商标注册和管理办法》（原国家工商行政管理总局令第6号）

《驰名商标认定和保护规定》（原国家工商行政管理总局令第66号）

《地理标志产品保护规定》（原国家质量监督检验检疫总局令第78号）

《国外地理标志产品保护办法》

《农产品地理标志管理办法》

《国外农产品地理标志登记审查规定》

第二部分　欧盟法律

欧洲议会和欧洲理事会2012年11月21日关于农产品和食品质量体系的（EU）第1151/2012号法规。

欧洲议会和欧洲理事会2013年12月17日成立农产品市场共同组织并废除（EEC）第922/72号、（EEC）第234/79号以及（EC）第1037/2001号和（EC）第1234/2007号法规及其实施细则的（EU）第1308/2013号法规。

欧洲议会和欧洲理事会2014年2月26日有关加味葡萄酒产品地理标志的定义、描述、展示、标签及保护并废除（EEC）第1601/91号法规的（EU）第251/2014号法规。

欧洲议会和欧洲理事会2019年4月17日有关烈酒的定义、描述、展示、标签，其他食品展示和标签中对烈酒名称的使用，烈酒的地理标志保护，酒类饮料中乙醇和农产品馏出物的使用，并废除（EC）第110/2008号法规的（EU）第2019/787号法规。

附录二

地理标志注册的技术规范

1. 地理标志名称

插入在原产国注册的名称以及其音译,及出于信息目的提供的意译。

2. 受保护地理标志产品的类别

原产国一方根据本国法律列出受保护的地理标志产品类别。

3. 申请者

插入申请者／生产团体或协会的名称和地址。

4. 中国／欧盟成员国原产地的保护

插入受有关主管部门保护的最初日期并提供受保护的证据。

5. 产品描述

插入使用地理标志名称的制成品的简明技术描述（型号、形状、重量、尺寸、颜色、味道、物理和／或化学性质等）。如果是加工产品，还需提供原材料的信息。

如果是葡萄酒或者烈酒，需提供原材料、酒精含量以及物理外观信息。对于葡萄酒而言，需要指出用来酿酒的葡萄品种，是红葡萄酒还是白葡萄酒以及是不起泡葡萄酒还是起泡葡萄酒。

如果注册受保护的原产地名称，插入所依据的欧盟相关法律中与饲料（如涉及动物源性产品）和原材料相关的条件。

6. 地理区域的简要界定

插入地理区域界限的描述，并描述必须发生在上述确定地理区域的具体生产步骤。

如果注册受保护的原产地名称，插入表明所有生产活动将在该地理区域内进行的依据。

7. 与地理区域的联系

提供地理区域与产品的具体质量、声誉或其他特性之间联系的简短描述；例如，上述描述应该指出产品的特性是以何种方式归因于地理区域的，赋予产品有别于其他地理区域同类产品的具体特性的自然因素（如土壤条件、气候特点等）、人为因素和其他因素（如产品声誉、生产传统等）。

如果注册受保护的原产地名称，插入所依据的欧盟相关法律中与此联系（产品的质量或特性完全或主要归因于特定的地理环境）相关的条件

8. 标签的具体规则（如存在）

有关申请者／生产商团体在产品上粘贴和／或使用地理标志官方标志的管理或行政规则。

9. 负责审查产品规范方面的管理机构／管理机关

指出负责审查产品规范方面的管理机构／管理机关的名称。

附录三

第二条第二款所指原产于中华人民共和国的地理标志产品
（首批 100 个中国地理标志受欧盟保护）

名称	地区	名称	地区	名称	地区
安吉白茶	浙江湖州	长寿沙田柚	广西沙田	盘锦大米	辽宁盘锦
安溪铁观音	福建安溪	凤凰单丛	广东潮州	吉县苹果	山西临汾
保山小粒咖啡	云南保山	涪城麦冬	四川三台	鄂托克阿尔巴斯山羊肉	内蒙古鄂托克
赣南脐橙	江西赣南	狗牯脑	江西遂川	扎兰屯黑木耳	内蒙古扎兰屯
霍山黄芽	安徽霍山	武夷山大红袍	福建武夷山	岫岩滑子蘑	辽宁岫岩
郫县豆瓣	四川成都	晋州鸭梨	河北晋州	东港大黄蚬	辽宁东港
普洱茶	云南普洱	吐鲁番葡萄干	新疆吐鲁番	东宁黑木耳	黑龙江东宁
山西老陈醋	山西太原	安化黑茶	湖南益阳	南京盐水鸭	江苏南京
烟台苹果	山东烟台	嵊泗贻贝	浙江舟山	千岛银针	浙江建德
坦洋工夫	福建福安	辽中玫瑰	辽宁辽中	泰顺三杯香茶	浙江泰顺
白城绿豆	吉林白城	横县茉莉花茶	广西横县	金华两头乌猪	浙江金华
肇源大米	黑龙江肇源	蒲江雀舌	四川蒲江	罗源秀珍菇	福建罗源
婺源绿茶	江西婺源	峨眉山茶	四川乐山	桐江鲈鱼	福建福鼎
福州茉莉花茶	福建福州	朵贝茶	贵州普定	乐安竹笋	江西乐安
房县香菇	湖北房县	五常大米	黑龙江五常	莒南花生	山东莒南
南丰蜜桔	江西南丰	福鼎白茶	福建福鼎	文登苹果	山东威海

续表

名称	地区	名称	地区	名称	地区
苍山大蒜	山东兰陵县（原苍山）	吴川月饼	广东吴川	安丘大葱	山东安丘
房县黑木耳	湖北房县	兴隆咖啡	海南万宁	香花辣椒	河南淅川
凤岗锌硒茶	贵州凤岗	绍兴酒	浙江绍兴	麻城福白菊	湖北麻城
库尔勒香梨	新疆库尔勒	贺兰山东麓葡萄酒	宁夏	潜江龙虾	湖北潜江
邳州大蒜	江苏徐州	桓仁冰酒	辽宁桓仁	宜都宜红茶	湖北宜昌
安岳柠檬	四川安岳	烟台葡萄酒	山东烟台	大浦蜜柚	广东梅州
正山小种	福建武夷山	惠水黑糯米酒	贵州惠水	桂平西山茶	广西桂平
兴化香葱	江苏兴化	西峡香菇	河南西峡	百色芒果	广西百色
六安瓜片	安徽六安	红崖子花生	辽宁兴城	巫溪洋芋	重庆巫溪
宜宾芽菜	四川宜宾	武夷岩茶	福建武夷山	四川泡菜	四川
静宁苹果	甘肃静宁	英德红茶	广东英德	纳溪特早茶	四川泸州
安丘大姜	山东安丘	剑南春酒	四川绵竹	普洱咖啡	云南普洱
建宁通心白莲	福建建宁	高炉家酒（高炉酒）	安徽涡阳	横山大明绿豆	陕西横山
松溪绿茶	福建松溪	扳倒井酒	山东高青	眉县猕猴桃	陕西眉县
罗平小黄姜	云南罗平	沙城葡萄酒	河北张家口	天祝白牦牛	甘肃武威
苍溪红心猕猴桃	四川苍溪	茅台酒（贵州茅台酒）	贵州遵义	柴达木枸杞	青海海西
庆元香菇	浙江丽水	五粮液	四川宜宾	宁夏大米	宁夏
				精河枸杞	新疆精河

附录四

第三条第一款所指原产于中华人民共和国的地理标志产品
（第二批 175 个中国地理标志将在 2024 年之前受欧盟保护）

名称	名称	名称	名称	名称	名称
临沧坚果	中宁枸杞	连史纸	文成杨梅	赤壁青砖茶	峨眉山藤椒油
曹县芦笋	三亚甜瓜	黄梅挑花	太平猴魁茶	英山云雾茶	米易枇杷
莱芜生姜	临海西兰花	香云纱	黄山毛峰茶	襄阳高香茶	修文猕猴桃
桂林罗汉果	大连苹果	蜀锦	霍山石斛	五峰五倍子	织金竹荪
杞县大蒜	榆林马铃薯	蜀绣	岳西翠兰	孝感米酒	兴仁薏仁米
伍家台贡茶	攀枝花芒果	青神竹编	古井贡酒	酒鬼酒	盘县火腿
贵州绿茶	水城猕猴桃	石泉蚕丝	涡阳苔干	古丈毛尖	都匀毛尖茶
金塔番茄	宜昌蜜桔	黄岗柳编	政和白茶	永丰辣酱	麻江蓝莓
阿拉善白绒山羊	湟中燕麦	遂昌竹炭	松溪红茶	新会陈皮	宣威火腿
山羊	博湖辣椒	牛栏山二锅头	南日鲍	化橘红	文山三七
径山茶	平和白芽奇兰	涉县柴胡	云霄枇杷	高州桂圆肉	勐海茶
霍城薰衣草	白莲鹅	泊头鸭梨	宁德大黄鱼	增城荔枝	朱苦拉咖啡
勃利红松籽	广汉缠丝兔	戎子酒庄葡萄酒	河龙贡米	梅州金柚	撒坝火腿
周至猕猴桃	茶淀玫瑰香葡萄	老龙口白酒	会昌米粉	六堡茶	紫阳富硒茶
内黄花生	策勒红枣	新农寒富苹果	赣南茶油	凌云白毫	泾阳茯砖茶

续表

名称	名称	名称	名称	名称	名称
北票荆条蜜	隆化小米	吉林长白山人参	泰和乌鸡	姑辽茶	汉中仙毫
彭州莴笋	保靖黄金茶	露水河红松母林籽仁	浮梁茶	融安金桔	铜川苹果
阿拉善双峰驼	五指山红茶	太保胡萝卜	信丰红瓜子	北海生蚝	韩城大红袍花椒
穆棱大豆	张北马铃薯	佳木斯大米	寻乌蜜桔	博白桂圆	富平柿饼
鄂托克螺旋藻	都江堰方竹笋	饶河东北黑蜂蜂蜜	日照绿茶	澄迈桥头地瓜	兰州百合
广昌白莲	安顺山药	雨花茶	沾化冬枣	涪陵榨菜	武都油橄榄
小金苹果	嘉峪关洋葱	洞庭（山）碧螺春茶	沂水苹果	丰都牛肉	甘南羊肚菌
九寨沟蜂蜜	北京鸭	阳澄湖大闸蟹	平阴玫瑰	奉节脐橙	定西马铃薯
三亚芒果	从江香禾糯	盱眙龙虾	菏泽牡丹籽油	合川桃片	岷县当归
黑水中蜂蜜	北苑贡茶	洋河大曲	陈集山药	忠州豆腐乳	宁夏枸杞
覃塘毛尖	肃宁裘皮	舟山三疣梭子蟹	水沟庙大蒜	石柱黄连	阿克苏苹果
宜州桑蚕茧	镇湖刺绣	舟山带鱼	灵宝苹果	汉源花椒	
滕州马铃薯	舒席	金华火腿	正阳花生	攀枝花块菌	
普陀佛茶	霍邱柳编	文成粉丝	柘城辣椒	蒙顶山茶	
江津花椒	宣纸	常山胡柚	泸州老窖酒	遂宁矮晚柚	

3. 区域全面经济伙伴关系协定

（2020年11月15日签订）

第十一章　知识产权

第三节　商标

第二十五条　先于地理标志的商标保护

每一缔约方应当根据《与贸易有关的知识产权协定》保护其管辖范围内先于地理标志的商标。

第四节　地理标志

第二十九条　地理标志的保护每一缔约方应当确保在其法律法规中有充分和有效的保护地理标志的方式。每一缔约方认识到地理标志可以通过商标制度或专门制度或其它法律途径得到保护，只要其符合《与贸易有关的知识产权协定》中的所有要求。

第三十条　保护地理标志的国内行政程序

一、如一缔约方规定了保护地理标志的国内行政程序①，无论是通过商标制度或者专门制度，对于该保护的申请，该缔约方应当：

（一）接受保护地理标志的申请，无需一缔约方代表其国民进行调解；②

（二）按照合理的程序和手续处理该种申请；③

（三）确保其关于保护地理标志的法律法规随时可供公众使用，并且明确规定与该地理标志保护相关的程序，包括与提交申请有关的程序；

（四）提供信息，让公众获得与地理标志保护申请程序相关的指引，并且使申请人或其代表能确定具体申请的状态；以及

（五）确保公布该申请，以供提出异议，并且规定对申请的地理标志提出异议的程序。该异议的接受不要求一缔约方代表其国民进行调解。

二、对于第一款提及的地理标志保护，一缔约方应当规定注销④地理标志保护的程序。

第三十一条　异议和注销的理由

一、关于第十一章第三十条（保护地理标志的国内行政程序）第一款第五

---

① 就本条而言，"行政程序"包括准司法程序。

② 进一步明确，一缔约以要求源自另一缔约方的地理标志保护申请需包括令前一缔约方满意的证据，该证据能表明该地理标志在该另一缔约方受保护。

③ 缔约方理解，就本节而言，合理的程序和手续可能被认为是不过于烦琐的程序和手续。

④ 进一步明确，就本节而言，以通过无效或撤销程序执行注销。

项所提及的异议程序,每一缔约方应当规定至少允许利害关系人对地理标志保护提出异议的程序,以及至少以地理标志是通用语言中的惯用术语为该缔约方领土内相关该货物的通用名称①而驳回此类保护。

二、如一缔约方规定通过第十一章第三十条(保护地理标志的国内行政程序)所提及的程序为该地理标志的翻译或音译提供了地理标志保护,则该缔约方应当至少提供与第一款所提及的理由相同的反对保护该翻译或音译的理由。②

三、对于本条第一款所提及的程序,在确定某一术语是否为一缔约方领土内相关货物通用名称时,每一缔约方应当确保其主管机关有权考虑消费者在该缔约方领土内对该术语的理解情况。与消费者的理解相关的因素可以包括:

(一)该术语在例如词典、报纸及相关网站等可靠来源中是否用于指代所涉货物的类型;以及

(二)该术语所指代的货物在该缔约方领土内的贸易中如何推广和使用。③

四、对于第十一章第三十条第二款(保护地理标志的国内行政程序)所提及的注销程序,任何缔约方不得排除地理标志保护被注销或者停止的可能性,该注销或者停止基于该受保护的术语不再满足其最初在该缔约方获得保护的条件。

第三十二条 复合用语

对于第十一章第三十条(保护地理标志的国内行政程序)和第十一章第三十一条(异议和注销的理由)所提及的程序,如作为地理标志保护的复合用语的单独组成部分是以通用语文中的惯用术语作为该缔约方领土内相关货物通用名称的,则该单独组成部分不得在该缔约方受到保护。

第三十三条 地理标志的保护日期

通过第十一章第三十条(保护地理标志的国内行政程序)所提及的一缔约方的国内行政程序④对地理标志的保护,如适用,其开始日期不得早于该保护申请在该缔约方的提交日期⑤或者在该缔约方的注册日期。

第三十四条 根据国际协定保护或承认地理标志

如一缔约方根据涉及另一缔约方或一非缔约方的国际协定来保护或承认一

---

① 当一缔约方将本条适用于葡萄酒和烈酒的地理标志或对这些地理标志的申请时,各方理解本节的任何规定不得要求一缔约方在其相关标志与该缔约方领土内存在的葡萄种通用名称相同时,保护任何其他缔约方关于葡萄产品的地理标志。
② 一缔约方不得被要求将本款适用于葡萄酒和烈酒的地理标志申请。
③ 就本项而言,在适当的情况下,一缔约方的主管机关可以考虑,各缔约方认可的相关国际标准中是否使用该用语以指代该缔约方领土内的某一类型或某一种类的商品。
④ 就本条而言,"行政程序"包括准司法程序。
⑤ 进一步明确,当一缔约方通过其商标制度保护地理标志时,本条中所提及的提交日期,如适用,包括《巴黎公约》下的优先权的提交日期。

地理标志,并且该协定在本协定对该缔约方生效之日后缔结,而且该地理标志不通过第十一章第三十条(保护地理标志的国内行政程序)所提及的程序进行保护,该缔约方应当:

(一)向公众公布与保护或认可地理标志有关的信息,以及如适用,允许至少是利害关系人确定保护或承认的请求的状态;

(二)确保公布正在考虑保护或承认的地理标志,以供提出异议,并且为至少是利害关系人提供异议程序,对于此类程序,异议的理由涉及第十一章第三十一条(异议和注销的理由)第一款,并且适用于第十一章第三十二条(复合用语),以及

(三)向公众公布该缔约方正在考虑通过一项涉及一缔约方或一非缔约方的国际协定来保护或承认的条款细节。

第三十五条 根据已缔结的国际协定保护或承认地理标志

一、任何缔约方不得被要求将第十一章第三十四条(根据国际协定保护或承认地理标志)适用于在一涉及另一缔约方或一非缔约方的国际协定中已经明确认定,并且已经根据该协定被保护或承认的地理标志,只要该协定缔结的日期早于本协定对该缔约方生效的日期。

二、对于第一款所提及的允许保护或承认新地理标志的国际协定,一缔约方应当:①

(一)适用第十一章第三十四条(根据国际协定保护或承认地理标志)第三项;以及

(二)在该用语获得保护或认可之前的合理期限内,确保至少给利害关系人提供机会对该新地理标志的保护或承认进行评论。

---

① 一缔约方可以通过遵守第十一章第三十条(保护地理标志的国内行政程序)和第十一章第三十一条(异议和注销的理由)下的义务遵守本款。

Ⅱ　农产品的地理标志相关法律法规节选

1. 中华人民共和国商标法
（2019年4月23日修正）

第三条　经商标局核准注册的商标为注册商标，包括商品商标、服务商标和集体商标、证明商标；商标注册人享有商标专用权，受法律保护。

本法所称集体商标，是指以团体、协会或者其他组织名义注册，供该组织成员在商事活动中使用，以表明使用者在该组织中的成员资格的标志。

本法所称证明商标，是指由对某种商品或者服务具有监督能力的组织所控制，而由该组织以外的单位或者个人使用于其商品或者服务，用以证明该商品或者服务的原产地、原料、制造方法、质量或者其他特定品质的标志。

集体商标、证明商标注册和管理的特殊事项，由国务院工商行政管理部门规定。

第八条　任何能够将自然人、法人或者其他组织的商品与他人的商品区别开的标志，包括文字、图形、字母、数字、三维标志、颜色组合和声音等，以及上述要素的组合，均可以作为商标申请注册。

第九条　申请注册的商标，应当有显著特征，便于识别，并不得与他人在先取得的合法权利相冲突。

商标注册人有权标明"注册商标"或者注册标记。

第十条　下列标志不得作为商标使用：

（一）同中华人民共和国的国家名称、国旗、国徽、国歌、军旗、军徽、军歌、勋章等相同或者近似的，以及同中央国家机关的名称、标志、所在地特定地点的名称或者标志性建筑物的名称、图形相同的；

（二）同外国的国家名称、国旗、国徽、军旗等相同或者近似的，但经该国政府同意的除外；

（三）同政府间国际组织的名称、旗帜、徽记等相同或者近似的，但经该组织同意或者不易误导公众的除外；

（四）与表明实施控制、予以保证的官方标志、检验印记相同或者近似的，但经授权的除外；

（五）同"红十字"、"红新月"的名称、标志相同或者近似的；

（六）带有民族歧视性的；

（七）带有欺骗性，容易使公众对商品的质量等特点或者产地产生误认的；

（八）有害于社会主义道德风尚或者有其他不良影响的。

县级以上行政区划的地名或者公众知晓的外国地名，不得作为商标。但是，地名具有其他含义或者作为集体商标、证明商标组成部分的除外；已经注册的使用地名的商标继续有效。

第十一条 下列标志不得作为商标注册：

（一）仅有本商品的通用名称、图形、型号的；

（二）仅直接表示商品的质量、主要原料、功能、用途、重量、数量及其他特点的；

（三）其他缺乏显著特征的。

前款所列标志经过使用取得显著特征，并便于识别的，可以作为商标注册。

第十二条 以三维标志申请注册商标的，仅由商品自身的性质产生的形状、为获得技术效果而需有的商品形状或者使商品具有实质性价值的形状，不得注册。

第十三条 为相关公众所熟知的商标，持有人认为其权利受到侵害时，可以依照本法规定请求驰名商标保护。

就相同或者类似商品申请注册的商标是复制、摹仿或者翻译他人未在中国注册的驰名商标，容易导致混淆的，不予注册并禁止使用。

就不相同或者不相类似商品申请注册的商标是复制、摹仿或者翻译他人已经在中国注册的驰名商标，误导公众，致使该驰名商标注册人的利益可能受到损害的，不予注册并禁止使用。

第十六条 商标中有商品的地理标志，而该商品并非来源于该标志所标示的地区，误导公众的，不予注册并禁止使用；但是，已经善意取得注册的继续有效。

前款所称地理标志，是指标示某商品来源于某地区，该商品的特定质量、信誉或者其他特征，主要由该地区的自然因素或者人文因素所决定的标志。

第五十九条 注册商标中含有的本商品的通用名称、图形、型号，或者直接表示商品的质量、主要原料、功能、用途、重量、数量及其他特点，或者含有的地名，注册商标专用权人无权禁止他人正当使用。

三维标志注册商标中含有的商品自身的性质产生的形状、为获得技术效果而需有的商品形状或者使商品具有实质性价值的形状，注册商标专用权人无权禁止他人正当使用。

商标注册人申请商标注册前，他人已经在同一种商品或者类似商品上先于商标注册人使用与注册商标相同或者近似并有一定影响的商标的，注册商标专用权人无权禁止该使用人在原使用范围内继续使用该商标，但可以要求其附加适当区别标识。

2. 中华人民共和国商标法实施条例
（2014年4月29日修订）

第一章 总 则

第四条 商标法第十六条规定的地理标志，可以依照商标法和本条例的规定，作为证明商标或者集体商标申请注册。

以地理标志作为证明商标注册的，其商品符合使用该地理标志条件的自然人、法人或者其他组织可以要求使用该证明商标，控制该证明商标的组织应当允许。以地理标志作为集体商标注册的，其商品符合使用该地理标志条件的自然人、法人或者其他组织，可以要求参加以该地理标志作为集体商标注册的团体、协会或者其他组织，该团体、协会或者其他组织应当依据其章程接纳为会员；不要求参加以该地理标志作为集体商标注册的团体、协会或者其他组织的，也可以正当使用该地理标志，该团体、协会或者其他组织无权禁止。

3. 农产品地理标志管理办法
（2019年4月25日修正）

第一章 总 则

第一条 为规范农产品地理标志的使用，保证地理标志农产品的品质和特色，提升农产品市场竞争力，依据《中华人民共和国农业法》、《中华人民共和国农产品质量安全法》相关规定，制定本办法。

第二条 本办法所称农产品是指来源于农业的初级产品，即在农业活动中获得的植物、动物、微生物及其产品。

本办法所称农产品地理标志，是指标示农产品来源于特定地域，产品品质和相关特征主要取决于自然生态环境和历史人文因素，并以地域名称冠名的特有农产品标志。

第三条 国家对农产品地理标志实行登记制度。经登记的农产品地理标志受法律保护。

第四条 农业部负责全国农产品地理标志的登记工作，农业部农产品质量安全中心负责农产品地理标志登记的审查和专家评审工作。

省级人民政府农业行政主管部门负责本行政区域内农产品地理标志登记申请的受理和初审工作。

农业部设立的农产品地理标志登记专家评审委员会，负责专家评审。农产品地理标志登记专家评审委员会由种植业、畜牧业、渔业和农产品质量安全等方面的专家组成。

第五条 农产品地理标志登记不收取费用。县级以上人民政府农业行政主管部门应当将农产品地理标志管理经费编入本部门年度预算。

第六条 县级以上地方人民政府农业行政主管部门应当将农产品地理标志保护和利用纳入本地区的农业和农村经济发展规划，并在政策、资金等方面予以支持。

国家鼓励社会力量参与推动地理标志农产品发展。

第二章 登 记

第七条 申请地理标志登记的农产品，应当符合下列条件：

（一）称谓由地理区域名称和农产品通用名称构成；

（二）产品有独特的品质特性或者特定的生产方式；

（三）产品品质和特色主要取决于独特的自然生态环境和人文历史因素；

（四）产品有限定的生产区域范围；

（五）产地环境、产品质量符合国家强制性技术规范要求。

第八条 农产品地理标志登记申请人为县级以上地方人民政府根据下列条件择优确定的农民专业合作经济组织、行业协会等组织。

（一）具有监督和管理农产品地理标志及其产品的能力；

（二）具有为地理标志农产品生产、加工、营销提供指导服务的能力；

（三）具有独立承担民事责任的能力。

第九条 符合农产品地理标志登记条件的申请人，可以向省级人民政府农业行政主管部门提出登记申请，并提交下列申请材料：

（一）登记申请书；

（二）申请人资质证明；

（三）产品典型特征特性描述和相应产品品质鉴定报告；

（四）产地环境条件、生产技术规范和产品质量安全技术规范；

（五）地域范围确定性文件和生产地域分布图；

（六）产品实物样品或者样品图片；

（七）其他必要的说明性或者证明性材料。

第十条 省级人民政府农业行政主管部门自受理农产品地理标志登记申请之日起，应当在45个工作日内完成申请材料的初审和现场核查，并提出初审意见。符合条件的，将申请材料和初审意见报送农业部农产品质量安全中心；不符合条件的，应当在提出初审意见之日起10个工作日内将相关意见和建议通知申请人。

第十一条 农业部农产品质量安全中心应当自收到申请材料和初审意见之日起20个工作日内，对申请材料进行审查，提出审查意见，并组织专家评审。

专家评审工作由农产品地理标志登记评审委员会承担。农产品地理标志登记专家评审委员会应当独立做出评审结论，并对评审结论负责。

第十二条 经专家评审通过的，由农业部农产品质量安全中心代表农业部对社会公示。

有关单位和个人有异议的，应当自公示截止日起20日内向农业部农产品质量安全中心提出。公示无异议的，由农业部做出登记决定并公告，颁发《中华人民共和国农产品地理标志登记证书》，公布登记产品相关技术规范和标准。

专家评审没有通过的，由农业部做出不予登记的决定，书面通知申请人，并说明理由。

第十三条 农产品地理标志登记证书长期有效。

有下列情形之一的，登记证书持有人应当按照规定程序提出变更申请：

（一）登记证书持有人或者法定代表人发生变化的；

（二）地域范围或者相应自然生态环境发生变化的。

第十四条 农产品地理标志实行公共标识与地域产品名称相结合的标注制度。公共标识基本图案见附图。农产品地理标志使用规范由农业部另行制定公布。

第三章 标志使用

第十五条 符合下列条件的单位和个人，可以向登记证书持有人申请使用农产品地理标志：

（一）生产经营的农产品产自登记确定的地域范围；

（二）已取得登记农产品相关的生产经营资质；

（三）能够严格按照规定的质量技术规范组织开展生产经营活动；

（四）具有地理标志农产品市场开发经营能力。

使用农产品地理标志，应当按照生产经营年度与登记证书持有人签订农产品地理标志使用协议，在协议中载明使用的数量、范围及相关的责任义务。

农产品地理标志登记证书持有人不得向农产品地理标志使用人收取使用费。

第十六条 农产品地理标志使用人享有以下权利：

（一）可以在产品及其包装上使用农产品地理标志；

（二）可以使用登记的农产品地理标志进行宣传和参加展览、展示及展销。

第十七条 农产品地理标志使用人应当履行以下义务：

（一）自觉接受登记证书持有人的监督检查；

（二）保证地理标志农产品的品质和信誉；

（三）正确规范地使用农产品地理标志。

第四章 监督管理

第十八条 县级以上人民政府农业行政主管部门应当加强农产品地理标志监督管理工作，定期对登记的地理标志农产品的地域范围、标志使用等进行监督检查。

登记的地理标志农产品或登记证书持有人不符合本办法第七条、第八条规定的，由农业部注销其地理标志登记证书并对外公告。

第十九条 地理标志农产品的生产经营者，应当建立质量控制追溯体系。农产品地理标志登记证书持有人和标志使用人，对地理标志农产品的质量和信誉负责。

第二十条 任何单位和个人不得伪造、冒用农产品地理标志和登记证书。

第二十一条 国家鼓励单位和个人对农产品地理标志进行社会监督。

第二十二条 从事农产品地理标志登记管理和监督检查的工作人员滥用职权、玩忽职守、徇私舞弊的，依法给予处分；涉嫌犯罪的，依法移送司法机关追究刑事责任。

第二十三条 违反本办法规定的，由县级以上人民政府农业行政主管部门依照《中华人民共和国农产品质量安全法》有关规定处罚。

第五章 附 则

第二十四条 农业部接受国外农产品地理标志在中华人民共和国的登记并给予保护，具体办法另行规定。

第二十五条 本办法自2008年2月1日起施行。

Ⅲ 农产品的地理标志相关部门规范性文件节选

1. 集体商标、证明商标注册和管理办法

（2003年6月1日施行）

第一条 根据《中华人民共和国商标法》（以下简称商标法）第三条的规定，制定本办法。

第二条 集体商标、证明商标的注册和管理，依照商标法、《中华人民共和国商标法实施条例》（以下简称实施条例）和本办法的有关规定进行。

第三条 本办法有关商品的规定，适用于服务。

第四条 申请集体商标注册的，应当附送主体资格证明文件并应当详细说明该集体组织成员的名称和地址；以地理标志作为集体商标申请注册的，应当附送主体资格证明文件并应当详细说明其所具有的或者其委托的机构具有的专业技术人员、专业检测设备等情况，以表明其具有监督使用该地理标志商品的特定品质的能力。

申请以地理标志作为集体商标注册的团体、协会或者其他组织，应当由来自该地理标志标示的地区范围内的成员组成。

第五条 申请证明商标注册的，应当附送主体资格证明文件并应当详细说明其所具有的或者其委托的机构具有的专业技术人员、专业检测设备等情况，以表明其具有监督该证明商标所证明的特定商品品质的能力。

第六条 申请以地理标志作为集体商标、证明商标注册的，还应当附送管辖该地理标志所标示地区的人民政府或者行业主管部门的批准文件。

外国人或者外国企业申请以地理标志作为集体商标、证明商标注册的，申请人应当提供该地理标志以其名义在其原属国受法律保护的证明。

第七条 以地理标志作为集体商标、证明商标注册的，应当在申请书件中说明下列内容：

（一）该地理标志所标示的商品的特定质量、信誉或者其他特征；

（二）该商品的特定质量、信誉或者其他特征与该地理标志所标示的地区的自然因素和人文因素的关系；

（三）该地理标志所标示的地区的范围。

第八条　作为集体商标、证明商标申请注册的地理标志，可以是该地理标志标示地区的名称，也可以是能够标示某商品来源于该地区的其他可视性标志。

前款所称地区无需与该地区的现行行政区划名称、范围完全一致。

第九条　多个葡萄酒地理标志构成同音字或者同形字的，在这些地理标志能够彼此区分且不误导公众的情况下，每个地理标志都可以作为集体商标或者证明商标申请注册。

第十条　集体商标的使用管理规则应当包括：

（一）使用集体商标的宗旨；

（二）使用该集体商标的商品的品质；

（三）使用该集体商标的手续；

（四）使用该集体商标的权利、义务；

（五）成员违反其使用管理规则应当承担的责任；

（六）注册人对使用该集体商标商品的检验监督制度。

第十一条　证明商标的使用管理规则应当包括：

（一）使用证明商标的宗旨；

（二）该证明商标证明的商品的特定品质；

（三）使用该证明商标的条件；

（四）使用该证明商标的手续；

（五）使用该证明商标的权利、义务；

（六）使用人违反该使用管理规则应当承担的责任；

（七）注册人对使用该证明商标商品的检验监督制度。

第十二条　使用他人作为集体商标、证明商标注册的葡萄酒、烈性酒地理标志标示并非来源于该地理标志所标示地区的葡萄酒、烈性酒，即使同时标出了商品的真正来源地，或者使用的是翻译文字，或者伴有诸如某某"种"、某某"型"、某某"式"、某某"类"等表述的，适用商标法第十六条的规定。

第十三条　集体商标、证明商标的初步审定公告的内容，应包括该商标的使用管理规则的全文或者摘要。

集体商标、证明商标注册人对使用管理规则的任何修改，应报经商标局审查核准，并自公告之日起生效。

第十四条　集体商标注册人的成员发生变化的，注册人应当向商标局申请变更注册事项，由商标局公告。

第十五条　证明商标注册人准许他人使用其商标的，注册人应当在一年内报商标局备案，由商标局公告。

第十六条　申请转让集体商标、证明商标的，受让人应当具备相应的主体资格，并符合商标法、实施条例和本办法的规定。

集体商标、证明商标发生移转的，权利继受人应当具备相应的主体资格，并符合商标法、实施条例和本办法的规定。

第十七条 集体商标注册人的集体成员，在履行该集体商标使用管理规则规定的手续后，可以使用该集体商标。

集体商标不得许可非集体成员使用。

第十八条 凡符合证明商标使用管理规则规定条件的，在履行该证明商标使用管理规则规定的手续后，可以使用该证明商标，注册人不得拒绝办理手续。

实施条例第六条第二款中的正当使用该地理标志是指正当使用该地理标志中的地名。

第十九条 使用集体商标的，注册人应发给使用人《集体商标使用证》；使用证明商标的，注册人应发给使用人《证明商标使用证》。

第二十条 证明商标的注册人不得在自己提供的商品上使用该证明商标。

第二十一条 集体商标、证明商标注册人没有对该商标的使用进行有效管理或者控制，致使该商标使用的商品达不到其使用管理规则的要求，对消费者造成损害的，由工商行政管理部门责令限期改正；拒不改正的，处以违法所得三倍以下的罚款，但最高不超过三万元；没有违法所得的，处以一万元以下的罚款。

第二十二条 违反实施条例第六条、本办法第十四条、第十五条、第十七条、第十八条、第二十条规定的，由工商行政管理部门责令限期改正；拒不改正的，处以违法所得三倍以下的罚款，但最高不超过三万元；没有违法所得的，处以一万元以下的罚款。

第二十三条 本办法自 2003 年 6 月 1 日起施行。国家工商行政管理局 1994 年 12 月 30 日发布的《集体商标、证明商标注册和管理办法》同时废止。

2. 原产地标记管理规定

（2001年4月1日施行）

第一章 总 则

第一条 为加强原产地标记管理工作，规范原产地标记的使用，保护生产者、经营者和消费者的合法权益，根据《中华人民共和国进出口商品检验法》及其实施条例、《中华人民共和国出口货物原产地规则》等有关法律法规和世界贸易组织《原产地规则协议》等国际条约、协议的规定，制定本规定。

第二条 本规定适用于对原产地标记的申请、评审、注册等原产地标记的认证和管理工作。

第三条 国家出入境检验检疫局（以下简称国家检验检疫局）统一管理全国原产地标记工作，负责原产地标记管理办法的制定、组织协调和监督管理。国家检验检疫局设在各地的出入境检验检疫局（以下简称检验检疫机构）负责其辖区内的原产地标记申请的受理、评审、报送注册和监督管理。

第四条 本规定所称原产地标记包括原产国标记和地理标志。原产地标记是原产地工作不可分割的组成部分。

原产国标记是指用于指示一项产品或服务来源于某个国家或地区的标记、标签、标志、文字、图案以及与产地有关的各种证书等。

地理标志是指一个国家、地区或特定地方的地理名称，用于指示一项产品来源于该地，且该产品的质量特征完全或主要取决于该地的地理环境、自然条件、人文背景等因素。

第五条 原产地标记的使用范围包括：

（一）标有"中国制造／生产"等字样的产品；

（二）名、特产品和传统的手工艺品；

（三）申请原产地认证标记的产品；

（四）涉及安全、卫生、环境保护及反欺诈行为的货物；

（五）涉及原产地标记的服务贸易和政府采购的商品；

（六）根据国家规定须标明来源地的产品。

第六条 检验检疫机构对原产地标记实施注册认证制度。

第七条 原产地标记的注册坚持自愿申请原则，原产地标记经注册后方可获得保护。

涉及安全、卫生、环境保护及反欺诈行为的入境产品，以及我国法律、法规、双边协议等规定须使用原产地标记的进出境产品或者服务，按有关规定办理。

第八条 经国家检验检疫局批准注册的原产地标记为原产地认证标记，国家检验检疫局定期公布《受保护的原产地标记产品目录》，对已列入保护的产品，在检验检疫、放行等方面给予方便。已经检验检验机构施加的各种标志、标签，凡已标明原产地的可视作原产地标记，未标明原产地的，按本规定有关条款办理。

第九条 取得原产地标记认证注册的产品或服务可以使用原产地认证标记，原产地认证标记包括图案、证书或者经国家检验检疫局认可的其他形式。

第十条 原产地标记的评审认定工作应坚持公平、公正、公开的原则。

第二章　原产地标记的申请、评审、注册和使用

第十一条　原产地标记的申请人包括国内外的组织、团体、生产经营企业或者自然人。

第十二条　申请出境货物原产地标记注册，申请人应向所在地检验检疫机构提出申请，并提交相关的资料。

申请入境货物原产地标记注册的，申请人应向国家检验检疫局提出申请，并提交相关的资料。

第十三条　检验检疫机构受理原产地标记注册申请后，按相关程序组织评审。经评审符合条件的，由国家检验检疫局批准注册并定期发布《受保护的原产地标记产品目录》。

第十四条　使用"中国制造"或"中国生产"原产地标记的出口货物须符合下列标准：

（一）在中国获得的完全原产品；

（二）含有进口成分的，须符合《中华人民共和国出口货物原产地规则》要求，并取得中国原产地资格。

第三章　原产地标记的保护与监督

第十五条　国家检验检疫局可根据有关地方人民政府和社会团体对原产地标记产品保护的建议，组织行业主管部门、行业协会、生产者代表以及有关专家进行评审，符合要求的，列入《受保护的原产地标记产品目录》。

第十六条　取得原产地认证标记的产品、服务及其生产经营企业，应接受检验检疫机构的监督检查。

第十七条　对违反本规定使用原产地标记的行为，依法追究其法律责任。

第十八条　从事原产地标记工作的人员滥用职权、徇私舞弊、泄露商业秘密的，给予行政处分；构成犯罪的，依法追究刑事责任。

第十九条　对原产地标记的申请受理、评审认证、注册、使用认定和管理工作有异议的，可以向所在地检验检疫机构或国家检验检疫局提出复审。

第四章　附　　则

第二十条　检验检疫机构办理原产地标记，按有关规定收取费用。

第二十一条　国家检验检疫局根据本规定制定实施办法。

第二十二条　本办法由国家检验检疫局负责解释。

第二十三条　本规定自2001年4月1日起施行。

3. 原产地标记管理规定实施办法

（2001年4月1日施行）

第一章 总 则

第一条 根据《原产地标记管理规定》，制定本办法。

第二条 国家出入境检验检疫局（以下简称国家检验检疫局）设立原产地标记工作小组及其办公室，主要职责是：

（一）原产地标记的有关管理办法的制、修订；

（二）受理入境原产地标记申请，办理原产地标记的注册审批；

（三）统一发布原产地标记认证的种类和形式；

（四）原产地标记管理工作的协调和监督管理。

第三条 各地出入境检验检疫局（以下简称检验检疫机构）按照相应的模式，负责其辖区内的原产地标记的申请受理、评审、报送注册和监督管理。

第四条 对已取得国家检验检疫局批准注册的原产地标记，由国家检验检疫局每半年一次公开发布《受保护的原产地标记产品目录》。

第二章 原产地标记的使用范围

第五条 使用原产国标记的产品包括：

（一）在生产国获得的完全原产品；

（二）含有进口成分，并获得原产资格的产品；

（三）标有原产国标记的涉及安全、卫生及环境保护的进口产品；

（四）国外生产商申请原产地标记保护的商品；

（五）涉及反倾销、反补贴的产品；

（六）服务贸易和政府采购中的原产地标记的产品。

第六条 使用地理标志的产品包括：

（一）用特定地区命名的产品，其原材料全部、部分或主要来自该地区，或来自其他特定地区，其产品的特殊品质、特色和声誉取决于当地的自然环境和人文因素，并在该地采用传统工艺生产。

（二）以非特定地区命名的产品，其主要原材料来自该地区或其他特定地区，但该产品的品质、品味、特征取决于该地的自然环境和人文因素以及采用传统工艺生产、加工、制造或形成的产品，也视为地理标志产品。

第三章 原产地标记的申请、评审和注册

第七条 申请地理标志注册的，申请人须填写《原产地标记注册申请书》，

并提供以下资料：

（一）所适用的产地范围；

（二）生产或形成时所用的原材料、生产工艺、流程、主要质量特性；

（三）生产产品的质量情况与地理环境（自然因素、人文因素或者结合）的相关资料；

（四）检验检疫机构要求的其他相关资料。

第八条 检验检疫机构受理地理标志申请后，依据如下原则进行评审：

（一）产品名称应由其原产地地理名称和反映其真实属性的通用产品名称构成；

（二）产品的品质、品味、特征、特色和声誉能体现原产地的自然环境和人文因素，并具有稳定的质量、历史悠久、享有威名；

（三）在生产中采用传统的工艺生产或特殊的传统的生产设备生产；

（四）其原产地是公认的，协商一致的并经确认的。

第九条 检验检疫机构评审的依据如下：

（一）历史渊源、当地自然条件和人文因素；

（二）标记产品原有的标准（包括工艺）；

（三）申请人提供的经确认的感官特性、理化、卫生指标和试验方法；

（四）涉及安全、卫生、环保的产品要求符合国家标准的规定；

（五）申请人提供的其他与审核有关的文件。

第十条 国家检验检疫局对所受理的入境货物原产地认证标记的申请组织专家进行评审，评审合格的予以注册。

第十一条 检验检疫机构受理出境货物地理标记认证申请后，由直属检验检疫局依据《原产地标记注册程序》进行评审，评审合格的，报国家检验检疫局审批。经审批合格的，国家检验检疫局批准注册并颁发证书。

出境货物原产国标记注册的申请，检验检疫机构按照《中华人民共和国出口货物原产地规则》签发原产地证书的要求进行审核。经审核符合要求的，生产制造厂商可在其产品上施加原产地标记"中国制造／生产"字样；不符合要求的，不得施加。

第十二条 服务贸易中的原产地标记，申请人应提供该项服务的权利证明和服务性的依据，由检验检疫机构组织验证，对符合标准的，签发《原产地标记证明书》。

第四章 原产地认证标记的使用

第十三条 经国家检验检疫局注册的原产地标记为原产地认证标记。标记使用人应按照原产地标记注册证书核准的产品及标示方法的范围使用相应的原产地标记。

第十四条 原产地认证标记的形式和种类：

（一）标记图案：CIQ－Origin

标记图案的图形为椭圆形，底色为瓷蓝色，字体为白色。标记的材质为纸制，有耐热要求时为铝箔。

标记的规格分为5号，各种规格的外围尺寸为：1号60毫米，2号45毫米，3号30毫米，4号20毫米，5号10毫米

标记图案的长、短半径比例为1.5∶1。

（二）证书

1．原产地标记注册证书

2．原产地标记的书面证明

（三）经国家检验检疫局认可的其他形式。

第十五条 原产地认证标记的标示方法有：

（一）直接加贴或吊挂在产品或包装物上；

（二）图案压模，适用于金属、塑料等产品或包装上；

（三）原产地标记证书；

（四）直接印刷在标签或包装物上；

（五）应申请人的要求或根据实际情况，采用相应的标志方法。

第十六条 对土特产品、传统手工艺品、名牌优质产品，申请人提出申请原产地标记后，检验检疫机构应组织评审，经注册后方可使用原产地认证标记。

第五章 监督管理

第十七条 下列标记不受保护

（一）不符合规定的原产国标记和地理标志；

（二）违反道德或公共秩序的标记，特别是在商品的品质、来源、制造方法、质量特征或用途等方面容易引起误导的标记；

（三）已成为普通名称或公知公用的原产地标记；

（四）未经注册，自行施加或自我声明"中国制造"的标记。

第十八条 原产地标记的使用不得有下列情形：

（一）使用虚假的、欺骗性的或引起误解的原产地标记，使用虚假、欺骗性说明仿造原产地名称的；

（二）在原产地标记上加注了诸如"类"、"型"、"式"等类似用语以混淆原产地的；

（三）使用原产地标记与实际货物不符合的；

（四）未经许可使用、变更或伪造原产地标记的。

第十九条　检验检疫机构对已注册原产地标记的企业实行监督管理,发现不符合要求的,给予暂停使用或停止使用的处罚。对暂停使用的注册要求的,给予暂停使用或停止使用的处罚。对暂停使用的注册单位,改进后经审核合格的,可恢复使用;对停止使用的注册单位,以公告形式予以公布。

第二十条　对违反本规定的行为,情节轻微的,由检验检疫机构依法予以行政处罚;情节严重构成犯罪的,依法追究其刑事责任。

第六章　附　　则

第二十一条　检验检疫机构办理原产地标记注册、加贴认证标志,以及实施有关检验、鉴定、测试等应按规定收取费用。

第二十二条　政府采购中的原产地标记,国家检验检疫局将根据我国政府采购的法律和法规,对政府采购中的原产地标记进行认定。

第二十三条　国家规定的"西部地区"的产品,可标有特定的"西部地区"标记,该标记视为原产地标记。

本条所称的"西部地区"是指国家公开发布的省、市、自治区。

第二十四条　本办法由国家检验检疫局负责解释。

第二十五条　本办法自2001年4月1日起施行。

4.地理标志产品保护规定

(2005年7月15日施行)

第一章　总　　则

第一条　为了有效保护我国的地理标志产品,规范地理标志产品名称和专用标志的使用,保证地理标志产品的质量和特色,根据《中华人民共和国产品质量法》、《中华人民共和国标准化法》、《中华人民共和国进出口商品检验法》等有关规定,制定本规定。

第二条　本规定所称地理标志产品,是指产自特定地域,所具有的质量、声誉或其他特性本质上取决于该产地的自然因素和人文因素,经审核批准以地理名称进行命名的产品。地理标志产品包括:

(一)来自本地区的种植、养殖产品。

(二)原材料全部来自本地区或部分来自其他地区,并在本地区按照特定工艺生产和加工的产品。

第三条　本规定适用于对地理标志产品的申请受理、审核批准、地理标志专用标志注册登记和监督管理工作。

第四条 国家质量监督检验检疫总局（以下简称国家质检总局）统一管理全国的地理标志产品保护工作。各地出入境检验检疫局和质量技术监督局（以下简称各地质检机构）依照职能开展地理标志产品保护工作。

第五条 申请地理标志产品保护，应依照本规定经审核批准。使用地理标志产品专用标志，必须依照本规定经注册登记，并接受监督管理。

第六条 地理标志产品保护遵循申请自愿，受理及批准公开的原则。

第七条 申请地理标志保护的产品应当符合安全、卫生、环保的要求，对环境、生态、资源可能产生危害的产品，不予受理和保护。

第二章　申请及受理

第八条 地理标志产品保护申请，由当地县级以上人民政府指定的地理标志产品保护申请机构或人民政府认定的协会和企业（以下简称申请人）提出，并征求相关部门意见。

第九条 申请保护的产品在县域范围内的，由县级人民政府提出产地范围的建议；跨县域范围的，由地市级人民政府提出产地范围的建议；跨地市范围的，由省级人民政府提出产地范围的建议。

第十条 申请人应提交以下资料：

（一）有关地方政府关于划定地理标志产品产地范围的建议。

（二）有关地方政府成立申请机构或认定协会、企业作为申请人的文件。

（三）地理标志产品的证明材料，包括：

1. 地理标志产品保护申请书；

2. 产品名称、类别、产地范围及地理特征的说明；

3. 产品的理化、感官等质量特色及其与产地的自然因素和人文因素之间关系的说明；

4. 产品生产技术规范（包括产品加工工艺、安全卫生要求、加工设备的技术要求等）；

5. 产品的知名度，产品生产、销售情况及历史渊源的说明。

（四）拟申请的地理标志产品的技术标准。

第十一条 出口企业的地理标志产品的保护申请向本辖区内出入境检验检疫部门提出；按地域提出的地理标志产品的保护申请和其他地理标志产品的保护申请向当地（县级或县级以上）质量技术监督部门提出。

第十二条 省级质量技术监督局和直属出入境检验检疫局，按照分工，分别负责对拟申报的地理标志产品的保护申请提出初审意见，并将相关文件、资料上报国家质检总局。

第三章　审核及批准

第十三条　国家质检总局对收到的申请进行形式审查。审查合格的，由国家质检总局在国家质检总局公报、政府网站等媒体上向社会发布受理公告；审查不合格的，应书面告知申请人。

第十四条　有关单位和个人对申请有异议的，可在公告后的2个月内向国家质检总局提出。

第十五条　国家质检总局按照地理标志产品的特点设立相应的专家审查委员会，负责地理标志产品保护申请的技术审查工作。

第十六条　国家质检总局组织专家审查委员会对没有异议或者有异议但被驳回的申请进行技术审查，审查合格的，由国家质检总局发布批准该产品获得地理标志产品保护的公告。

第四章　标准制订及专用标志使用

第十七条　拟保护的地理标志产品，应根据产品的类别、范围、知名度、产品的生产销售等方面的因素，分别制订相应的国家标准、地方标准或管理规范。

第十八条　国家标准化行政主管部门组织草拟并发布地理标志保护产品的国家标准；省级地方人民政府标准化行政主管部门组织草拟并发布地理标志保护产品的地方标准。

第十九条　地理标志保护产品的质量检验由省级质量技术监督部门、直属出入境检验检疫部门指定的检验机构承担。必要时，国家质检总局将组织予以复检。

第二十条　地理标志产品产地范围内的生产者使用地理标志产品专用标志，应向当地质量技术监督局或出入境检验检疫局提出申请，并提交以下资料：

（一）地理标志产品专用标志使用申请书。

（二）由当地政府主管部门出具的产品产自特定地域的证明。

（三）有关产品质量检验机构出具的检验报告。

上述申请经省级质量技术监督局或直属出入境检验检疫局审核，并经国家质检总局审查合格注册登记后，发布公告，生产者即可在其产品上使用地理标志产品专用标志，获得地理标志产品保护。

第五章　保护和监督

第二十一条　各地质检机构依法对地理标志保护产品实施保护。对于擅自使用或伪造地理标志名称及专用标志的；不符合地理标志产品标准和管理规范要求而使用该地理标志产品的名称的；或者使用与专用标志相近、易产生误解的名称或标识及可能误导消费者的文字或图案标志，使消费者将该产品误认为地理标志保护产品的行为，质量技术监督部门和出入境检验检疫部门将依法进行查处。社会团体、企业和个人可监督、举报。

第二十二条 各地质检机构对地理标志产品的产地范围，产品名称，原材料，生产技术工艺，质量特色、质量等级、数量、包装、标识，产品专用标志的印刷、发放、数量、使用情况，产品生产环境、生产设备，产品的标准符合性等方面进行日常监督管理。

第二十三条 获准使用地理标志产品专用标志资格的生产者，未按相应标准和管理规范组织生产的，或者在2年内未在受保护的地理标志产品上使用专用标志的，国家质检总局将注销其地理标志产品专用标志使用注册登记，停止其使用地理标志产品专用标志并对外公告。

第二十四条 违反本规定的，由质量技术监督行政部门和出入境检验检疫部门依据《中华人民共和国产品质量法》、《中华人民共和国标准化法》、《中华人民共和国进出口商品检验法》等有关法律予以行政处罚。

第二十五条 从事地理标志产品保护工作的人员应忠于职守，秉公办事，不得滥用职权、以权谋私，不得泄露技术秘密。违反以上规定的，予以行政纪律处分；构成犯罪的依法追究刑事责任。

第六章 附 则

第二十六条 国家质检总局接受国外地理标志产品在中华人民共和国的注册并实施保护。具体办法另外规定。

第二十七条 本规定由国家质检总局负责解释。

第二十八条 本规定自2005年7月15日起施行。原国家质量技术监督局公布的《原产地域产品保护规定》同时废止。原国家出入境检验检疫局公布的《原产地标记管理规定》、《原产地标记管理规定实施办法》中关于地理标志的内容与本规定不一致的，以本规定为准。

5. 地理标志专用标志使用管理办法（试行）

（2020年4月3日施行）

第一条 为加强我国地理标志保护，统一和规范地理标志专用标志使用，依据《中华人民共和国民法总则》《中华人民共和国商标法》《中华人民共和国产品质量法》《中华人民共和国标准化法》《中华人民共和国商标法实施条例》《地理标志产品保护规定》《集体商标、证明商标注册和管理办法》《国外地理标志产品保护办法》，制定本办法。

第二条 本办法所称的地理标志专用标志，是指适用在按照相关标准、管理规范或者使用管理规则组织生产的地理标志产品上的官方标志。

第三条 国家知识产权局负责统一制定发布地理标志专用标志使用管理要求，组织实施地理标志专用标志使用监督管理。地方知识产权管理部门负责地理标志专用标志使用的日常监管。

第四条 地理标志专用标志合法使用人应当遵循诚实信用原则，履行如下义务：

（一）按照相关标准、管理规范和使用管理规则组织生产地理标志产品；

（二）按照地理标志专用标志的使用要求，规范标示地理标志专用标志；

（三）及时向社会公开并定期向所在地知识产权管理部门报送地理标志专用标志使用情况。

第五条 地理标志专用标志的合法使用人包括下列主体：

（一）经公告核准使用地理标志产品专用标志的生产者；

（二）经公告地理标志已作为集体商标注册的注册人的集体成员；

（三）经公告备案的已作为证明商标注册的地理标志的被许可人；

（四）经国家知识产权局登记备案的其他使用人。

第六条 地理标志专用标志的使用要求如下：

（一）地理标志保护产品和作为集体商标、证明商标注册的地理标志使用地理标志专用标志的，应在地理标志专用标志的指定位置标注统一社会信用代码。国外地理标志保护产品使用地理标志专用标志的，应在地理标志专用标志的指定位置标注经销商统一社会信用代码。图样如下：

（二）地理标志保护产品使用地理标志专用标志的，应同时使用地理标志专用标志和地理标志名称，并在产品标签或包装物上标注所执行的地理标志标准代号或批准公告号。

（三）作为集体商标、证明商标注册的地理标志使用地理标志专用标志的，应同时使用地理标志专用标志和该集体商标或证明商标，并加注商标注册号。

第七条 地理标志专用标志合法使用人可在国家知识产权局官方网站下载

基本图案矢量图。地理标志专用标志矢量图可按比例缩放，标注应清晰可识，不得更改专用标志的图案形状、构成、文字字体、图文比例、色值等。

第八条 地理标志专用标志合法使用人可采用的地理标志专用标志标示方法有：

（一）采取直接贴附、刻印、烙印或者编织等方式将地理标志专用标志附着在产品本身、产品包装、容器、标签等上；

（二）使用在产品附加标牌、产品说明书、介绍手册等上；

（三）使用在广播、电视、公开发行的出版物等媒体上，包括以广告牌、邮寄广告或者其他广告方式为地理标志进行的广告宣传；

（四）使用在展览会、博览会上，包括在展览会、博览会上提供的使用地理标志专用标志的印刷品及其他资料；

（五）将地理标志专用标志使用于电子商务网站、微信、微信公众号、微博、二维码、手机应用程序等互联网载体上；

（六）其他合乎法律法规规定的标示方法。

第九条 地理标志专用标志合法使用人未按相应标准、管理规范或相关使用管理规则组织生产的，或者在2年内未在地理标志保护产品上使用专用标志的，知识产权管理部门停止其地理标志专用标志使用资格。

第十条 对于未经公告擅自使用或伪造地理标志专用标志的；或者使用与地理标志专用标志相近、易产生误解的名称或标识及可能误导消费者的文字或图案标志，使消费者将该产品误认为地理标志的行为，知识产权管理部门及相关执法部门依照法律法规和相关规定进行调查处理。

第十一条 省级知识产权管理部门应加强本辖区地理标志专用标志使用日常监管，定期向国家知识产权局报送上一年使用和监管信息。鼓励地理标志专用标志使用和日常监管信息通过地理标志保护信息平台向社会公开。

第十二条 原相关地理标志专用标志使用过渡期至2020年12月31日。在2020年12月31日前生产的使用原标志的产品可以继续在市场流通。

第十三条 本办法由国家知识产权局负责解释。

第十四条 本办法自发布之日起实施。

Ⅳ 农产品地理标志登记、使用规范节选

1. 农产品地理标志登记程序

（2008年8月1日施行）

第一条 为规范农产品地理标志登记管理，保证农产品地理标志登记工作的科学性和公正性，根据《中华人民共和国农产品质量安全法》、《农产品地理标志管理》（以下简称《办法》）等规定，制定本程序。

第二条 农产品地理标志登记申请人（以下简称"申请人"）应当符合《办法》第八条规定的条件，由县级以上地方人民政府择优确定并出具相应的资格确认文件。

申请登记的农产品生产区域在县域范围内的，由申请人提供县级人民政府出具的资格确认文件；跨县域的，由申请人提供地市级以上地方人民政府出具的资格确认文件。

第三条 申请人应当根据申请登记的农产品分布情况和品质特性，科学合理地确定申请登记的农产品地域范围，包括具体的地理位置、涉及村镇和区域边界；报出具资格确认文件的地方人民政府农业行政主管部门审核，出具地域范围确定性文件。

第四条 申请人应当根据申请登记的农产品产地环境特性和产品品质典型特征，制定相应的质量控制技术规范，包括产地环境条件、生产技术规范和质量安全技术规范。

第五条 申请登记农产品的产地环境和品质鉴定工作由农业部考核合格的农产品质量安全检测机构承担。鉴定工作有特殊需要的，农业部农产品质量安全中心可以指定具有法定资质的检测机构承担。

检测机构应当根据申请人的委托和农产品地理标志登记管理的相关规定进行抽样、检测和出具报告。

第六条 申请人应当向省级农业行政主管部门提出登记申请，并提交下列材料一式三份：

（一）登记申请书；

（二）申请人资质证明；

（三）农产品地理标志产品品质鉴定报告；

（四）质量控制技术规范；

（五）地域范围确定性文件和生产地域分布图；

（六）产品实物样品或者样品图片；

（七）其他必要的说明性或者证明性材料。

省级农业行政主管部门可以确定工作机构承担农产品地理标志登记管理的具体工作。

第七条 省级农业行政主管部门自受理农产品地理标志登记申请之日起，应当在45个工作日内按规定完成登记申请材料的初审和现场核查工作，并提出初审意见。

符合规定条件的，省级农业行政主管部门应当将申请材料和初审意见报农业部农产品质量安全中心。

不符合规定条件的，应当在提出初审意见之日起10个工作日内将相关意见和建议书面通知申请人。

第八条 农业部农产品质量安全中心收到申请材料和初审意见后，应当在20个工作日内完成申请材料的审查工作，提出审查意见，并组织专家评审。

必要时，农业部农产品质量安全中心可以组织实施现场核查。

第九条 专家评审工作由农产品地理标志登记专家评审委员会承担，并对评审结论负责。

第十条 经专家评审通过的，由中国绿色食品发展中心代表农业部在农民日报、中国农业信息网、中国农产品质量安全网等公共媒体上对登记的产品名称、登记申请人、登记的地域范围和相应的质量控制技术规范等内容进行为期10日的公示。

专家评审没有通过的，由农业部作出不予登记的决定，书面通知申请人和省级农业行政主管部门，并说明理由。

第十一条 对公示内容有异议的单位和个人，应当自公示之日起30日内以书面形式向农业部农产品质量安全中心提出，并说明异议的具体内容和理由。

农业部农产品质量安全中心应当将异议情况转所在地省级农业行政主管部门提出处理建议后，组织农产品地理标志登记专家评审委员会复审。

公示无异议的，由农业部农产品质量安全中心报农业部做出决定。准予登记的，颁发《中华人民共和国农产品地理标志登记证书》并公告，同时公布登记产品的质量控制技术规范。

第十二条 农产品地理标志登记证书长期有效。

出现《办法》第十三条第二款所列情形之一的，登记证书持有人应当向省级农业行政主管部门提出变更申请。经省级农业行政主管部门审查同意后，报农业部农产品质量安全中心。

第十三条 变更申请内容符合规定要求的，由农业部农产品质量安全中心按照本程序第十条和第十一条的规定进行公示和处理。

同意变更的，重新核发《中华人民共和国农产品地理标志登记证书》并公告，原登记证书予以收回、注销。

第十四条 县级以上地方农业行政主管部门及其农产品地理标志工作机构发现地理标志农产品或登记证书持有人不符合《办法》第七条、第八条规定的，应当及时上报农业部注销并公告。

第十五条 从事农产品地理标志登记现场核查的人员，应当经农业部农产品质量安全中心考核合格。

第十六条 农产品地理标志登记申请书样式、农产品地理标志登记报告格式、现场核查规范、质量控制技术规范编写指南、产地环境检测和产品品质鉴定报告格式等相关程序性文件，由农业部农产品质量安全中心组织制定。

第十七条 本程序自发布之日起施行。

2. 农产品地理标志登记产品名称规范

第一条 为科学界定和规范农产品地理标志产品名称，依据《农产品地理标志管理办法》等相关规定，制定本规范。

第二条 农产品地理标志产品名称应由地理区域名称和农产品通用名称组合构成。

第三条 地理区域名称可以是行政区划名称、自然地理实体或居民点名称，也可以是约定俗成、当地使用广泛的特定地理位置名称。

（一）行政区划名称包括现行的省、市、县、乡镇等；也可使用历史沿袭行政区划名称；

（二）自然地理实体名称包括山、河、湖、海、沙滩、岬角、海湾、水道、地形区等名称；

（三）居民点名称包括城镇、区片、自然村、片村、巷等名称；

（四）约定俗成、当地使用广泛的特定地理位置名称包括桥名、井名、站名、港名等具有指向性功能的名称。

第四条 农产品通用名称是有关产品部分名称的统称，指在一定范围内法定或约定俗成，被普遍使用的名称。

农产品通用名称应使用产品的学名、俗名、别名等，也可使用当地历史沿袭名称，但不应导致公众可能对产品本身或产地的误认。

原则上，不应在农产品通用名称中添加形状、颜色、风味、生长环境等方面的修饰语。

第五条 农产品地理标志产品名称存在下列情形之一的，不应进行登记：

（一）产品名称为法定的通用名称或全国范围内已约定俗成的通用名称；

（二）产品名称与动植物品种名称相同，可能导致公众对产品产地误认的；

（三）产品名称已注册为商标、证明商标或集体商标，未取得所有权人同意的；

（四）产品名称与已登记农产品地理标志相同，或包含已登记农产品地理标志的；

（五）其他可能存在误导公众对产品产地认知的。

第六条 农产品地理标志产品实际生产地域范围与地理区域名称可以是大地名小范围，也可以是小地名大范围。生产地域范围与地理区域名称对应关系核定的基本原则是尊重历史传承和生产实际，保证产品品质与产地自然生态环境和特定生产方式的一致性。

第七条 本规范由中国绿色食品发展中心负责解释，自印发之日起施行。本规范代替并废止原《农产品地理标志产品名称审查规范》。

3.农产品地理标志登记申请人资格确定规范

第一条 为规范确定农产品地理标志登记申请人（以下简称"申请人"）资格，切实维护生产经营者的共同利益，依据《农产品地理标志管理办法》等相关规定，制定本规范。

第二条 申请人资格由申请登记产品所在地县级以上地方人民政府本着依法、公平、公正的原则择优确定，具体工作由所在地县级以上地方人民政府农业农村行政主管部门负责办理。

生产地域范围跨县（市、区）的，申请人资格由上一级地方人民政府确定。

第三条 申请人应为农民专业合作经济组织、行业协会等具有公共管理服务性质的组织，包括社团法人、事业法人等。政府及其组成部门、企业（农民专业合作社）和个人不应作为申请人。

第四条 申请人应符合下列条件：

（一）具有监督、管理农产品地理标志及其产品的能力；

（二）具有为地理标志农产品生产、加工、营销提供指导服务的能力；

（三）具有独立承担民事责任的能力。

第五条 符合条件的申请人可向所在地县级以上地方人民政府农业农村行政主管部门提出申请，也可由县级以上地方人民政府农业农村行政主管部门根据申请人相关条件择优选取。

第六条 拟作为申请人的应提交以下申请材料：

（一）申请报告；

（二）单位概况；

（三）指导申请登记产品生产、加工的技术规范和经营渠道说明；

（四）监督管理生产经营者规范生产、规范用标的控制措施；

（五）专业技术人员统计报表及主要专业技术人员资格文件复印件；

（六）法人证书复印件。

第七条 县级以上地方人民政府农业农村行政主管部门接到申请材料后，应及时进行审查，并对申请人条件进行现场核实确认。审查内容包括：

（一）申请人是否持有合法的法人证书；

（二）申请人是否具备规范的办公场所和3名及以上专业技术人员；

（三）申请人是否具有指导监督生产经营者按照质量技术规范进行生产、加工及营销的能力。

第八条 经审查，符合申请人条件的，由所在地县级以上地方人民政府农业农村行政主管部门通过官方网站向社会公示，公示内容包括拟申请登记产品名称、拟定申请人、拟保护生产地域范围等信息。公示期20日。

第九条 经所在地县级以上地方人民政府农业农村行政主管部门公示无异议的，报同级地方人民政府审定，由同级地方人民政府出具申请人资格确定文件。

第十条 申请人获得县级以上地方人民政府登记资格确定文件后，方可按照规定提交登记申请材料。

第十一条 省级农业农村行政主管部门受理该产品登记申请时，应将申请登记产品名称、申请人和拟保护生产地域范围等信息在其官方网站或有关渠道再次公示，公示范围应能覆盖本省（区、市）辖区并相对固定，便于社会各界关注和查询。公示期10日。

第十二条 本规范由中国绿色食品发展中心负责解释，自印发之日起施行。本规范代替并废止原《农产品地理标志登记申请人资格确认评定规范》。

4. 农产品地理标志登记生产地域范围确定规范

第一条 为规范农产品地理标志生产地域范围确定工作，保证生产地域范围准确、科学，依据《农产品地理标志管理办法》等相关规定，制定本规范。

第二条 生产地域范围确定应遵循以下基本原则：

（一）形成产品特色品质的自然生态环境应一致。若产品特色品质主要取决于产地自然生态环境，生产地域内自然生态环境应基本相同或类似，形成产品特色品质的某个或某些具体自然生态环境因素（气温、光照、土壤、水质等）应一致。不应将自然生态环境差异较大的区域划入该产品生产地域范围。

（二）形成产品特色品质的特定生产方式应一致。若产品特色品质主要取决于产地特定的生产方式，应将采用该特定生产方式的地域确定为产品生产地域。未使用该特定生产方式的地域不应划入。如锡林郭勒奶酪生产方式要求是采用蒙古族传统工艺制法，未采用蒙古族传统工艺制法的地域不应划入产品生产地域范围。

（三）产品实际生产分布和历史人文因素。产品在地域内应有实际生产，且历史人文材料应能说明产品的历史生产年限和声誉基础。历史生产年限不足或计划规划的生产地域不应划入产品生产地域范围。

第三条 生产地域范围确定应结合产品品质检测和（或）外在感官特征鉴评，保证产品特色品质的一致性。

第四条 申请人应以现行行政区划为基础提出生产地域范围建议，并以最新行政区划图为蓝本，绘制生产地域分布图。

第五条 生产地域分布图应准确标示出产品的生产地域范围和边界线，做到地域完整、边界清晰。地域分布图应界定到所辖乡（镇）或村，边界线采用加宽线条进行标示。必要时，可加注相关文字说明。

第六条 申请人应将生产地域范围建议及生产地域分布图报所在地县级以上地方人民政府农业农村行政主管部门审核。

第七条 县级以上地方人民政府农业农村行政主管部门审核确定生产地域范围及生产地域分布图后，应将拟保护生产地域范围与拟申请登记产品名称、拟定申请人等一并进行公示。

第八条 公示无异议的，县级以上地方人民政府农业农村行政主管部门出具生产地域范围确定文件，并将生产地域分布图作为附件。

第九条 本规范由中国绿色食品发展中心负责解释，自印发之日起施行。本规范代替并废止原《农产品地理标志登记产品生产地域分布图绘制规范》。

5.农产品地理标志登记产品外在感官特征鉴评规范

第一条 为规范农产品地理标志申请登记产品外在感官特征鉴评工作，依据《农产品地理标志管理办法》等相关规定，制定本规范。

第二条 农产品地理标志产品外在感官特征鉴评是凭借感官对申请登记产品的色、香、味、形、大小等外在感官特征进行评价的活动。

第三条 申请登记产品仅外在感官特征显著的，应进行外在感官特征鉴评。外在感官特征和内在特色品质均显著的，可不进行外在感官特征鉴评。

第四条 产品外在感官特征鉴评由省级农产品地理标志工作机构（以下简称"省级工作机构"）组织实施。

第五条 农产品地理标志登记申请人（以下简称"申请人"）向省级工作机构提出鉴评申请后，省级工作机构应及时组织相关专家进行鉴评。鉴评以会议形式进行，鉴评组一般由3~5名专家组成。

第六条 鉴评专家应具备以下条件：

（一）具有相应技术专长或取得相关专业资质；

（二）熟悉申请登记产品情况和典型品质风味特性；

（三）能客观、准确、规范地对申请登记产品进行特性描述；

（四）身体健康，并能按要求参加鉴评；

（五）作风严谨、客观公正、实事求是。

第七条 外在感官特征鉴评具体时间和地点由省级工作机构商申请人确定。鉴评前，申请人应做好鉴评样品、鉴评用具等相关准备工作。

第八条 鉴评样品应能代表申请登记产品生产地域范围内产品的总体感官特征，样品状态能够反映产品的固有特色。

第九条 外在感官特征鉴评以文字描述为主，鉴评专家凭借专业知识和经验，对申请登记产品质量控制技术规范所描述的外在感官特征进行鉴定评价。

第十条 鉴评会参加人员包括鉴评专家、申请人、相关农产品地理标志工作机构人员。鉴评工作实行专家组长负责制。

第十一条 鉴评会应至少包括以下程序：

（一）主持人介绍品质鉴评组成员、相关方面人员及要求；

（二）鉴评组长主持鉴评：

1. 鉴评组长介绍鉴评程序及规则；

2. 申请人介绍待鉴评产品，重点说明外在感官特征；

3. 鉴评组进行鉴定评价；

4. 宣布鉴评结论；

5. 鉴评组成员在鉴评报告上签字确认。

（三）主持人对鉴评工作进行小结。

第十二条 依据申请登记产品质量控制技术规范，鉴评意见与外在感官特征描述基本一致的，则为符合。鉴评意见与外在感官特征描述不一致的，则为不符合。对于不符合的或在鉴评过程中认为产品还有其他典型特征的，可建议申请人根据鉴评意见修改质量控制技术规范。

第十三条 鉴评组应客观、准确填写《产品外在感官特征鉴评报告》（见附录）。鉴评应使用科学、规范的术语对申请登记产品外在感官特征进行描述，不应使用评价性语言。鉴评报告一式三份，统一由省级工作机构进行确认。

第十四条 省级工作机构应在5个工作日内完成《产品外在感官特征鉴评报告》审核确认工作。确认时应签署意见，并加盖省级工作机构公章。鉴评报告一式三份，一份随申请材料上报，其余两份分别由申请人和省级工作机构留存。

第十五条 本规范由中国绿色食品发展中心负责解释，自发布之日起施行。本规范代替并废止原《农产品地理标志产品感官品质鉴评规范》。

6. 农产品地理标志登记产品抽样检测技术规范

第一条 为规范农产品地理标志申请登记产品抽样和检测工作，依据《农产品地理标志管理办法》等相关规定，制定本规范。

第二条 申请登记产品内在特色品质显著的，应进行抽样检测。

第三条 承担农产品地理标志登记产品抽样检测的机构，应为中国绿色食品发展中心（以下简称"中心"）认定并委托的定点检测机构或同意的检测单位。

第四条 农产品地理标志登记申请人（以下简称"申请人"）委托检测机构进行抽样检测。检测机构接到委托后，应及时安排专业人员按照抽样程序和方法进行抽样。

抽样工作一般应由检测机构专业人员实施完成，也可由检测机构委托相关省级农产品地理标志工作机构（以下简称"省级工作机构"）或产品所在地地市级农产品地理标志工作机构完成。

第五条 抽样人员在抽样过程中应携带抽样单（见附录A）和相关抽样证明。现场抽样过程中，应根据种植、养殖产品区域大小和分布特点，合理布设采样点，采样点应能反映申请登记产品生产地域范围内的总体品质情况。

生产地域范围为县（区）级及以下的，应至少布设3个采样点；生产地域范围为地市级及以上的，范围内所有县（区）均应布设采样点，且每个县（区）采样点数不少于3个。

生产地域为开放式海域、湖泊、滩涂、山川或集中连片的草场、林场的，采样点数应不少于3个。

第六条 抽样人员和申请人应对抽取样品的真实性、代表性和有效性进行确认并负责。

第七条 抽样单一式三份。一份随检测报告上报中心，其余两份分别由申请人和省级工作机构留存。

第八条 检测机构抽样后，应在 20 个工作日内依据申请登记产品质量控制技术规范规定的相关品质指标完成检测工作。

第九条 依据申请登记产品质量控制技术规范，检测结果全部在规定值范围内的，则判定其产品符合要求。检测结果不在规定值范围内的，则判定为产品不符合要求。产品具备其他可量化内在品质特性的，可建议申请人修改质量控制技术规范内在品质指标。

第十条 检测机构应根据检测结果及时出具《产品品质检测报告》（见附录 B），报告一式三份，一份随申请材料上报中心，另外两份分别由申请人和省级工作机构留存。

第十一条 检测机构对检测结果和出具的报告负责。申请人可自收到检测结果之日起 10 个工作日内向检测机构书面申请复检。检测机构接到异议后，应及时进行复检，并及时将复检结果通知申请人。

第十二条 本规范由中心负责解释，自发布之日起施行。本规范代替并废止原《农产品地理标志产品品质鉴定抽样检测技术规范》。

7. 农产品地理标志登记现场核查规范

第一条 为规范农产品地理标志登记现场核查工作，保证现场核查工作质量，根据《农产品地理标志管理办法》和《农产品地理标志登记程序》等相关规定，制定本规范。

第二条 本规范所称现场核查，是指在农产品地理标志登记审查工作中，对申请登记产品相关情况进行实地核实确认的过程。

第三条 省级农产品地理标志工作机构（以下简称"省级工作机构"）负责现场核查的组织和实施。中国绿色食品发展中心（以下简称"中心"）负责现场核查的指导和统筹。

第四条 省级工作机构应根据申请登记产品申请材料初审情况制定现场核查计划，包括核查的依据、时间、地点、内容、程序和人员构成等。

第五条 现场核查工作应按照《登记现场核查工作程序》（见附录 A）进行，包括制定现场核查方案、通知申请人、实施现场核查、提交核查报告等环节。

第六条 现场核查实行核查组组长负责制，组长应由具有核查员资质的省级工作机构人员担任。现场核查组应至少由 2 名以上核查员组成，所在地地县级工作机构核查员不应作为核查组成员。

第七条 现场核查应核查申请人资质能力、产品生产地域范围、特色品质及其与自然生态环境和特定生产方式的关联、历史人文因素（生产与声誉年限）、产品质量控制技术规范的建立与实施、生产过程档案记录、产品包装与可追溯体系建设等情况。

第八条　现场核查完成后，核查组应对核查情况进行综合判定，做出现场核查结论。现场核查结论分三种：

（一）现场核查符合登记条件；

（二）现场核查不完全符合登记条件，限期整改；

（三）现场核查不符合登记条件。

现场核查不完全符合且要求限期整改的，应由核查组组长对整改情况进行验收。必要时，可组织核查员进行实地核查验收。

第九条　核查组在完成第八条的相关工作后，应在5个工作日内，将《登记现场核查报告》（见附录B）报送省级工作机构。

第十条　现场核查符合或经整改符合的，省级工作机构应结合申请材料初审情况，提出初审意见后报中心。现场核查不符合或经整改仍不符合的，省级工作机构应终止登记程序，驳回登记申请，并将相关意见通知申请人。

第十一条　中心在审查或专家评审过程中认为有必要进行现场确认核查的，应适时组织相关人员实施现场确认核查。

第十二条　本规范由中心负责解释，自印发之日起施行。本规范代替并废止原《农产品地理标志现场核查规范》。

8. 农产品地理标志登记证书变更规范

第一条　为规范农产品地理标志登记证书变更工作，根据《农产品地理标志管理办法》等相关规定，制定本规范。

第二条　本规范适用于因登记证书持有人、产品生产地域范围或相应自然生态环境发生变化等而提出的农产品地理标志登记证书变更。

第三条　有下列情形之一的，申请人应提出证书变更申请：

（一）登记证书持有人名称发生变化的；

（二）登记证书持有人因社团法人注销或事业单位改革等而发生变化的；

（三）登记产品生产地域范围扩大的；

（四）登记产品生产地域范围缩小的；

（五）自然生态环境发生变化引起产品质量控制技术规范变化的。

第四条　登记证书持有人名称发生变化的，应向省级农产品地理标志工作机构（以下简称"省级工作机构"）提出证书变更申请，同时提交以下材料：

（一）证书变更申请（见附录）；
（二）申请人法人证书复印件；
（三）登记管理机关有关名称变更的佐证材料；
（四）农产品地理标志登记证书。

第五条 登记证书持有人因社团法人注销，或事业单位调整而不再存续，或不再符合登记申请人条件的，可由农产品地理标志所在地的地方人民政府按照《农产品地理标志登记申请人资格确定规范》重新确定拟持有人。

第六条 依据本规范第五条确定的拟持有人应向省级工作机构提出证书变更申请，并提交以下材料：
（一）证书变更申请（见附录）；
（二）拟持有人法人证书复印件；
（三）申请人资格确定文件；
（四）原证书持有人单位注销或机构改革的佐证材料；
（五）原证书持有人或其法定代表人出具的同意变更意见；
（六）农产品地理标志登记证书。

第七条 登记产品生产地域范围扩大的，登记证书持有人应向省级工作机构提出证书变更申请，并提交以下材料：
（一）证书变更申请（见附录）；
（二）扩大地域的产品品质检测报告和（或）外在感官特征鉴评报告；
（三）拟修订的质量控制技术规范；
（四）生产地域范围确定文件；
（五）其他必要的说明性或证明性材料。

产品生产地域范围扩大超出原所在地人民政府辖区范围的，在原所在地人民政府书面同意的基础上，由具有管辖权的上级人民政府所属农业农村行政主管部门进行生产地域范围确定和公示。

第八条 登记产品生产地域范围缩小的，登记证书持有人应向省级工作机构提出证书变更申请，并提交以下材料：
（一）证书变更申请（见附录）；
（二）拟修订的质量控制技术规范；
（三）生产地域范围确定文件；
（四）其他必要的说明性或证明性材料。

第九条 自然生态环境发生变化引起登记产品质量控制技术规范变化的，登记证书持有人应向省级工作机构提出证书变更申请，并提交以下材料：
（一）证书变更申请（见附录）；
（二）产品品质检测报告和（或）外在感官特征鉴评报告；

（三）拟修订的质量控制技术规范；

（四）其他必要的说明性或证明性材料。

自然生态环境变化是指区域内自然环境或生态环境发生的中长期变化，特殊年份气候异常导致的变化不必提出变更申请。

第十条 省级工作机构自受理农产品地理标志登记证书变更申请之日起，应在45个工作日内完成变更申请材料的初审和现场核查（必要时），并提出初审意见。

本规范第三条第（三）、（四）条款的变更申请，应进行现场核查。第三条第（一）、（二）、（五）条款的变更申请，若有必要，应进行现场核查。

符合变更条件的，将变更申请材料和初审意见报中国绿色食品发展中心（以下简称"中心"）；不符合变更条件的，应在提出初审意见之日起10个工作日内书面通知申请人，并说明理由。

第十一条 中心应自收到变更申请材料和初审意见之日起20个工作日内，对变更申请材料进行审查，提出审查意见。

本规范第三条第（三）、（四）、（五）条款的变更申请，应组织专家评审。

第十二条 经中心审查和专家评审通过的，向社会公示。公示无异议的，由农业农村部做出登记证书变更决定并公告，换发《中华人民共和国农产品地理标志登记证书》。

本程序第三条第（五）条款的变更申请，经中心审查和专家评审通过的，由中心公布变更后的质量控制技术规范。

中心审查意见为不符合变更条件或专家评审不通过的，由中心书面通知申请人，并说明理由。

第十三条 本规范由中心负责解释，自发布之日起施行。

9. 农产品地理标志登记审查准则

第一章 总 则

第一条 为规范农产品地理标志登记审查工作，保证审查工作质量，根据《农产品地理标志管理办法》及相关技术规范，制定本准则。

第二条 本准则适用于省级农产品地理标志工作机构（以下简称"省级工作机构"）对申请材料的受理和初审，中国绿色食品发展中心（以下简称"中心"）对申请材料的审查。

第三条 省级工作机构从事登记审查工作的人员，应取得《农产品地理标志核查员注册证书》。审查人员应按照科学规范、客观独立、公平公正的原则进行审查，并对审查结论负责。

第四条 省级工作机构在受理申请前，必要时，可先行对申请登记产品进行论证评估，特色品质不明显、生产年限或声誉基础不足、登记保护价值不大的产品不予受理。

第二章　审查内容

第五条 产品登记范围审查

（一）审查依据：《农产品地理标志管理办法》

（二）审查重点：

1. 申请登记产品应是源于农业的初级产品，并属《农产品地理标志登记保护产品目录》（见附录）所涵盖的产品。未列入目录的，不予受理。

2. 水、粗制盐、用于动植物生产的种子种苗、纯野生产品、原国家保护后部分放开人工养殖的产品等，不予受理。仅限于作为另一种产品的原料，本身并不直接上市的产品，原则上不予受理。

3. 申请登记产品应已列入《全国地域特色农产品普查备案名录》。未列入名录的，申请人应将产品名称、特色品质和历史人文（生产年限和声誉基础）、生产地域范围等情况报省级工作机构审核，审核通过报中心审查同意后方可申请。

第六条 产品名称审查

（一）审查依据：《农产品地理标志登记产品名称规范》

（二）审查重点：

1. 名称结构审查。产品名称应由地理区域名称和农产品通用名称组成。

地理区域名称可为行政区划名称、自然地理实体或居民点名称，也可以是约定俗成、当地使用广泛的特定地理位置名称。农产品通用名称应使用产品的学名、俗名、别名等，也可使用当地历史沿袭名称，但不应导致公众可能对产品本身或产地的误认。

2. 不应登记的情形。产品名称为法定的通用名称或全国范围内已约定俗成的通用名称的；产品名称与动植物品种名称相同，可能导致公众对产品产地误认的；产品名称已注册为商标、证明商标或集体商标，未取得所有权人同意的；产品名称与已登记农产品地理标志相同或包含已登记农产品地理标志的。

第七条 申请人资质审查

（一）审查依据：《农产品地理标志登记申请人资格确定规范》

（二）审查重点：

1. 申请人应为事业法人、社团法人等，不应为政府、企业和个人。

2. 结合现场核查，审查申请人在申请登记产品的生产经营领域是否具有一定影响力和组织能力，是否被所在地域范围内的产品生产经营者普遍认可。

3. 申请人资格确定文件应为县级以上地方人民政府向当地农业农村行政主管部门出具的批复文件。政府内设部门（如办公室）出具文件无效，由省级人民政府确定登记申请人的除外。生产地域范围跨县（地市）域的，由上一级地方人民政府出具申请人资格确定文件。

4. 申请人资格确定文件应为原件，复印件无效。

第八条 生产地域范围确定审查

（一）审查依据：《农产品地理标志登记生产地域范围确定规范》

（二）审查重点：

1. 生产地域范围确定文件应为地方农业农村行政主管部门向申请人出具的文件，内容应包括地域经纬度范围、所辖具体县（区）、乡镇或村名称（列表）、生产规模和产量等必要信息，并附生产地域分布图。

2. 生产地域范围确定应统筹考虑产品的特色品质及其与产地自然生态环境和特定生产方式的关联，并应在生产地域范围内有实际生产和历史人文基础。生产地域范围可集中连片，也可点状分布。

3. 生产地域分布图应以最新版行政区划图为蓝本（彩图），准确标示出产品的生产地域范围和边界线。地域分布图边界线应采用加宽线条进行标示。

4. 初级加工农产品应确定原料基地的生产地域范围。

5. 跨县（区）或地市地域的产品，应整区域联合申请。生产地域范围应由具有跨域管辖权限的上一级农业农村行政主管部门确定，申请人资格亦由上一级地方人民政府确定。地理区域属于跨省份的山脉、河流、湖泊等产品，由具有相关资源管辖权限的专门机构确定生产地域范围和申请人。

6. 对于产品主管部门包括其他部门的，应由农业农村部门和相关行业主管部门联合（或分别）出具生产地域范围确定文件，或农业农村部门征求相关行业部门意见后，单独出具文件，并注明征求意见情况。

7. 生产地域范围确定文件应为原件，复印件无效。

第九条 质量控制技术规范审查

（一）审查依据：《农产品地理标志质量控制技术规范（编写指南）》《农产品地理标志登记产品外在感官特征鉴评规范》《农产品地理标志登记产品抽样检测技术规范》

（二）审查重点：

1. 特色品质审查

产品应具有独特的品质，即明显区别于其他产地该类产品的外在感官特征和（或）内在特色品质。特色品质不明显的产品不应通过审查。

1.1 外在感官特征审查

外在感官特征描述应客观真实，应采用规范性语言描述产品的外观、口感、气味等特征，可使用数字描述的，尽量使用数字，避免评价性语言，如美味、独特、品质好等笼统描述。

产品仅外在感官特征显著的，应提交产品外在感官特征鉴评报告。外在感官特征和内在品质特性均显著的，可不进行外在感官特征鉴评，对产品外在感官特征鉴评报告不作要求。

产品外在感官特征鉴评报告审查。品质鉴评组一般由 3~5 名专业领域技术专家组成，省级工作机构内部人员不应作为专家组成员。鉴评组成员均应签字，鉴评意见由组长签字。省级工作机构应填写确认意见并签字盖章。鉴评报告应使用固定格式且为原件。

1.2 内在特色品质审查

产品内在特色品质一般由体现产品特色的理化指标构成，指标数一般不超过 4 个，指标值应为范围值（品质限值），而非固定值，可用大于等于（≥）、小于等于（≤）、不少于、不超过等表示，也可以是区间范围值。

申报产品存在细分或系列产品，且内在特色品质存在较大差异的，应分别描述特色指标，并由相应的产品品质检测报告进行验证。

产品品质检测报告审查。检测机构应为中心委托或同意的检测单位，报告封面应加盖"报告专用章"、检测机构公章和骑缝章，制表人、审核人、批准人均应签字。检测报告应为原件。所有内在特色品质指标应在每份报告中进行验证检测，且结果符合。

采样点和检测报告数量：生产地域范围为县（区）级及以下的，应至少布设 3 个采样点；生产地域范围为地市级及以上的，范围内所有县（区）均应布设采样点，且每个县（区）采样点不少于 3 个。生产地域为开放式海域、湖泊、滩涂、山川或集中连片的草场、林场，采样点不少于 3 个。每个采样点对应一份检测报告。

2. 独特自然生态环境审查

应重点描述产地与形成产品特色品质因果关系密切的自然生态环境因素（如光照、温度、湿度、降水、水质、土质、地形地貌等）及其关联性。

生产地域范围内，自然生态环境或至少形成产品特色品质的某个或某些自然生态环境因素应基本一致。自然生态环境差异较大的，不应通过审查。

3. 特定生产方式审查

应重点描述与形成产品特色品质因果关系密切的生产方式（主要品种、产地要求、生产关键环节等）及其关联性。

申请登记产品存在细分或系列产品且生产方式不一致的，应分别描述每种产品的生产方式。

4. 标志使用审查

应写明标志使用人在产品或产品包装上统一使用农产品地理标志公共标识和产品名称组合形式字样。

第十条 历史人文佐证材料审查

申请登记产品应在生产地域范围内有一定的生产历史和声誉基础。结合我国国情，原则上，产品在生产地域范围内应至少有30年的生产历史和20年的声誉基础。生产和声誉年限通过审查历史人文佐证资料来确认。

历史人文表现形式包括县志、市志、农业志、产品志等历史文献记载；诗词歌赋、传记、传说、轶事、典故等记载；民间流传的该类产品民风、民俗、歌谣、工艺文化；饮食、烹饪等；名人的评价与文献；荣获省级以上历次名牌产品获奖情况；媒体宣传、报道、图片等。历史人文佐证材料可为多种表现形式，但县志、市志、农业志、产品志等历史文献中关于该产品的记载原则上必须提供。生产历史和声誉基础应在相关材料中做出明显标记。

历史人文佐证材料应同时说明产品的生产历史和声誉基础，仅体现生产历史的佐证材料不应通过审查。如德庆贡柑，光绪《德庆州志》记载："唐开元，柑橘丰极，官马尤甚。色金、泽，肉爽、味清、蜜，宋高宗甚喜，年贡不断，渐谓之贡柑"。"产品畅销国内大中城市，远销港澳、荷兰、澳大利亚等国家和地区"。德庆贡柑荣获"中国贡柑之乡""中国柑桔产业十强县"等。相关材料能够证明德庆贡柑生产历史悠久，且具有良好的声誉基础。又如，德庆年鉴记载"以种植砂糖桔、贡柑、马水桔、东莞糯米糍、大红贵味、石硖龙眼等优质水果""大力发展贡柑、砂糖桔"，此部分佐证材料仅能说明德庆生产贡柑，不能说明产品声誉基础，仅有此部分佐证，不应通过登记审查。

第十一条 样品图片（视频）审查

审查重点：样品图片（视频）应含种植（养殖）初级产品、制成品（仅限申请登记产品为初级加工品）图片及产品包装图片，应至少提供一张产品的彩色特写图片或镜头。

第十二条 登记现场核查报告审查

（一）审查依据：《农产品地理标志登记现场核查规范》

（二）审查重点：

1. 现场核查工作由省级工作机构组织实施，不应由地县级工作机构代为实施。

2. 现场核查组一般由2名以上核查员组成。核查组组长应为省级工作机构核查员。所在地地县级工作机构核查员不作为核查组成员参与现场核查工作。现场核查结论表中组长和成员均应签字。

3. 现场核查应对生产地域范围、特色品质及其与产地自然生态环境和（或）

特定生产方式的关系、生产历史和声誉基础等进行重点调查。

4. 现场核查报告后应附核查员证书复印件。

第十三条 特殊情况审查

（一）产品名称与商标冲突性审查。如申请登记产品名称已在先注册为商标、集体商标或证明商标，且申请人与所有权人不是同一主体的，申请人应提供所有权人同意其以该产品名称申请登记农产品地理标志的文件，确保不产生法律纠纷。

（二）同一产品名称项下存在细分或系列产品的审查。使用生产地域范围内同一原料，存在多种细分产品或系列产品的，可一并申请，如羊与羊肉、鸡与鸡肉和鸡蛋、红茶和绿茶等，但应在质量控制技术规范中分别描述产品的外在感官特征和内在特色品质，并分别进行验证。

（三）同一生产区域同类产品的审查。申请登记产品与已登记产品为同一类，且处于同一较大范围生产区域内但无地域交叉的，申请登记产品应与已登记产品特色品质有明显区别。如特色品质无明显区别、仅是地域范围不同的，不予受理，但可重新确定生产地域范围，依照规定申请证书变更。如特色品质确不相同，应突出申请登记产品在已登记产品基础上的个性品质特征，提供特色品质比对情况和声誉佐证材料。

如某市所辖某县已登记大米，该市另一县申请登记大米时，应充分说明新申请大米与已登记大米的品质差异，及新申请登记大米的声誉。

（四）同类产品存在行政区划隶属关系的审查。申请登记产品与已登记产品为同一类，且生产地域范围存在行政区划隶属关系的，申请前，应分析比较申请登记产品与已登记产品的特色品质及形成特色品质的自然生态环境或历史人文因素，并按如下情况处理。

申请登记产品行政区域包含已登记产品行政区域，若已登记产品符合或优于申请登记产品特色品质及形成特色品质的自然生态环境或历史人文因素，应征得已登记产品相关权益人同意，将已登记产品生产地域范围划入申请登记产品生产地域范围。申请登记产品经登记后，已登记产品可以使用其原有农产品地理标志，也可以使用申请登记产品农产品地理标志，有关标志使用应在质量控制技术规范中予以明确。

若已登记产品不符合申请登记产品特色品质或形成特色品质的自然生态环境或历史人文因素，则不应将已登记产品生产地域范围划入申请登记产品生产地域范围。

申请登记产品行政区域属于已登记产品行政区域的，申请登记产品应与已登记产品特色品质有明显区别。如特色品质无明显区别，不予受理。如特色品质确不相同（通常情况下应是优于），应突出申请登记产品在已登记产品基础上的品质特征,并提供特色品质比对情况。

上述两种情况审查时,除审查申请登记产品与已登记产品的品质特色情况,应突出审查申请登记产品的声誉基础。声誉基础不充分的,不应通过审查,以保障在先登记产品权益。

(五)含"富硒"或"硒"字样产品的审查。一般情况下,产品名称中不应含"富硒"或"硒"字样,除非同时满足以下条件:生产地域范围在国家确定的自然土壤富硒或含硒地区且产品中的硒是自然生长过程中从土壤中吸收的;国家或行业标准对该类产品富硒或硒含量有明确规定且产品有相应的检测验证;产品名称在一定范围内已约定俗成且使用年限超过 20 年。

富含功能性矿物质元素的产品申报与审查参照上述执行。

(六)申请登记产品拟授权标志使用人须在国家农产品质量安全追溯管理信息平台完成主体注册后,方可受理。

(七)申请材料装订审查。申请材料需装订成册,建议采用单页可替换方式装订,方便材料补充。封面注明产品名称、申请人全称、省级工作机构等信息。编排目录及页码,相关材料按照如下顺序排列:

◆ 封面
◆ 目录
◆ 登记申请书
◆ 登记申请人资格确定文件及法人证书
◆ 国家追溯平台注册图片
◆ 生产地域范围确定文件
◆ 质量控制技术规范
◆ 产品品质检测报告和(或)外在感官特征鉴评报告
◆ 产品抽样单
◆ 历史人文佐证材料
◆ 产品图片(彩图)
◆ 网站受理公示图片等其他相关材料

审查过程性材料按照如下顺序附在申请材料后面。

◆ 登记现场核查报告
◆ 登记审查报告
◆ 核查员证书复印件

第三章 审查分工

第十四条 省级工作机构负责对照申请条件和审查准则,严格对申请材料进行初审;中心负责对申请材料进行复核审查;登记评审委员会专家负责申请材料的技术审查，专家评审依据《农产品地理标志登记专家评审规范》执行。

第十五条 初审和复核审查重点包括如下内容：

（一）符合性审查。审查产品名称是否符合规范，产品是否具有特色品质及其与产地自然生态环境和特定生产方式的关联、申请人资质和能力是否符合要求、生产地域范围确定是否合理等。

（二）完整性审查。审查材料是否齐全、完整，有无漏项等。

（三）真实性审查。现场核查组进行现场核查时，应对申请人资质及能力、产品特色品质及其与产地自然生态环境和特定生产方式的关联、生产地域范围及分布情况、生产年限和声誉基础等情况进行现场检查确认。

（四）规范性审查。审查相关文件和报告中签字、盖章、日期是否齐全，所有文件、报告是否为原件（历史人文佐证材料除外）等。

（五）有效性审查。审查检测机构和核查员是否具备相应资质等。

（六）一致性审查。申请材料中的申请人、产品名称前后是否保持一致等。

（七）特殊情况审查。对本准则特殊情况的内容进行附加审查。

第十六条 省级工作机构初审阶段，产品审查不符合登记条件，但可通过整改符合登记条件的，由省级工作机构书面通知申请人限期整改。初审不符合登记条件或经整改仍不符合登记条件的，驳回登记申请，由省级工作机构在限定日期内将意见通知申请人。

第十七条 中心审查阶段，产品不符合登记条件，但可通过整改符合登记条件的，由中心书面通知申请人限期整改，并抄送相关省级工作机构。审查不符合登记条件或经整改仍不符合登记条件的，中心将审查意见提交专家评审会进行评审。

第十八条 根据审查工作实际需要，中心可与省级工作机构开展联合审查，加强审查交流，提升审查质量。

第四章 附 则

第十九条 各省级工作机构可根据工作实际，依据本规范制定本地区审查细则和相关审查要求。

第二十条 本准则由中心负责解释，自印发之日起施行。本准则代替并废止原《农产品地理标志登记审查准则》。

10.农产品地理标志使用规范

第一条 为规范农产品地理标志使用，维护农产品地理标志登记证书持有人和标志使用人合法权益，根据《中华人民共和国农产品质量安全法》、《农产品地理标志管理办法》等规定，制定本规范。

第二条　农产品地理标志实行公共标识与地域产品名称相结合的标注制度。

公共标识基本图案由中华人民共和国农业农村部中英文字样、农产品地理标志中英文字样和麦穗、地球、日月图案等元素构成。公共标识基本组成色彩为绿色（C100Y90）和橙色（M70Y100）。公共标识基本图案如下：

第三条　符合《农产品地理标志管理办法》第十五条规定条件的标志使用申请人可以向登记证书持有人提出标志使用申请，并提交下列材料：

（一）使用申请书；

（二）生产经营者资质证明；

（三）生产经营计划和相应质量控制措施；

（四）规范使用农产品地理标志书面承诺；

（五）其他必要的证明文件和材料。

第四条　经审核符合标志使用条件的，农产品地理标志登记证书持有人应当按照生产经营年度与标志使用申请人签订农产品地理标志使用协议，在协议中载明标志使用数量、范围及相关责任义务。

第五条　农产品地理标志使用协议生效后，标志使用人方可在农产品或者农产品包装物上使用农产品地理标志，并可以使用登记的农产品地理标志进行宣传和参加展览、展示及展销活动。

第六条　印刷农产品地理标志应当符合《农产品地理标志公共标识设计使用规范手册》要求。

全国可追溯防伪加贴型农产品地理标志由中国绿色食品发展中心统一设计、制作，农产品地理标志使用人可以根据需要选择使用。

第七条　农产品地理标志登记证书持有人应当建立规范有效的标志使用管理制度，对农产品地理标志的使用实行动态管理、定期检查，并提供技术咨询与服务。

第八条　农产品地理标志使用人应当建立农产品地理标志使用档案，如实记载地理标志使用情况，并接受登记证书持有人的监督。

农产品地理标志使用档案应当保存五年。

第九条 农产品地理标志登记证书持有人和标志使用人不得超范围使用经登记的农产品地理标志。

第十条 任何单位和个人不得冒用农产品地理标志。

冒用农产品地理标志的，依照《中华人民共和国农产品质量安全法》第五十一条规定处罚。

第十一条 对违反农产品地理标志管理规定的行为，任何单位和个人有权向县级以上地方农业行政主管部门举报或者投诉。接到举报或者投诉的农业行政主管部门应当依法处理。

第十二条 农产品地理标志登记证书持有人应当定期向所在地县级农业行政主管部门报告农产品地理标志使用情况。

县级以上地方农业行政主管部门应当加强对农产品地理标志使用情况的监督检查。

第十三条 县级以上地方农业行政主管部门应当定期将农产品地理标志使用及监督检查情况逐级报省级农业行政主管部门。

省级农业行政主管部门应当于每年1月底前向中国绿色食品发展中心报送上一年度农产品地理标志使用及监督检查情况。中国绿色食品发展中心汇总全国农产品地理标志使用及监督检查情况，并于每年2月底前报农业部。

第十四条 农产品地理标志使用申请书、标志使用协议样式和《农产品地理标志公共标识设计使用规范手册》等，由中国绿色食品发展中心组织制定。

第十五条 本规范自发布之日起施行。

V 广东省地理标志规范节选

1. 广东省岭南中药材保护条例
（2017年3月1日施行）

第一章 总 则

第一条 为了加强岭南中药材保护，规范利用岭南中药材资源，促进中医药产业持续健康发展，根据有关法律法规，结合本省实际，制定本条例。

第二条 本条例适用于本省行政区域内具有广东道地特征的岭南中药材的种源、产地、种植、品牌等保护活动。

第一批保护的岭南中药材种类（以下简称保护种类）包括以下八种：化橘红、广陈皮、阳春砂、广藿香、巴戟天、沉香、广佛手、何首乌。

省人民政府中医药主管部门可以根据岭南中药材保护实际需要，对符合广东道地特征的中药材经过统一遴选增加新的保护种类，报省人民政府批准后列入保护目录予以公布。

第三条 岭南中药材保护应当坚持政府引导与社会参与相结合、统筹规划与分类保护相结合、资源保护与质量提升相结合的原则。

第四条 县级以上人民政府农业主管部门负责本行政区域内化橘红、广陈皮、广藿香、广佛手和种植在农用地的阳春砂、巴戟天、何首乌等岭南中药材种源、产地、种植的保护工作。

县级以上人民政府林业主管部门负责本行政区域内沉香和种植在林地的阳春砂、巴戟天、何首乌等岭南中药材种源、产地、种植的保护工作。

县级以上人民政府工商行政管理部门负责本行政区域内岭南中药材品牌保护的监督管理工作。

县级以上人民政府中医药主管部门负责本行政区域内岭南中药材保护的专业指导工作。

县级以上人民政府环境保护、食品药品监督管理、质量技术监督管理、商务等有关部门在各自职责范围内，负责本行政区域内岭南中药材保护的监督管理工作。

乡镇人民政府应当协助做好本行政区域内岭南中药材保护具体工作。

第五条 县级以上人民政府根据需要建立岭南中药材保护联席会议制度，统筹协调保护工作。

县级以上人民政府中医药主管部门为本级人民政府岭南中药材保护联席会议的牵头组织部门。

第六条 省人民政府应当制定岭南中药材保护规划，统筹岭南中药材种源、产地、种植、品牌等保护工作。

地级以上市、县级人民政府应当根据省人民政府制定的岭南中药材保护规划，制定岭南中药材保护规划，并纳入国民经济和社会发展规划。

第七条 省人民政府应当安排岭南中药材保护经费，制定保护经费管理办法，为岭南中药材保护提供经费保障。保护种类所在地的人民政府应当根据实际情况为岭南中药材保护提供必要的经费保障。

第八条 鼓励高等院校、科研机构、医疗机构加强岭南中药材基础研究，继承创新传统生产技术，发展现代生产技术，为岭南中药材保护提供技术支持、专业培训和咨询服务。

鼓励科研机构、企业和个人在保证药效的前提下，创新岭南中药材育种、种植、采收、产地初加工等技术。

鼓励建立产学研合作机制促进中药材保护的技术产业转化。

鼓励行业组织发挥行业自律作用，参与岭南中药材保护工作，提供信息交流、技术培训、信用建设和咨询等服务。

鼓励金融机构创新适应岭南中药材保护的金融产品，改善金融服务，加大对岭南中药材保护的信贷投放。

第九条 各级人民政府应当加强岭南中药材保护的宣传教育，普及岭南中药材常识及相关法律法规知识。

第二章 一般规定

第十条 省人民政府质量技术监督管理、食品药品监督管理、中医药主管部门应当会同有关部门在国家药品标准的基础上，完善保护种类的质量标准。

省人民政府食品药品监督管理部门应当会同经济和信息化主管部门，支持企业和科研机构运用现代中药分析技术等方法研究制定保护种类质量控制和物种鉴定标准。

鼓励岭南中药材生产企业制定严于国家标准、地方标准的企业标准，在本企业适用。

第十一条 省人民政府商务主管部门应当会同食品药品监督管理部门制定和完善保护种类的商品规格等级标准，促进岭南中药材产品质量的提高。

第十二条 县级以上人民政府商务主管部门应当会同食品药品监督管理、

中医药主管部门利用省中药材流通追溯体系公共平台，建立保护种类育种、种植、采收、加工、流通的全过程质量追溯制度。

省人民政府商务主管部门应当会同有关部门制定和实施统一的岭南中药材质量安全追溯编码方案。地级以上市、县级人民政府商务主管部门应当加强质量追溯制度宣传，组织相关培训，指导岭南中药材生产者建立质量追溯制度。

岭南中药材生产者应当建立健全质量管理制度，如实记录、提供可供追溯的相关信息。岭南中药材进入流通市场应当使用质量安全追溯编码，并推行使用统一标识直接载明质量安全追溯编码信息。

第十三条 省人民政府农业、林业主管部门应当会同有关部门，依托企业和科研机构构建岭南中药材生产技术服务网络，促进岭南中药材生产先进技术转化和推广应用，提供全面、准确、及时的岭南中药材生产信息及趋势预测。

第十四条 省人民政府中医药主管部门应当会同有关部门依托中药资源动态监测体系，发挥企业和科研机构的作用提供中药原料质量监测技术服务，根据需要建立监测站，开展中药资源信息收集、整理与动态监测，及时提供预警信息。

第十五条 县级以上人民政府中医药主管部门应当会同科技、农业或者林业等有关部门促进岭南中药材传统生产技术的继承创新，推动岭南中药材生产技术创新和成果转化。以岭南中药材良种繁育基地和优质岭南中药材生产基地为载体，指导保护种类生产者制定相关技术规范，支持科研机构继承和研究岭南中药材种子种苗培育、种植、采收等技术，完善相关技术规范，并在适宜地区加以推广。

第十六条 县级以上人民政府中医药、农业或者林业主管部门应当将岭南中药材生产从业人员列入农村科技实用人才培训计划，定期举办技术人员培训，组织中药材技术专家巡回指导，在保护种类的资源保护、繁育种植、鉴定技术和信息服务方面培养专业人才。

县级以上人民政府人力资源和社会保障部门、中医药主管部门应当建立健全专业技术人才培养和引进机制。

第十七条 县级以上人民政府应当根据岭南中药材良种繁育基地、优质岭南中药材生产基地、岭南中药材种植以及品牌等保护需要，依法给予政策扶持和财政补贴。

第十八条 引导和支持企业与岭南中药材种植者，通过签订合同，实行风险共担、利益共享合作模式，由企业提供岭南中药材生产原料和技术服务，并实行成品回购，推进优质优价，促进岭南中药材产品质量的提高。

第三章 种源保护

第十九条 县级以上人民政府对集中分布的岭南中药材天然种质资源,可以依法设立地方级自然保护区进行保护。

省人民政府中医药主管部门应当按照国家规定开展中药资源普查。省人民政府农业或者林业主管部门可以根据需要依托专业机构统一建立保护种类种质资源库,为良种繁育科学研究提供可持续利用种质资源。

采集属于国家一、二级保护野生植物的岭南中药材天然种质资源,应当经地级以上市人民政府农业或者林业主管部门审核,报省人民政府农业或者林业主管部门批准。

第二十条 对保护种类种质资源的选育及保护工作,通过设立岭南中药材良种繁育基地进行。岭南中药材良种繁育基地应当设立保护标志,标明繁育种类、认定单位、建设单位等,接受社会监督。

道地化橘红产地化州,道地广陈皮产地新会,道地阳春砂产地阳春,道地巴戟天产地德庆、高要,道地何首乌产地德庆等地,应当设立岭南中药材良种繁育基地;广藿香主产地湛江、肇庆,广佛手主产地肇庆,沉香主产地东莞、中山、茂名、惠州、揭阳等地,优先设立岭南中药材良种繁育基地。

设立岭南中药材良种繁育基地,应当符合以下条件。

(一)具备生产保护种类良种隔离、栽培条件和保存良种的条件;

(二)配备专业技术人员和必要的检测设备;

(三)繁育种源来源清楚、具备道地特征,具有相关保护种类的采种林或者母种田;

(四)具备一定的种子种苗产出能力。

岭南中药材良种繁育基地的设立由生产者、经营者提出申请,经地级以上市人民政府农业或者林业以及城乡规划主管部门审查、本级人民政府批准后向社会公布,并报省人民政府中医药主管部门备案。

第二十一条 岭南中药材良种繁育基地的建设和保护,应当执行优质岭南中药材生产基地建设和保护的相关规定,并施行更为严格的环境保护措施。

不再作为岭南中药材良种繁育基地的,应当报省人民政府批准。

第二十二条 岭南中药材良种繁育基地生产的种子种苗,在同等条件下应当优先供应优质岭南中药材生产基地。

禁止私自采集或者采伐岭南中药材良种繁育基地种质资源。

第二十三条 岭南中药材良种繁育基地应当制定和执行种子种苗生产技术规程,建立产品质量保证制度,对本基地种子种苗生产、初加工等各环节进行质量控制。

第二十四条 岭南中药材种子种苗生产实施传统与现代繁育技术相结合,

以保持岭南中药材遗传特性的稳定。

在保持道地种性前提下，鼓励利用现代科学技术进行保护种类的种质资源创新、品种复壮、品种改良等培育活动。

第二十五条 种子种苗生产应当执行种子种苗检验、检疫规程。经农业或者林业主管部门委托的机构检验、检疫，不符合标准的，不得作为种子种苗使用。

禁止假冒岭南中药材良种繁育基地种子种苗产品。

第二十六条 任何单位和个人向境外提供岭南中药材种质资源，或者与境外机构、个人开展合作研究利用岭南中药材种质资源的，应当向省人民政府农业或者林业主管部门提出申请，并提交国家共享惠益的方案，由受理申请的部门依法办理。

第四章　产地保护

第二十七条 对保护种类产地的保护，通过设立优质岭南中药材生产基地进行。

设立优质岭南中药材生产基地，应当因地制宜、合理布局，并符合以下条件：

（一）具有适宜种植岭南中药材的地理、土壤、气候等自然条件；

（二）已经形成科学的种植方法、良好的质量控制方法，具有一定的资源、技术和效益等优势；

（三）属于生产道地、珍贵、濒危、渐危岭南中药材的特定地区，或者已经形成种植规模、在中药材市场占有较高份额的岭南中药材主产地区；

（四）生产的岭南中药材应当以药用为主或者优先作为药用。

优质岭南中药材生产基地的设立程序以及保护标志的设立，比照岭南中药材良种繁育基地执行。

第二十八条 优质岭南中药材生产基地设立后的建设，由地级以上市、县级人民政府依照省岭南中药材保护规划和本级岭南中药材保护计划实施。建设优质岭南中药材生产基地应当按照规范化、规模化、产业化的要求进行，在生产基地培育符合国家中药材生产质量管理规范的岭南中药材产地初加工企业。

第二十九条 岭南中药材生产者应当合理安排岭南中药材生产，不得影响岭南中药材生产的生态环境，对岭南中药材产地造成破坏。

第三十条 除法律法规另有规定外，优质岭南中药材生产基地及周边保护距离内不得新建、改建、扩建影响岭南中药材生产环境的建设项目。

经批准建设的项目，施工时应当采取防护措施，控制扬尘、废气、废水、固体废物等对岭南中药材生产环境的污染。

优质岭南中药材生产基地周边保护距离由地级以上市、县级人民政府农业或者林业主管部门会同有关部门确定并公布。

第三十一条　省人民政府中医药主管部门应当会同农业或者林业主管部门定期组织对优质岭南中药材生产基地进行检查评审，对不再符合设立条件，影响岭南中药材生产质量的，经评审确认后，告知所在地地级以上市人民政府，由其决定不再作为优质岭南中药材生产基地。

检查评审可以依托科研机构、高等院校以及有关专家委员会进行。需要对基地土壤、水源、空气质量进行检测的，可以委托具有资质的第三方检测。

第五章　种植保护

第三十二条　在优质岭南中药材生产基地种植保护种类中药材，应当优先选用岭南中药材良种繁育基地生产的种子种苗。

第三十三条　保护种类种植企业、农民专业合作经济组织应当根据岭南中药材生长发育特性，按照国家中药材生产质量管理规范，制定保护种类种植技术规程，并按照种植技术规程进行生产。

第三十四条　优质岭南中药材生产基地应当按照保护种类的特定技术规范进行种植，保持岭南中药材产品质量稳定，创新种植模式应当符合国家中药材生产质量管理规范。

种植生产不得违反环境保护、林地保护和水土保持法律法规的规定。禁止使用国家禁用、淘汰的种植投入品，禁止使用高毒、剧毒及高残留农药，禁止滥用农药、抗生素、化肥、植物生长调节剂和除草剂。

第三十五条　岭南中药材种植环境应当保持适宜的种植自然条件，并符合国家规定的标准。

第三十六条　岭南中药材种植者应当针对岭南中药材生长发育特性和不同的药用部位，通过田间农艺管理措施调控岭南中药材生长发育，保持产品质量稳定，提高药材产量。

第三十七条　种植者应当根据岭南中药材的营养特点及土壤的供肥能力，确定施肥种类、时间、数量和方法，肥料的种类应当以有机肥为主，科学合理地使用肥料。

第三十八条　种植者在病虫害的防治过程中应当优先采用生物防治方法，并依法、合理使用农药，使岭南中药材的农药残留等指标符合质量标准。

第三十九条　优质岭南中药材生产基地应当确定适宜的采收时间和方法，避免因提早、推迟采收时间或者采收方法不当影响岭南中药材产品质量。

优质岭南中药材生产基地应当对采收的保护种类进行取样，送具有资质的检测机构进行检测，送检产品质量不达标的，不得入药使用。

第四十条　岭南中药材进行产地初加工应当符合国家中药材生产质量管理规范，不得污染、破坏中药材有效成分。

第四十一条 县级以上人民政府应当鼓励保险机构开发岭南中药材种植保险产品，构建市场化的岭南中药材种植风险分散和损失补偿机制。

有条件的地级以上市、县级人民政府可以给予保险费补贴。

第六章 品牌保护

第四十二条 县级以上人民政府应当利用岭南中药材保护经费，支持行业组织设立专门的保护种类品牌推广中心，培育岭南中药材知名品牌，促进岭南中药材的品牌化经营。

保护种类品牌推广中心应当提供品牌培育、宣传推广、交流合作等服务，协助岭南中药材品牌相关权利持有人扩大品牌影响范围，提高社会认知度。

第四十三条 县级以上人民政府及其有关部门应当支持行业协会、岭南中药材生产者依法申请国家地理标志产品保护。

已经获得国家地理标志保护或者已经取得地理标志商标权的保护种类，应当整合保护资源，扩大品牌效应。

使用岭南中药材地理标志保护产品专用标志的，应当采取防伪标识、电子信息管理等措施，加强品牌信息保护。

第四十四条 县级以上人民政府及其有关部门应当引导和支持岭南中药材行业协会、生产者等，及时通过申请商标注册获得专用权保护。

经济合作社、行业协会等组织应当及时申请岭南中药材特定种类地理标志集体商标或者证明商标专用权保护，并依法许可其成员或者其他符合规定条件的岭南中药材生产者和经营者使用。

为相关公众所熟知的岭南中药材商标持有人在其权利受到侵害时，可以依法请求驰名商标保护。

第四十五条 岭南中药材生产者在种子繁育及种植过程中，通过开展科学研究、技术改造、技术引进、技术合作等活动取得发明创造成果的，应当在向社会公开之前及时申请专利。不适宜申请专利制度保护的发明创造成果，可以依法实施商业秘密保护。

鼓励符合条件的岭南中药材新品种向国务院农业或者林业主管部门申请植物新品种权，获得植物新品种权保护。

涉及濒危野生的岭南中药材培育关键技术和产品的专利申请，应当在提交专利申请书前履行相关审批手续。

向境外转让濒危野生的岭南中药材培育技术的，应当按照国家有关保密的规定办理。

第四十六条 鼓励、支持岭南中药材生产经营者对企业品牌和产品注册域名，依法保护生产经营者的合法权益。

第四十七条 取得岭南中药材注册商标、地理标志保护产品专用标志的权利人，应当按照商标注册证和专用标志证书核准的范围进行使用；确需增加使用范围的，应当依法另行申请。

注册商标、专用标志的权利人有权对商标、专用标志的使用进行管理和控制，许可其成员或者其他符合规定条件的使用人在其生产经营的岭南中药材的商品、商品包装或者容器、商品交易文书，以及在广告宣传、展览或者其他商业活动中使用该注册商标、专用标志。

第四十八条 县级以上人民政府中医药主管部门应当会同文化主管部门弘扬岭南中药材文化，加强岭南中药材育种、种植、采收、加工技艺交流，做好岭南中药材珍品、精品收集和有关珍贵资料的整理工作。

第四十九条 鼓励和支持开展有关岭南中药材的非物质文化遗产代表性项目的保护、传承和传播。

县级以上人民政府文化主管部门对非物质文化遗产代表性项目，或者具有重要学术价值的岭南中药材理论、制作技艺和方法，应当组织遴选保护项目和代表性传承人，并为传承活动提供必要的条件。

第五十条 支持开展岭南中药材对外交流与合作，推动建立多方认可的岭南中药材标准，促进岭南中药材国际贸易便利化，鼓励岭南中药材出口企业在境外申请商标注册。

第七章 监督管理

第五十一条 县级以上人民政府农业、林业主管部门应当会同中医药、食品药品监督管理等有关部门建立岭南中药材良种繁育基地、优质岭南中药材生产基地保护管理责任制度，完善专家评审制度，定期进行检查并组织专家评审，促进保护措施的落实。

第五十二条 县级以上人民政府食品药品监督管理部门应当会同中医药、农业、林业、安全生产监督管理等有关部门在其职责范围内对保护活动实施以信用记录为核心的监管机制，建立保护种类质量信用等级档案，对保护种类种源、产地、种植、品牌以及生产企业质量安全管理的评价和监督结果等信息登记建档，实行分类分级管理并定期向社会公开有关信息。

第五十三条 县级以上人民政府工商行政管理、食品药品监督管理等相关市场监督管理部门应当加强对生产销售假冒伪劣岭南中药材行为的查处，维护权利人和消费者的合法权益。

第五十四条 县级以上人民政府工商行政管理部门对擅自扩大岭南中药材商标使用范围、非法转让或者未经许可使用岭南中药材商标等行为，应当依法予以查处。

第五十五条 县级以上人民政府质量监督部门对地理标志产品实施保护，对擅自使用、伪造地理标志名称或者专用标志的，或者使用与专用标志相近、易产生误解的名称或者标识以及可能误导消费者的文字或者图案标识，造成消费者误认为的行为，应当依法予以查处。

第五十六条 任何单位和个人有权检举和控告违反本条例的行为。有关部门发现违法行为或者收到检举和控告，应当依法处理。

第八章 法律责任

第五十七条 违反本条例第二十二条规定，私自采集或者采伐岭南中药材良种繁育基地种质资源的，由县级以上人民政府农业或者林业主管部门处五千元以上五万元以下的罚款；造成损失的，依法承担赔偿责任。

第五十八条 违反本条例第二十三条规定，不执行种子种苗生产技术规程，影响岭南中药材生产质量的，由县级以上人民政府农业或者林业主管部门责令改正；情节严重的，取消政策扶持和财政补贴，并可以追回已经发放的补贴经费，并予以公布。

第五十九条 违反本条例第二十五条规定，未执行种子种苗检验、检疫规程，或者经检验、检疫不符合标准仍作为种子种苗使用的，或者假冒岭南中药材良种繁育基地种子种苗产品的，由县级以上人民政府农业或者林业主管部门责令停止生产经营，没收违法所得，违法生产经营货值金额不足一万的，并处五千元以上五万元以下的罚款；货值金额一万元以上的，并处货值金额五倍以上十倍以下的罚款；造成损失的，依法承担赔偿责任。

第六十条 违反本条例第二十九条规定，影响岭南中药材生产的生态环境，对岭南中药材产地造成破坏的，由县级以上人民政府农业或者林业主管部门责令改正，恢复原状，并处五万元以上十万元以下的罚款。

第六十一条 违反本条例第三十条第一款规定，在优质岭南中药材生产基地及周边新建、改建、扩建影响岭南中药材生产的建设项目的，由县级以上人民政府相关部门依法责令改正，恢复原状，并处五千元以上三万元以下的罚款；情节严重的，处三万元以上五万元以下的罚款。

第六十二条 违反本条例第三十三条规定，未按照保护种类种植技术规程进行生产的，由县级以上人民政府农业或者林业主管部门责令改正；情节严重的，取消政策扶持和财政补贴，并可以追回已经发放的补贴经费，并予以公布。

第六十三条 违反本条例第三十四条规定，使用国家禁用、淘汰的种植投入品，或者使用高毒、剧毒及高残留农药，或者滥用农药、抗生素、化肥、植物生长调节剂和除草剂的，由县级以上人民政府农业或者林业主管部门处五千元以上二万元以下的罚款；造成他人人身伤害、财产损失的，依法承担赔偿责任；

构成犯罪的,依法追究刑事责任。

第六十四条 违反本条例规定,侵犯他人注册商标、域名专用权,违反集体商标、证明商标相关规定使用商标,或者未经许可使用地理标志、与地理标志相近似标识的,应当依法承担民事、行政责任;构成犯罪的,依法追究刑事责任。

第六十五条 违反本条例第五十六条规定,县级以上人民政府有关部门发现违法行为或者收到检举和控告,不依法处理的,由本级人民政府或者上一级人民政府主管部门责令改正,对直接负责的主管人员和其他直接责任人员依法给予处分。

第六十六条 县级以上人民政府有关部门及其依托开展专业检查评审等工作的人员在岭南中药材保护工作中滥用职权、徇私舞弊、玩忽职守的,对直接负责的主管人员和其他直接责任人员依法给予处分;构成犯罪的,依法追究刑事责任。

第九章 附 则

第六十七条 保护的岭南中药材种类名称,应当沿用《中华人民共和国药典》及其他法定名录中的名称。

第六十八条 本条例自2017年3月1日起施行。

2. 广东省荔枝产业保护条例

(2017年5月1日施行,2019年9月25日修正)

第一条 为了规范荔枝产业发展的相关活动,提升荔枝产品质量和品牌特色,促进荔枝产业持续健康发展,根据有关法律、行政法规,结合本省实际,制定本条例。

第二条 本条例适用于本省行政区域内荔枝种质资源保护、种植、贮藏、运输、加工、销售、品牌保护以及为其提供相关服务的活动。

第三条 荔枝产业发展遵循因地制宜、市场主导、政府引导、科技引领、绿色高效的原则,实现经济效益、社会效益和生态效益的统一。

第四条 省人民政府和荔枝产区市、县人民政府应当加强对荔枝产业发展工作的领导,建立促进荔枝产业发展的协调机制,完善荔枝产业发展的政策措施,具体工作由农业(果业)行政主管部门负责。

发展和改革、自然资源、林业、生态环境、科技、水利、商务、市场监督管理等有关部门,按照各自职责,做好促进荔枝产业发展的相关工作。

第五条 鼓励、支持农民专业合作社的发展,发挥其在资金、物资、技术、信息、市场营销等方面的服务功能。

鼓励、支持荔枝产业相关企业、农民专业合作社、果农等生产经营者依法成立行业协会，按照章程建立健全行业规范和奖惩机制，提供信息、技术、培训、知识产权保护等服务，推动行业自律和诚信建设。

第六条 荔枝产区县级以上人民政府应当制定荔枝产业发展规划，加强对荔枝种植、贮藏、运输、加工、销售等活动的引导，结合荔枝的品种特色和熟期结构，建立产区协作机制，引导荔枝种植结构和产业布局围绕市场需求调整和优化。

荔枝产业发展规划编制应当尊重自然规律和市场规律，经过科学论证，并听取果农、科技人员、农村集体经济组织、农民专业合作社、行业协会和荔枝种植、贮藏、运输、加工、销售企业等社会公众的意见。

荔枝产业发展规划应当与土地利用总体规划、林地保护总体规划、生态环境保护规划、水土保持规划等相衔接。

第七条 荔枝产区县级以上人民政府应当根据法律、国家相关政策和本条例，在土地、资金、人才等方面制定促进荔枝产业发展的优惠政策和具体措施。

荔枝产区县级以上人民政府应当统筹安排资金，支持荔枝果树种质资源保护、品种改良与良种繁育推广、标准化种植基地建设、病虫害防治、冷链保鲜技术创新、检测检验、品牌创建、文化宣传等，促进荔枝产业健康可持续发展。

第八条 荔枝产区县级以上人民政府应当鼓励和支持科研机构、高等院校和荔枝生产经营者联合建立科技创新与成果转化机制，开展荔枝果树良种选育、先进栽培种植、新型机具装备、精深产品加工、冷藏保鲜等的研发和推广。

荔枝产区县级以上人民政府应当通过多种形式对荔枝产业从业者开展专业技术、政策法规等方面的培训，提高产业从业者的技能和素质。

第九条 荔枝产区县级以上人民政府应当逐步建立荔枝种植政策性保险制度，引导和扶持荔枝种植者参加保险。对参加保险的，县级以上人民政府可以予以一定的保费补贴。

第十条 省人民政府农业机械管理部门应当推广适宜在本省使用的荔枝种植、贮藏、运输、加工等机械，对购买在补贴机具种类范围内且已获得推广鉴定证书的农业机械按照有关规定给予补贴。

第十一条 省人民政府农业行政主管部门应当加强对优、特、珍、稀荔枝种质资源的保护，组织开展荔枝果树种质资源普查，收集、整理、鉴定、登记、保存种质资源，建立或者确定本省荔枝果树种质资源库（圃），并会同林业主管部门划定优良种质资源保护区、保护地。

省人民政府农业行政主管部门确定的省级荔枝果树种质资源管理单位负责种质资源的保护管理工作，定期公布本省可供利用的果树种质资源名录。

禁止采集或者采伐本省重点保护的荔枝果树种质资源，因科研等特殊情况需要采集或者采伐的，应当依法经省人民政府农业行政主管部门批准。

第十二条　因科研和育种需要利用荔枝果树种质资源的，可以向省级荔枝果树种质资源库（圃）管理单位提出申请。符合条件的，种质资源库（圃）管理单位应当及时免费提供种质资源材料。

第十三条　鼓励和支持科研机构、高等院校、企业和个人引进、选育荔枝果树新品种。

荔枝果树新品种的名称应当符合国家关于农作物命名规定，体现岭南荔枝文化和地域特色，并与相同或者相近的植物属或者选育过程中已知品种的名称相区别。

第十四条　省人民政府农业行政主管部门应当优先扶持荔枝产区建立荔枝良种繁育基地。

荔枝产区县级以上人民政府应当采取资金扶持、典型带动、技术服务等措施，组织开展荔枝果树良种苗木示范、推广，扩大良种的种植规模。

第十五条　荔枝产区县级以上人民政府林业、农业行政主管部门应当加强对古荔枝植株的保护管理，组织资源调查，建立档案，对有代表性的古荔枝树植株实行挂牌保护。

第十六条　荔枝种植规模和标准达到规定要求的种植区域，可以确定为荔枝种植示范基地。省人民政府农业行政主管部门应当制定荔枝种植示范基地评定标准、办法和扶持措施。

第十七条　荔枝种植示范基地县级以上人民政府应当采取措施，保护种植基础设施和生态环境。种植示范基地污染严重、有毒有害物质超过相关标准，县级以上人民政府应当依法限期治理，经治理仍未达标的，应当确定禁止种植区域，退出荔枝种植。

对具有特殊地理条件要求的特色种植区域，经县级人民政府批准，可以划定为荔枝种植保护区。种植保护区内禁止审批影响种植的建设项目。

第十八条　荔枝产区县级以上人民政府农业（果业）行政主管部门应当制定荔枝种植技术规范和操作规程，组织开展对种植质量安全知识和技能的培训和指导，提高优果率。

鼓励在荔枝种植中使用有机肥，开展果园测土配方施肥，推广病虫害生物、物理和其他综合防控技术，减少化学农药的使用。

第十九条　荔枝产区县级以上人民政府农业（果业）及其他有关部门应当采取措施，推进荔枝果园道路、水利等基础设施和生态果园建设，促进荔枝标准化种植，并在项目资金使用上优先给予安排。

鼓励农民专业合作社推行荔枝标准化种植，依照章程规定对其成员统一提供生产资料和技术服务，保障荔枝果品质量安全。

第二十条 荔枝及相关产品实行质量安全可追溯制度，荔枝产区县级以上人民政府应当逐步建立荔枝产品追溯与查询体系。

第二十一条 荔枝种植者应当按照投入品的国家和地方标准以及安全使用规定，合理使用农药、肥料等投入品。本省禁用的荔枝果业投入品目录，由省人民政府农业行政主管部门会同有关行政部门制定并公布。

荔枝种植企业、农民专业合作社和家庭农场应当建立种植记录，及时记载下列事项：

（一）使用投入品的名称、来源、用法、用量和使用、停用的日期；

（二）荔枝果树病虫害的发生和防治情况；

（三）采摘的日期。

种植记录应当保存二年，并作为有关认证考核的依据。依法负有农产品安全监管职责的部门及其工作人员，应当对在履行职责中知悉的商业秘密予以保密。

第二十二条 荔枝产区县级以上人民政府应当建立荔枝质量安全的检验检测体系，加强对质量安全的监督管理，指导荔枝种植企业、农民专业合作社和家庭农场加强质量安全管理。

荔枝种植企业、农民专业合作社和家庭农场应当自行或者委托依法认定的检验检测机构对果品质量安全状况进行检测，并在果品包装上附具果品质量安全追溯查询信息。

第二十三条 鼓励、支持创办荔枝加工企业，延长产业链，增加果品附加值。

鼓励、支持荔枝加工企业、科研机构、高等院校联合研究荔枝深加工新技术、新工艺，开发食用、药用、保健等新产品。

荔枝加工企业生产荔枝果酒、荔枝果汁和荔枝水果罐头等精深加工产品的，按照有关规定享受优惠政策。

第二十四条 鼓励企业、农民专业合作社和个人建设机械冷库、气调冷库等贮藏保鲜设施，发展冷链运输，建立完善从产地到市场的荔枝冷链运输体系。

第二十五条 荔枝贮藏、运输、加工应当符合国家和本省标准和规范，保证质量安全。不得在贮藏加工过程中使用国家和本省禁止使用的保鲜剂、防腐剂、着色剂等添加剂、添加物，不得使用危害果品质量安全的方法和手段贮藏、运输、加工果品。

第二十六条 县级以上人民政府及其有关部门应当执行国家和本省有关鲜

活农产品运输绿色通道的规定，简化荔枝果品运输手续，保障果品运输畅通。

不得违法对运输荔枝果品的车辆采取查封、扣押或者其他强制措施。

第二十七条　荔枝产区各级人民政府根据发展需要，规划建设荔枝果品批发市场、运用电子商务平台，促进荔枝产品交易。

荔枝产区各级人民政府应当建立完善信息平台，加大对当地荔枝产品的宣传，为荔枝产品生产经营者开拓国内外市场、开展市场营销提供政策咨询和信息服务。

鼓励和支持荔枝产品经营企业、农民专业合作社设立果品直销窗口、链接超市，发展物流配送和电子商务、拍卖等营销方式，促进交易。

第二十八条　鼓励、支持深入挖掘、整理、传播荔枝文化，开发推广荔枝文化旅游，加强荔枝文化对外宣传与交流，推进荔枝文化和荔枝产业融合发展。

荔枝产区可以根据当地实际开展荔枝采摘节、文化节等活动。

第二十九条　鼓励荔枝产业加强品牌建设，创立名牌产品。

对获得良好农业规范、食品安全管理体系认证以及无公害农产品、绿色食品、有机产品认证，或者被认定为中国驰名商标、本省著名商标、名牌产品，以及获得地理标志证明商标、集体注册商标和地理标志产品的，县级以上人民政府可以给予奖励或者在项目安排等方面优先予以支持。

第三十条　鼓励荔枝产区的团体、协会或者其他组织依法申请注册地理标志证明商标、集体商标及地理标志产品专用标志和农产品地理标志保护。

获准使用地理标志证明商标、集体商标、地理标志产品专用标志和农产品地理标志保护的团体、协会和组织，应当在其种植、生产的荔枝及其产品的标识、标签、说明书或者广告上注明地理标志证明商标、集体商标、地理标志产品专用标识。

第三十一条　违反本条例规定，擅自采集或者采伐本省重点保护的荔枝果树种质资源的，由县级以上人民政府农业（果业）行政主管部门责令改正，并处五千元以上三万元以下罚款。

第三十二条　违反本条例规定，荔枝种植企业、农民专业合作社和家庭农场未建立生产记录，未及时记载生产事项的，由县级以上人民政府农业（果业）行政主管部门责令限期改正；逾期不改正的，可以处二千元以下罚款。

第三十三条　违反本条例规定，不按照投入品的国家和地方标准以及安全使用规定使用投入品的，由县级以上人民政府农业（果业）行政主管部门责令改正，给予警告，并处三千元以上三万元以下罚款。法律、行政法规对违法使用投入品的法律责任另有规定的，从其规定。

第三十四条　违反本条例规定，使用保鲜剂、防腐剂、着色剂等添加剂、添加物或者使用危害荔枝果品质量安全的方法和手段贮藏、运输、加工果品的，由农业、市场监督管理部门依据各自职责，责令停止违法行为，对被污染的果品进行无害化处理，对不能进行无害化处理的监督销毁；没收违法所得，并处五千元以上二万元以下罚款。

第三十五条　本条例自 2017 年 5 月 1 日起施行。

3. 江门市新会陈皮保护条例

（2020年7月1日施行）

第一章　总　　则

第一条　为了继承和弘扬新会陈皮文化，保证新会陈皮的质量和特色，促进新会陈皮产业持续健康发展，根据有关法律法规，结合本市实际，制定本条例。

第二条　本条例适用于本市行政区域内新会陈皮的保护以及新会陈皮文化的传承和发展等活动。

本条例所称新会陈皮，是指在国家公告的地理标志产品产地范围内，以新会柑皮为原料，采用特殊的干燥、贮存工艺陈化而成，具有独特风味和品质的柑皮。本条例所称新会柑，是指在国家公告的地理标志产品产地范围内，采用茶枝柑大种油身、细种油身等品系栽培而成的茶枝柑果实。

第三条　产地范围内县级以上人民政府应当将新会陈皮保护及其产业发展规划纳入本级国民经济和社会发展规划，所需经费列入本级年度财政预算。

市场监督管理主管部门负责新会陈皮市场秩序和知识产权保护等工作。

农业农村主管部门负责新会柑种质资源保护、种苗繁育、种植规范指导服务等工作。

文化和旅游主管部门负责新会陈皮文化产业发展和旅游资源开发等工作。

生态环境主管部门负责新会陈皮生态环境保护和污染防治等工作。

发展改革、自然资源、城市管理和综合执法、财政、住房城乡建设、民政等主管部门在各自职责范围内做好新会陈皮保护相关工作。

镇人民政府、街道办事处应当配合有关部门做好新会陈皮保护工作，引导和支持村民委员会、居民委员会依法组织制定新会陈皮保护相关村规民约、居民公约。

第四条　产地范围内县级以上人民政府应当建立新会陈皮保护联席会议制度，研究、协调解决保护工作中的产业发展、信息共享、文化传承、媒体宣传等重大事项。

在召开新会陈皮保护联席会议时，可以邀请新会陈皮行业组织、技术专家、生产经营者代表列席会议，听取意见。

第五条 产地范围内县级以上人民政府应当加强新会陈皮保护宣传和普及工作。

新闻媒体应当开展新会陈皮保护相关法律法规和新会陈皮知识的宣传，对违反新会陈皮保护的行为进行舆论监督。

第二章 道地性保护

第六条 产地范围内县级人民政府应当指定相关主管部门会同城乡规划主管部门共同组织编制新会陈皮产地保护规划。新会陈皮产地保护规划由组织编制机关报本级人民政府批准实施。

在编制新会陈皮产地保护规划时，组织编制机关可以根据产地内的地理、气候、土壤等自然因素和文化传承等人文因素，对产地实行分区保护，并明确具体规划措施。

新会陈皮产地保护规划应当符合国土空间规划。

第七条 新会陈皮产地保护规划报送批准前，组织编制机关应当依法将规划草案予以公告，并采取论证会、听证会或者其他方式征求专家和公众的意见。公告的时间不得少于三十日。

新会陈皮产地保护规划经批准后，应当在政府网站、新闻媒体和专门场所公告，并在政府网站长期公布。

第八条 产地范围内农业农村主管部门应当广泛宣传柑橘黄龙病等重大病虫疫情的危害特点和传播规律，落实防控措施，提升防控水平。

生产经营者应当按照国家和地方标准，合理使用农药、肥料等投入品；在有关主管部门技术指导下，开展柑橘黄龙病等重大病虫疫情防治，维持果园的健康水平，履行生产经营主体防控义务。

第九条 鼓励企业开展新会柑肉综合化、产品化利用；引导生产经营者开展新会柑肉资源化利用，或者提供给有资质的企业进行深加工和综合利用。

任何单位和个人不得随意倾倒、丢弃新会柑肉，防止污染环境，影响环境卫生。

产地范围内农业农村、林业、生态环境、城市管理和综合执法等主管部门应当加强对新会柑肉收集、贮存、利用、处置的监督管理。

第十条 产地范围内农业农村或者林业主管部门应当依法对集中分布的新会柑天然种质资源进行保护。

林业主管部门应当依法将符合条件的柑树纳入古树名木保护目录，建立档案，实行挂牌保护。

任何单位和个人不得侵占和破坏新会柑天然种质资源。

第十一条 产地范围内农业农村主管部门应当推动依法设立新会柑良种繁育基地。

新会柑良种繁育基地应当设置保护标识，标明繁育种类、认定单位、建设单位等，接受社会监督。

第十二条 产地范围内县级人民政府农业农村等主管部门可以根据国家、省公告的产品质量技术要求，制定新会柑种植和新会陈皮生产技术指导规范，并向社会公布。

鼓励和支持新会柑种植和新会陈皮生产企业进行标准化、规模化种植和生产，制定企业标准。

鼓励新会陈皮行业组织、农业合作社积极推行新会柑种植和新会陈皮生产工艺标准化，对其成员统一提供生产资料和技术服务，保障新会陈皮质量安全。

第十三条 鼓励、支持企业和个人与科研机构、高等院校联合研究新技术、新工艺，以新会柑、新会陈皮为原料开发生产药品、食品、茶制品等衍生品，延长新会陈皮产业链，增加新会陈皮行业附加值；以科教双创促进新价值和新业态的形成，拓展产业链。

第十四条 产地范围内县级以上人民政府农业农村等主管部门应当逐步建立统一的新会柑种植和新会陈皮生产、仓储、流通的全过程质量可追溯体系。

生产经营者应当建立健全质量管理制度，如实记录、提供可供追溯的相关信息。

第三章　品牌保护

第十五条 产地范围内县级以上人民政府及其相关部门应当鼓励和支持新会陈皮生产经营者加强品牌建设，依法保护企业注册域名。

第十六条 新会柑、新会陈皮地理标志产品管理机构应当向社会公开地理标志产品专用标志的申请条件、使用规则以及管理细则。

产地范围内生产经营者可以向新会柑、新会陈皮地理标志产品管理机构申请使用地理标志产品专用标志。

第十七条 新会柑、新会陈皮地理标志产品管理机构应当对地理标志产品专用标志的印刷、发放、数量、使用情况等进行日常监督管理。

地理标志产品管理机构应当根据实际情况控制专用标志的使用数量。

第十八条 产地范围内生产经营者可以向新会陈皮证明商标注册人申请使用证明商标。

证明商标注册人应当向社会公开新会陈皮证明商标使用管理规则，明确证明商标的使用宗旨、条件、手续和使用人的权利、义务以及应当承担的责任等内容。

证明商标注册人应当对该商标的使用进行有效管理或者控制，使该商标使用的商品达到其使用管理规则的要求，防止对消费者造成损害。

第十九条　凡符合新会陈皮证明商标使用管理规则规定条件的生产经营者，在履行相关手续后，可以使用该证明商标。证明商标注册人不得拒绝办理手续。

第二十条　任何单位和个人不得从事下列行为：

（一）擅自使用或者伪造新会柑、新会陈皮地理标志产品名称及专用标志；

（二）伪造、擅自制造新会陈皮证明商标标识或者销售伪造、擅自制造新会陈皮证明商标标识；

（三）其他侵犯新会柑、新会陈皮知识产权的行为。

第四章　传承与发展

第二十一条　产地范围内县级以上人民政府应当根据法律法规有关规定，在土地、资金、人才等方面制定具体措施，加大对新会陈皮生产经营者在天然种质保护、繁育种质保护以及技术改造、科技创新、节能减排、品牌创建等方面的支持力度。

鼓励和支持社会资金投资新会陈皮产业，促进新会陈皮产业壮大发展。

第二十二条　产地范围内县级以上人民政府应当重视新会陈皮文化的保护与传承，对涉及新会陈皮的传统技艺、饮食文化、民风民俗、故事传说等文化遗产进行搜集、研究和整理，并合理开发利用。

产地范围内县级以上人民政府可以对长期从事新会陈皮生产经营活动的企业或者生产技艺精湛、成就显著的人员，依法授予荣誉称号，给予相应的补助、奖励。

鼓励新会陈皮生产技艺传承人开展授徒、传艺、交流等传承传播活动。

第二十三条　新会陈皮行业组织应当发挥行业自律作用，积极参与新会陈皮保护工作，落实保护措施；提供信息交流、技术培训、信用建设和咨询等服务。

新会陈皮生产企业应当加强职工生产技艺培训，有计划地组织开展技术交流、技能竞赛和业务学习等活动。

第二十四条　鼓励金融机构创新金融产品，改善金融服务，加大对新会陈皮产业发展的信贷投放。

鼓励商业保险机构开发新会陈皮产业相关保险产品，支持新会陈皮生产经营者购买商业保险。

第二十五条　鼓励科研机构、企业和个人建立产学研合作机制，创新新会柑种植和新会陈皮生产等技术，为新会陈皮保护提供技术支持。

第五章　监督与管理

第二十六条　市场监督管理主管部门应当对新会柑、新会陈皮市场进行监督检查，对以假充真、以次充好、伪造产地等违法行为进行查处；依法打击侵犯知识产权的行为。

第二十七条　产地范围内农业农村主管部门应当加强对农药、化肥等投入品使用的监督管理；对新会柑的良种选育、种苗繁育、标准种植等进行指导服务。

第二十八条　产地范围内生态环境、城市管理和综合执法等主管部门应当加强日常监测和巡查，及时发现和处置污染事件，确保自然生态环境良好，市容环境整洁、有序。

第二十九条　对分散于农户中种植新会柑、生产新会陈皮的，鼓励新会陈皮行业组织和农业合作社按照有关行业标准、企业标准进行生产指导和技术服务。

第三十条　新会陈皮生产经营者应当建立种植、采摘、加工、仓储、销售台账，按照要求向相关主管部门报告生产经营情况。

第六章　法律责任

第三十一条　产地范围内相关主管部门以及其他有关单位和部门有下列行为之一的，由其上级行政机关责令改正；情节严重的，对直接负责的主管人员和直接责任人员依法给予处分；构成犯罪的，依法追究刑事责任：

（一）未依法组织编制新会陈皮产地保护规划的；

（二）未依法将符合条件的新会柑树纳入古树名木保护目录，建立档案，实行挂牌保护的；

（三）未逐步建立统一的新会柑种植和新会陈皮生产、仓储、流通全过程质量可追溯体系的；

（四）未根据实际情况控制地理标志产品专用标志使用数量的；

（五）其他滥用职权，玩忽职守，徇私舞弊行为。

第三十二条　违反本条例第九条第二款规定，随意倾倒、丢弃新会柑肉，造成环境污染，或者影响环境卫生的，由生态环境或者城市管理和综合执法等主管部门依法追究法律责任。

第三十三条　违反本条例第十条第三款规定，侵占和破坏新会柑天然种质资源的，由农业农村或者林业主管部门责令停止违法行为，没收种质资源和违法所得，并处一万元以上五万元以下罚款；造成损失的，依法承担赔偿责任。

第三十四条　违反本条例第十四条第二款规定，生产经营者未如实记录、提供可供追溯相关信息的，由农业农村主管部门或者其他有关主管部门责令限期改正；逾期不改正的，可以处二千元以下罚款。

第三十五条 违反本条例第十八条第三款规定，新会陈皮证明商标注册人没有对该商标的使用进行有效管理或者控制，致使该商标使用的商品达不到其使用管理规则的要求，对消费者造成损害的，由市场监督管理主管部门责令限期改正；拒不改正的，处以违法所得三倍以下的罚款，但最高不超过三万元；没有违法所得的，处两千元以上一万元以下的罚款。

第三十六条 违反本条例第二十条第一项规定，擅自使用或者伪造新会柑、新会陈皮地理标志产品名称及专用标志的，由市场监督管理主管部门依法进行查处。

违反本条例第二十条第二项规定，伪造、擅自制造新会陈皮证明商标标识或者销售伪造、擅自制造新会陈皮证明商标标识的，由当事人协商解决；不愿协商或者协商不成的，商标注册人或者利害关系人可以向人民法院起诉，也可以请求市场监督管理主管部门依法处理；构成犯罪的，除赔偿被侵权人的损失外，依法追究刑事责任。

第七章 附 则

第三十七条 除法律法规另有规定外，在本市行政区域内地理标志产品产地范围外陈皮的保护工作，参照本条例执行。

第三十八条 本条例自 2020 年 7 月 1 日起施行。

4. 中山脆肉鲩地理标志产品专用标志使用管理办法

（2012年9月27日施行）

第一条 为有效保护中山脆肉鲩地理标志产品，规范中山脆肉鲩地理标志产品专用标志（以下简称"中山脆肉鲩专用标志"）的使用和管理，保证中山脆肉鲩的质量和特色，根据《中华人民共和国产品质量法》、《中华人民共和国标准化法》、《地理标志产品保护规定》、《地理标志产品保护工作细则》等有关规定，结合本市实际，制定本办法。

第二条 本办法所称中山脆肉鲩地理标志产品，是指以"中山"地名命名，依托广东省中山市特有的气候、水质、土壤及专业的养殖技术，在中山市行政区域范围内，按照国家质量监督检验检疫总局 2008 年第 132 号公告和 DB44/T 845-2010《地理标志产品 中山脆肉鲩》规定要求生产的脆肉鲩。

第三条 凡在中山市行政区域内从事中山脆肉鲩地理标志产品生产、加工、销售及管理活动的单位与个人，必须遵守本办法。

第四条 中山市地理标志产品管理办公室（以下简称"管理办"）负责统一协调处理中山脆肉鲩地理标志产品保护工作。管理办秘书处设在中山市质量技术监督局（以下简称"市质监局"），负责日常工作。

第五条 火炬区管委会、各镇政府、区办事处及市属有关单位应在管理办的统一协调下，履行各自职责，加强对本行政区域内中山脆肉鲩地理标志产品保护工作的组织领导，并可根据实际报请管理办批准成立本地区、本系统负责中山脆肉鲩地理标志产品保护工作的机构。

第六条 中山脆肉鲩专用标志由国家质量监督检验检疫总局规定的地理标志产品专用标志图案和"中山脆肉鲩"文字组成。

第七条 生产者需要使用中山脆肉鲩专用标志的，应当向市质监局提出申请，并提交以下材料：

（一）中山脆肉鲩专用标志使用申请书；

（二）申请人所在镇区农业工作机构出具的脆肉鲩产地证明；

（三）法定产品质量检验机构出具的符合相关要求的质量检验报告。

市质监局受理中山脆肉鲩专用标志使用申请，不收取任何费用。

第八条 市质监局对生产者的申请进行初审，初审合格的，报请广东省质量技术监督局审核和国家质量监督检验检疫总局审查。经国家质量监督检验检疫总局审查合格与注册登记，获得《地理标志产品专用标志证书》，生产者即可在其产品上使用中山脆肉鲩专用标志，并获得地理标志产品保护。

第九条 获准使用中山脆肉鲩专用标志的生产者，有权在其生产脆肉鲩的标签、包装物、说明书、广告以及相关经营场所使用中山脆肉鲩专用标志；可根据需要按比例放大或缩小中山脆肉鲩专用标志；可将中山脆肉鲩专用标志吊挂、粘贴或直接印刷在产品、标签或包装物上；或根据实际情况，采用相应的标示方法。但不得扩大使用范围，不得转让、出租或者出借专用标志及专用标志证书。

第十条 中山产地范围以外的脆肉鲩产品不得使用中山脆肉鲩专用标志。

第十一条 市质监局委托镇区农业工作机构负责中山脆肉鲩专用标志的印制与发放工作。

生产者应自获准使用中山脆肉鲩专用标志之日起15日内向所在镇区农业工作机构提出申请，提交有关材料。镇区农业工作机构经核实，选定有资质的印刷企业印制中山脆肉鲩专用标志。印刷企业应当严格按核定数量及国家质量监督检验检疫总局2006年第109号公告等有关标准，采用防伪技术印制中山脆肉鲩专用标志。印刷完成后，由镇区农业工作机构发放专用标志，并严格执行物价主管部门的有关规定，收取专用标志印制工本费。

市质监局负责监督管理中山脆肉鲩专用标志的印制与发放工作,镇区农业工作机构应每季度将印刷的专用标志、包装物和粘贴标志的图案、种类、数量以及印刷企业名称等情况报市质监局备案。

第十二条 获准使用中山脆肉鲩专用标志的生产者,应严格按照 DB44/T 845-2010《地理标志产品 中山脆肉鲩》及国家质量监督检验检疫总局 2008 年第 132 号公告的质量技术要求组织生产,确保原料产地、加工场所、产品质量等符合规定要求,等级标注与实物质量一致。

第十三条 中山脆肉鲩地理标志产品的销售者,应建立进货可追溯和验收制度,严禁销售假冒伪劣产品。

第十四条 市质监局依法对中山脆肉鲩地理标志产品实施保护。对于擅自使用或伪造专用标志的,不符合产品标准和管理规范要求而使用专用标志的,或者使用与专用标志相近、易产生误解的名称或标识及可能误导消费者的文字或图案标志而使消费者将该产品误认为专用标志产品的行为,市质监局将依法进行查处。社会团体、企业和个人可监督、举报。

第十五条 市质监局对中山脆肉鲩的产地范围,产品名称,原材料,生产技术工艺,质量特色,质量等级,数量,包装,标识,产品专用标志的印刷、发放、数量、使用情况,产品生产环境、生产设备,产品的标准符合性等方面进行日常监督管理。

第十六条 获准使用中山脆肉鲩专用标志的生产者未按相应标准和管理规范组织生产的,或者 2 年内未在受保护的地理标志产品上使用中山脆肉鲩专用标志的,由市质监局逐级报请国家质量监督检验检疫总局注销其专用标志使用注册登记,停止其使用中山脆肉鲩专用标志并对外公告。

第十七条 违反本规定的,由市质监局依据《中华人民共和国产品质量法》、《中华人民共和国标准化法》等有关法律法规予以处罚,并按有关规定报请取消其使用中山脆肉鲩专用标志的资格;构成犯罪的,依法追究其刑事责任。

第十八条 从事中山脆肉鲩地理标志产品保护工作的人员应忠于职守、秉公办事,对滥用职权、以权谋私或者泄露技术秘密的,给予行政纪律处分;构成犯罪的,依法追究其刑事责任。

第十九条 本办法自公布之日起实施。

参考文献

1. 王笑冰.地理标志法律保护新论：以中欧比较为视角［M］.北京：中国政法大学出版社，2013.
2. 于波.地理标志保护制度［M］.上海：上海人民出版社，2018.
3. 郑永利，单凌燕，王松伟，等.农产品地理标志工作指南［M］.杭州：浙江科学技术出版社，2020.
4. 刘德军.农产品地理标志品牌资产影响因素及其作用机制研究［M］.北京：经济科学出版社，2018.
5. 王文龙.中国地理标志农产品品牌建设研究［M］.北京：中国社会科学出版社，2019.
6. 翟玉强.从商品学到地理标志产品［M］.北京：经济日报出版社，2018.
7. 张志成.中国加强地理标志保护 护航经济高质量发展［J］.紫荆，2021，（8）.
8. 林秀芹，孙智.我国地理标志法律保护的困境及出路［J］.云南师范大学学报：哲学社会科学版，2020，（1）.
9. 林铁军.论我国地理标志保护体系的重新构建［J］.法制与经济，2016，（4）.
10. 邵伟杰.农产品地理标志保护的意义及其路径［J］.齐鲁学刊，2009，（1）.
11. 王志本.地理标志将成为我国农产品贸易的比较优势［N］.中国知识产权报，2008-04-29（4）.
12. 冯忠泽，盛松华，张梦飞.中国农产品地理标志管理制度发展方略思考［J］.世界农业，2007，（2）.
13. 郑良泽.做大做强地理标志保护产品的意义及对策［J］.中国农村小康科技，2010，（11）.
14. 许欣，邱实.经营运作地理标志 提升农产品出口竞争力［J］.农业经济，2006，（7）.
15. 朱涛，张玉玺.农产品地理标志保护与发展路径探究：从集群化管理的角度［J］.学理论，2015，（4）.
16. 陈敏.浅析我国农产品地理标志保护的现状［J］.长春理工大学学报，2011，（1）.

17. 邓保国，梁天宝，俞湘珍.农产品地理标志发展研究：现状、困境和路径选择［J］.南方农村，2013，（7）.

18. 曹利莎，李明星，丁江涛.知识产权战略视角下我国农产品地理标志管理模式演进及其制度创新［J］.理论与改革，2012，（2）.

19. 李秀丽，刘世义，徐威源.地理标志管理缺位的现实考辨及解决方略［J］.青岛农业大学学报：社会科学版，2014，（1）.

20. 张梦飞.中国地理标志制度构建取向研究［J］.中国农学通报，2007，（1）.

21. 储敏，徐娜，姜有玉.乡村振兴战略背景下地理标志法律保护体系的重构:基于对现有多元立法模式的反思［J］.南京财经大学学报，2020，（1）.

22. 孔贻朱.论地理标志的法律保护［D］.北京：北方工业大学，2021.

23. 王蓓欣.广州市蔬菜价格波动及影响因素分析［J］.特区经济，2018，（2）.

24. 林琳.商标品牌富农地理标志兴农：广州市场监管局助力乡村振兴有抓手［J］.农产品市场，2021，（2）.

25. 高嘉誉.农产品地理标志法律保护研究［J］.河南农业，2020，（2）.

26. 史惠瑄.商品重新包装中商标权用尽原则的适用［D］.广州：广东外语外贸大学，2017.

27. 文江才.重新包装后转售行为的商标侵权认定［D］.武汉：华中科技大学，2018.

28. 杨源哲，杨振洪.商品状况改变后的权利穷竭问题研究［J］.知识产权，2014，（1）.

29. 袁博.改变商品包装构成商标侵权吗？［J］.中华商标，2015，（3）.

30. 徐新，刘方辉.如何判定商品分包装是否构成商标侵权［N］.中国知识产权报，2016-12-09（7）.

31. 宋丽影.农产品区域品牌竞争力评价研究［D］.哈尔滨：东北林业大学，2013.

32. 王国华.消费者对地理标志农产品的认知情况及购买意愿研究：以辽宁省大米地理标志产品为例［J］.商业经济，2017，（6）.

33. 郑佳纯，雷百战.试论广东增城荔枝品牌的建构［J］.农村经济与科技，2020，（16）.

34. 刘春明.福建省水果类地理标志品牌全产业链发展路径［J］.三明学院学报，2019，（5）.

35. 吴彩玉，陈敏忠，宋海凤，等.菜心盈翠冬日迟，天赐丰饶胜奇葩 农产品地理标志保护产品：增城迟菜心［J］.长江蔬菜，2019，（6）.

36. 赵坤，宫凤影，孙志永，等.我国蔬菜类农产品地理标志发展SWOT分析及对策建议［J］.中国蔬菜，2021，（2）.

37. 赵东艳. 地理标志保护方式及在我国畜禽产业经济发展中的作用［J］. 中国禽业导刊，2007，（8）.

38. 徐光明. 对两起国外涉及地理标识问题的分析［J］. 动物科学与动物医学，2005，（10）.

39. 赵蕾，孙慧武，郑思宁. 基于地理标志的我国水产品品牌化SWOT分析［J］. 中国畜牧杂志，2016，（12）.